De mieux en mieux et de pire en pire

Pierre-Henri Tavoillot

De mieux en mieux et de pire en pire

Chroniques hypermodernes

Odile
Jacob

15, rue Soufflot, 75005 Paris

www.odilejacob.fr

ISBN 978-2-7381-3602-2

Avant-propos

> « Que ne dégrade le temps destructeur ? La génération de nos pères, qui valaient moins que nos aïeux, a fait naître en nous des fils plus méchants, qui vont donner le jour à une postérité plus mauvaise encore. »
>
> HORACE, *Odes* (III, VI).

Est-ce un signe de l'époque ? Nous ne savons plus comment la nommer. Celles du passé ont leurs appellations contrôlées, souvent données, il est vrai, après coup : Antiquité, Moyen Âge, Renaissance, âge classique, siècle des Lumières, révolution industrielle, entre-deux-guerres, après-guerre… Mais aujourd'hui aucun qualificatif ne s'impose pour baptiser notre actuel. « Modernité » dure depuis déjà bien longtemps ; « contemporain » a l'inconvénient de valoir pour tout présent ; « postmodernité » a eu son heure de gloire, mais, l'effet de mode passé, il faut bien admettre que le terme n'est pas pertinent, puisque nous ne sommes ni *après* la démocratie, malgré quelques signes d'essoufflement, ni *après* le capitalisme, malgré sa critique répétée, ni *après* la technoscience, en dépit d'un horizon moins radieux. Face à cette difficulté, symptomatique de nos âges dubitatifs, certains sociologues, comme Anthony Giddens et Ulrich Beck, ont proposé le terme de « seconde modernité » ; d'autres, comme

Gilles Lipovetsky que j'ai plaisir à suivre ici, lui préfèrent le terme d'« hypermodernité[1] » ; d'autres encore ont adopté la formule, plus crépusculaire, de « modernité tardive », prélude d'on ne sait quelle fin du monde... En tout cas, quel que soit le terme consacré, ces analyses convergent pour considérer que les transformations idéologiques et sociales de ces dernières décennies ne vont ni à rebours ni au-delà de tendances modernes, mais qu'elles en approfondissent, voire en radicalisent les implications, pour le meilleur parfois mais aussi pour le pire.

La première modernité a pris son essor au siècle des Lumières pour se déployer au XIXe siècle et jusqu'au milieu du XXe : c'est l'âge de la science triomphante, de l'idée de progrès, de l'avènement des démocraties parlementaires et de la famille nucléaire. La seconde modernité, à partir des années 1960, représente à la fois un accomplissement des grands principes modernes et un infléchissement de leurs effets : le progrès de l'esprit critique a contribué à faire basculer la science dans l'ère de l'autocritique et à relativiser l'idée de progrès ; l'approfondissement du principe d'égalité a provoqué notamment une transformation radicale de la condition de la femme, et, corrélativement, un bouleversement de la famille moderne ; le triomphe de l'individu au plan économique comme au plan juridique a contribué à saper les bases de la gouvernabilité démocratique, déjà ébranlée par les effets de la mondialisation. Bref, nous vivons une époque de changements nombreux et continus. Et, comme nous nous y sommes habitués, le changement est devenu pour ainsi dire notre *tradition*.

C'est sans doute ce qui explique que nous soyons si désemparés à l'égard d'une question qui ne cesse d'alimenter les conversations de café, les dîners en ville et les déjeuners sur l'herbe : vivons-nous un déclin ou un progrès ? Les « choses » tendent-elles à s'améliorer ou à se détériorer ?

Dans un petit essai aussi érudit qu'amusant, le regretté Lucien Jerphagnon a suivi la mode du discours du déclin à travers toute l'Antiquité : *Laudator temporis acti !* (Tallandier, 2007). On y lit avec délectation que, depuis le commencement des choses, ce fut toujours mieux avant. Il faut dire que le discours pessimiste porte en lui une forme d'autorité sombre qui en impose. Parce qu'il dépasse les apparences et le quotidien, il semble plus profond ; parce qu'il est inquiétant, il attire l'attention ; parce qu'il s'oppose au présent et à la masse abrutie, il flatte l'ego de celui qui le tient et de celui qui s'en saisit[2].

Mais ce pessimisme, toujours bien vivace, heurte aujourd'hui de front une autre croyance, typiquement moderne celle-là : la foi dans le progrès et dans l'avenir. Malgré les grandes désillusions du XXe siècle, cette foi moderne continue de structurer nos comportements quotidiens, parfois à notre insu. Car, même si nous aimons nous déclarer sceptiques, nous restons intimement convaincus que davantage de « volonté politique » arrangera les choses, qu'une bonne croissance (éventuellement « durable ») réglera les mauvaises crises, que l'espérance de vie résoudra le désespoir de mort, que le perfectionnement des sciences améliorera l'existence, et que… l'iPhone 8 sera plus performant que le 7.

De sorte qu'il semble que nous soyons tous devenus, au-delà du clivage entre optimistes et pessimistes, des adeptes du « *getting better and worse* » ou, en français, des *mieux-en-piristes*. De quoi s'agit-il ? De cette conviction si courante que tout va *à la fois* de mieux en mieux *et* de pire en pire.

Prenons quatre exemples emblématiques. D'abord, l'insécurité qui partout semble augmenter. C'est justifié, en France, si l'on considère les attentats, ainsi que l'accroissement des vols avec violence et des incivilités ; mais le nombre d'homicides a lui chuté de manière spectaculaire : en dix ans, il est passé en France d'environ 1 100 à environ 750 par an, Marseille et Corse comprises. Quel triomphe, quand on compare avec le Mexique, le Brésil ou l'Afrique du Sud ! Mais qui osera s'en féliciter à l'heure du terrorisme aveugle et des « territoires perdus de la République » ? Dans le monde, sur 57 millions de décès annuels, 180 000 sont imputables à la guerre et au terrorisme. C'est *grosso modo* le nombre de morts de trois batailles napoléoniennes. C'est l'équivalent du nombre annuel de morts violentes au Brésil, qui n'est pas en guerre. Rarement les chiffres ont été si faibles. Mais qui pourra s'en réjouir ?

Ensuite, la pauvreté : comment se satisfaire que la proportion de la population mondiale en dessous du seuil de pauvreté n'ait cessé de baisser depuis trente ans (et parfois de manière spectaculaire) quand 1,5 milliard d'êtres humains continuent de *vivre* (?) avec moins de 1,25 dollar par jour[3] ? Comment pourrait-on même se glorifier d'avoir en France éradiqué la misère[4], en tout cas celle que décrivait et dénonçait Hugo au XIXe siècle, quand près de 8 millions de personnes ont encore moins de 954 euros mensuels de revenu (qui est le seuil de pauvreté français) ? Et pourtant…

Enfin, la santé : jamais l'espérance de vie n'a été aussi forte, jamais la certitude de parcourir les étapes de l'existence n'a été aussi élevée ; et, néanmoins, nous sommes tétanisés par la pollution de l'air, la consommation de viande rouge, le « trop-manger ». Tout cela peut nous tuer et abréger cette longue maladie, héréditaire, sexuellement transmissible et mortelle… qu'est la vie. D'ailleurs, nous haïssons les laboratoires pharmaceutiques, nouvelles incarnations du diable à l'âge contemporain, mais en oubliant qu'ils restent les principaux vecteurs de l'élévation de notre espérance de vie.

On pourrait multiplier les illustrations de cette ambivalence de jugement sur notre époque. Il ne s'agit pas seulement du verre à moitié vide ou à moitié plein, mais d'un sentiment structurel de déception[5]. Jamais la vastitude des promesses d'aujourd'hui ne sera comblée par la médiocrité des réalisations. Dès lors qu'on attend le bien-être pour tous, l'égalité parfaite, toujours plus de liberté et toujours plus de protection, avec en prime la reconnaissance universelle des petites différences, comment ne pas être proprement scandalisé par ce qui persiste de malheurs, d'injustices, de contraintes, de fragilités et, plus généralement, par toutes les formes de mépris ?

Et comme, tous les jours, nous nous abreuvons d'informations diverses et variées sur tous les aspects du monde, nous n'avons plus le loisir de les ignorer. Regarder un journal de 20 heures, surfer sur un site Internet médical : ce surcroît de savoir, loin de nous rassurer, augmente nos inquiétudes et nos indignations. La leçon est rude pour les Lumières ; ceux qui pensaient que le progrès des savoirs allait favoriser la confiance et l'optimisme n'ont pas vu que le soupçon et l'anxiété allaient l'emporter : plus on sait, plus on voit que ça ne va pas ! Car le mal est toujours plus visible que le bien.

Dans ce contexte, tous les candidats politiques sont voués à nous décevoir. Ils feront « campagne en vers, mais devront gouverner en prose », selon la belle formule de Mario Cuomo, qui fut gouverneur de New York, pour des lendemains qui forcément déchanteront !

Alors que faire ? On peut, au choix, se désespérer ou voir dans cette salutaire désillusion la condition d'un surcroît de lucidité : celle de l'adulte qui sait qu'aucun rêve exaucé n'abolira jamais ni le tragique de l'existence ni la finitude humaine, c'est-à-dire tout ce qui fait que nous ne sommes pas des dieux.

C'est donc en adulte que j'ai adopté le parti d'aimer mon époque, d'en apprécier l'ambivalence et d'être donc un *mieux-enpiriste* assumé : car le monde est plus intéressant s'il est complexe, la réflexion plus gratifiante si elle est nuancée et l'intellectuel plus utile lorsqu'il permet de clarifier plutôt que de simplifier... Bref, quand il continue de préférer, envers et contre tout, l'analyse à l'indignation dans un pays et un continent qui permettent à l'une comme à l'autre – et comment le déplorer ? – de s'exprimer. Cette liberté de penser et de dire que tout va mal : quelle bonne nouvelle ! Et le fait qu'il y ait tant de pessimistes, voilà qui devrait nous rendre très optimistes.

Les chroniques hypermodernes réunies ici concernent les « grands sujets », ceux sur lesquels on s'affronte presque quotidiennement : la crise de l'autorité, la montée des peurs, le déclin de la culture, la place de l'idéologie, la menace terroriste, la fin du travail, le trouble dans la laïcité... À chaque fois, sur chacune de ces questions, le clivage progrès/décadence s'impose et, avec lui, le désarroi d'espérer le résoudre. Peut-on trouver une clé, un détour, une stratégie qui permettrait non de le dépasser, mais de le comprendre et de l'apprivoiser ? C'est le défi que je me suis lancé sur chacun de ces sujets regroupés en trois grandes parties, qui concernent les trois diagnostics les plus fréquents sur notre présent : la confusion des valeurs, les impasses d'une société composée d'individus, la panne de civilisation. Le projet était de fabriquer une sorte de vade-mecum pour affronter cet avenir devenu si confus, dont la seule chose certaine est qu'il ne sera ni tout à fait semblable ni foncièrement différent du présent.

Qu'il me soit permis d'ajouter un mot plus personnel et actuel. Je passe presque tous les matins près de la place de la République à Paris. En 2015, elle fut le théâtre des attentats terroristes : *Charlie Hebdo* et le Bataclan étaient tout proches, et le grand rassemblement du 11 janvier 2015 s'y déroula. Elle fut ensuite le terrain privilégié de « Nuit debout » et de certaines manifestations « anti-loi travail ». Elle fut enfin le lieu des festivités habituelles qui rythment la vie de notre belle capitale : Fête de la Musique, matchs de l'Euro, carnavals en tout genre et autres nuits blanches… Les forces de sécurité y furent tour à tour applaudies, injuriées et caillassées, mais toujours exigées.

Étrange succession ! Je me demande ce qu'un Diogène, logeant dans son tonneau sur cette place durant un an, aurait pensé de notre époque : le tragique, le dérisoire et le futile réunis au même endroit presque au même moment… Je ne sais si ce mélange des genres va dans le sens du mieux (force de résilience exceptionnelle ?) ou du pire (déni et aveuglement ?), mais il y a de quoi être un peu déboussolé par le carambolage des registres. Le but de ces chroniques est de tenter de retrouver le nord et peut-être un cap.

La querelle de l'optimisme

« Que le monde aille mal, c'est une plainte qui est aussi vieille que l'histoire, et même aussi vieille que peut l'être, plus vieille encore, la poésie, aussi vieille en vérité que le plus vieux de tous les poèmes, la religion des prêtres. Tous font pourtant commencer le monde par le bien : par l'âge d'or, par la vie au paradis, ou par une vie plus heureuse encore en commun avec des êtres célestes. Mais ce bonheur, ils le font tout aussitôt disparaître comme un songe, et ils font survenir en toute hâte la chute dans le mal (le mal moral, avec lequel le mal physique s'en est allé toujours de pair) qui, à notre dépit, se précipite de plus en plus vite. En sorte que maintenant (un "maintenant" qui est toutefois aussi vieux que l'histoire) nous vivons le dernier des temps, et le dernier jour et la fin du monde sont devant nos portes.

Plus récente, mais largement moins répandue, est l'opinion opposée, héroïque, qui n'a sans doute été inventée que chez des philosophes et, à notre époque en particulier, chez des pédagogues : le monde se dirigerait exactement en sens inverse, à savoir du mal vers le mieux, continûment (bien que de manière à peine perceptible), et du moins la disposition à une telle progression devrait-elle être rencontrée dans la nature humaine. [...]

[Entre ces deux thèses] la question se pose de savoir si une solution moyenne ne serait pas, à tout le moins possible, si, par exemple, considéré dans son espèce l'homme ne serait ni bon ni mauvais ou si, dans tous les cas, il ne pourrait pas être d'un côté comme de l'autre en partie bon et en partie mauvais. » (E. Kant, *Religion dans les limites de la simple raison*, AK, VI, 19 ; trad. A. Renaut, PUF, 2016, p. 51-52.)

PREMIÈRE PARTIE

Confusion de valeurs ?

Déclin des valeurs ?

Crise des valeurs, pertes des repères, déclin de la morale, confusions éthiques. De tels diagnostics sur notre époque sont tellement partagés qu'il serait bien téméraire de les mettre en doute. Et pourtant, pour peu que l'on prenne un peu de recul, le bouleversement moral de nos temps désemparés paraîtra bien limité.

Car, au fond, qu'a-t-on inventé de vraiment révolutionnaire en matière éthique depuis que le terme existe ? En réalité, pas grand-chose. Le principe de base, la fameuse règle d'or[1], « Ne fais pas à autrui ce que tu ne voudrais pas qu'autrui te fasse », existe depuis au moins trois mille ans puisqu'on le trouve déjà dans le zoroastrisme, dans le confucianisme, dans le bouddhisme et dans la philosophie des Anciens et des Modernes. Hobbes (*Léviathan*, XV) y voit même le résumé de toutes les lois.

À ce premier principe, on peut en ajouter un deuxième, plus exigeant moralement, qui définit en sus du non-préjudice la non-indifférence morale. Sa formule serait : « Ne laisse pas faire à autrui ce que tu ne voudrais pas qu'autrui te fasse, à toi ou à tes proches. » Là encore, force est de constater que les morales antiques sont remplies de propositions de ce type qui invitent à sortir de l'égoïsme naturel.

Un troisième principe, désignant l'exigence morale ultime, est celui de la *bonne volonté* ou bienveillance. Il pourrait être formulé ainsi : « Fais à autrui ce que tu pourrais vouloir qu'autrui fasse pour toi et tes proches. » C'est un principe évangélique (Mt 7, 12 ; Lc 6, 31), mais qui, là encore, plonge ses racines dans les profondeurs de l'histoire humaine[2].

Résumons. Non-préjudice (ou respect), non-indifférence (ou attention à l'autre), bonne volonté (ou bienveillance) : que peut-on vouloir de mieux en matière éthique ? Et connaît-on une seule morale, digne de ce nom, qui ferait l'éloge de l'irrespect, de l'indifférence et de la malveillance ? Non, bien sûr : ce serait même une contradiction dans les termes.

Par où l'on peut conclure que, lorsqu'on parle de bouleversement éthique, il ne s'agit pas tant du « contenu » des principes moraux que du « contexte » de leur expression. Qu'est-ce à dire ? Eh bien que, sur la base de ce consensus éthique universel, l'histoire récente a été marquée par trois transformations majeures.

La première concerne les fondements de ces principes : sur quoi reposent-ils ? Faut-il y voir la voix immémoriale de la tradition, la conformité à l'ordre immuable de la nature ou l'expression d'un commandement divin ? Ce qui caractérise la crise moderne est qu'aucune de ces trois réponses ne fonctionne plus de manière évidente et que, face au silence des sources antérieures, extérieures ou supérieures, le fondement ultime des exigences éthiques ne peut être recherché que dans l'humanité elle-même et dans ce qui rend possible sa vie commune. C'est l'âge de l'autonomie ou : « Comment obéir à des commandements qui ne viennent que de moi ? » Immense question.

La deuxième transformation concerne les domaines d'application. Au fur et à mesure qu'augmente la maîtrise par les hommes de leur existence dans le monde, le champ des interrogations éthiques s'étend aussi. Ainsi, aucune tradition passée ne peut nous éclairer de manière décisive sur ce qu'il convient de faire en matière de clonage, de procréation médicalement assistée, de thérapie génique ou d'intelligence artificielle, même si, bien sûr, on peut toujours s'en inspirer. Pourquoi naître ? Pourquoi souffrir ? Pourquoi mourir ? Peut-on choisir la couleur des yeux de ses enfants ? Quels risques y a-t-il à augmenter les performances humaines ? Quelle est la responsabilité humaine dans le maintien de la biodiversité, dans la sauvegarde de la planète ? Autant de champs nouveaux sur lesquels les morales d'antan n'avaient pas eu l'occasion d'exercer leurs sagesses.

La troisième transformation est peut-être la plus vertigineuse. Elle ne concerne pas les fondements, ni les champs d'application, mais ouvre cette question simple, qui semblait jadis réglée de toute évidence : qui est *autrui* ? Qui doit être l'objet de mon respect, de mon attention ou de ma bienveillance ? Est-il seulement le membre de mon clan, de mon village, de ma caste, de mon sexe, de ma race, de ma nation ? Est-il seulement humain ou peut-il être aussi animal, machine, voire végétal ? Est-il déjà l'embryon et encore le patient en état de coma profond ? Bref, où passent les frontières de l'éthique ? Gigantesque problème.

Crise des fondements, élargissement du champ des possibles, extension du domaine de l'« autrui » : on perçoit ici que la crise des valeurs est davantage une crise de croissance qu'une lente disparition. Elle ne vient donc pas d'un affaiblissement des réponses ou d'une perte du sens moral, mais d'une augmentation colossale des interrogations. Comment retrouver un sens commun face à une telle complexification ? Tel est l'objet des chapitres qui suivent.

CHAPITRE 1

Le crépuscule de l'autorité ?

« Notre temps est dur pour l'autorité. Les mœurs la battent en brèche, les lois tendent à l'affaiblir. Au foyer comme à l'atelier, dans l'État ou dans la rue, c'est l'impatience et la critique qu'elle suscite plutôt que la confiance et la subordination. Heurtée d'en bas chaque fois qu'elle se montre, elle se prend à douter d'elle-même, tâtonne, s'exerce à contretemps, ou bien au minimum avec réticences, précautions, excuses, ou bien à l'excès par bourrades, rudesses et formalisme »,

Charles DE GAULLE, *Le Fil de l'épée* [1932],
Plon, 1999, p. 179.

On n'a sans doute jamais autant parlé de l'autorité depuis qu'elle est en crise. Que ce soit dans la famille, à l'école, dans la cité ou dans l'entreprise, cette crise semble générale ; les signes de la disparition possible et prochaine de l'autorité sont guettés avec une attention inquiète, voire angoissée, plus rarement euphorique, alors même qu'il y a encore une trentaine d'années le terme était devenu un véritable « gros mot ». Souvenons-nous : c'était l'âge antiautoritaire, où il était « interdit d'interdire », où la « personnalité autoritaire », de préférence paternelle, machiste et rigide, était jugée responsable de la dérive tout à la fois totalitaire et capitaliste du monde moderne. Il faut bien l'admettre, après l'ivresse émancipatrice et libertaire, le temps semble venu de la gueule de bois. Et, avec elle, la mobilisation générale pour tenter de ranimer qui le père, qui le maître, qui le chef, dont la démocratie, l'individualisme et la consommation auraient provoqué la mort soudaine. Il serait donc, entend-on parfois, urgent de restaurer l'autorité de jadis ou, à tout le moins, de tenter d'en préserver précieusement les parcelles restantes. D'où la frénésie contemporaine sur ce sujet, que l'on retrouve aussi bien à la une des magazines que dans les colloques savants. Une telle passion devrait pourtant nous mettre la puce à l'oreille : est-elle vraiment menacée, cette autorité dont tout le monde parle ? Davantage que d'une réaction ou d'une conservation, ne s'agirait-il pas d'une réinvention, certes inquiète, mais peut-être plus réfléchie que jamais ? Bref, plutôt que le crépuscule, ne vivons-nous pas au contraire l'aurore de l'autorité ?

Qu'est-ce que l'autorité ?

Il faut distinguer l'autorité du pouvoir, ne serait-ce que parce qu'il peut y avoir du pouvoir sans autorité – l'autoritarisme du petit chef –, et l'autorité sans pouvoir – le prestige du vieux sage. L'autorité se distingue aussi de la contrainte par la force, qu'elle permet d'éviter, et de l'argumentation rationnelle, qu'elle dépasse. L'autorité n'a besoin ni d'imposer ni de justifier. « C'est plus qu'un conseil et moins qu'un ordre, un avis auquel on ne peut passer outre sans dommage[1]. » L'étymologie du terme est connue : le mot vient du latin *augere* qui signifie « augmenter ». L'autorité est donc une opération un peu mystérieuse qui augmente un pouvoir – le petit chef devient alors un grand homme – ou un argument – puisque l'argument d'autorité est censé avoir plus de valeur que les autres. Il y a une forme de « dopage » dans le mécanisme de l'autorité, puisqu'il consiste en un accroissement artificiel de puissance de commandement ou d'argumentation. D'où peut provenir cette augmentation ? On peut d'abord en rechercher la source – c'est la piste la plus évidente – dans une instance extérieure et supérieure au pouvoir lui-même, qui justifierait qu'on fasse confiance à ceux qui le détiennent, au point de leur obéir parfois aveuglément.

Allons à l'essentiel. Sous réserve d'inventaire, on peut repérer dans l'histoire humaine trois sources principales.

Il y a d'abord l'autorité qui vient du passé. Cela ne signifie pas seulement qu'un pouvoir ou un discours se trouve accrédité lorsqu'il a fait ses preuves et peut s'appuyer sur l'expérience ; cela veut dire plus profondément qu'un pouvoir ou un discours ne vaut que s'il est hérité et qu'il peut justifier une généalogie qui le relie, sans solution de continuité, à un passé fondateur et glorieux. La meilleure illustration est donnée par les institutions de la Rome antique. C'est là d'ailleurs que naît le mot. Pour les Romains, la fondation de leur cité avait un caractère sacré. C'est de cette fondation que les dirigeants tiraient leur légitimité. « Les hommes d'autorité, écrit Hannah Arendt, étaient les anciens, le Sénat ou les *patres*, qui l'avaient obtenue par héritage et par transmission de ceux qui avaient posé les fondations pour toutes choses à venir, les ancêtres, que les Romains appelaient pour cette raison les *majores*[2]. » Du même coup, ainsi que Cicéron le disait, « tandis que le pouvoir réside dans le peuple, l'autorité appartient au Sénat » (*De legibus*, 3, 12, 38), car c'est lui qui, relié au passé, a la capacité d'augmenter les décisions en les soustrayant aux querelles de la plèbe. À cette époque, l'âge et le train de vie des sénateurs étaient perçus comme une inestimable qualité ! « Qu'est-ce que la tradition ? », se demandait Nietzsche dans *Aurore* (I, § 9) : « C'est une autorité supérieure à laquelle on obéit, non parce qu'elle commande l'utile, mais parce qu'elle commande. » Ainsi, défendre la tradition est déjà commettre un sacrilège à son égard : c'est reconnaître la non-évidence de sa puissance ordonnatrice.

Le pouvoir (ou le discours) peut être augmenté à partir d'une seconde source : la contemplation d'un ordre du monde ou, comme le disent les philosophes grecs, du cosmos[3]. Quand on parle aujourd'hui du microcosme politique, c'est pour en souligner l'étroitesse et la mesquinerie. Chez les penseurs de la Grèce antique, si la cité est un microcosme, c'est qu'elle doit reproduire en petit ce que l'univers est en grand. La connaissance du monde permet donc de trouver les règles pour tenter de mettre de l'ordre dans la coexistence troublée et querelleuse des hommes. La philosophie politique est la quête de ce qui permet d'augmenter le pouvoir, c'est-à-dire d'en justifier la légitimité. Qui doit gouverner la cité ? Telle est sa question directrice. Aristote répondait que, à travers l'observation de la nature, on pouvait voir que « certains sont faits pour commander et d'autres pour obéir ». C'était ainsi « l'autorité de la nature », et non pas seulement celle du passé, qui justifiait les inégalités dans les sociétés d'Ancien Régime ou les systèmes de castes. La hiérarchie y était perçue comme « naturelle », distinguant des genres d'humanité distincts.

Il existe enfin, à côté du passé et du cosmos, une troisième source d'augmentation du pouvoir : c'est celle du sacré ou du *theos* (divin). Saint Paul en est le meilleur interprète quand il énonce cette célèbre formule : « Il n'y a point d'autorité qui ne vienne de Dieu, et celles qui existent sont constituées par Dieu. Si bien que celui qui résiste à l'autorité se rebelle contre l'ordre établi par Dieu » (Rm 13, 1-7). Cette fois-ci, ce n'est plus seulement le lien avec le passé fondateur ou l'identification avec l'ordre naturel qui garantit au pouvoir son autorité ; c'est la proximité avec Dieu. À vrai dire, le christianisme proposa une forme de synthèse des trois modèles, puisqu'il associait l'autorité traditionnelle, par la référence à une Révélation primordiale, l'autorité cosmologique, par l'idée d'un ordre et d'une bonté de la Création, et l'autorité théologique, par l'idée d'un Dieu omnipotent, source, donc, de tout pouvoir.

Cette synthèse impressionnante d'une autorité absolue était aussi fragile, car il n'est pas certain que ces trois sources soient compatibles entre elles. C'est d'ailleurs l'ébranlement du dispositif chrétien qui est à l'origine de la crise contemporaine de l'autorité. Que s'est-il passé ?

Déconstruction ou reconstruction ?

Avec la Renaissance, et presque simultanément, les trois formes primordiales de l'autorité vont se trouver ébranlées et contestées. L'autorité traditionnelle, qui avait déjà subi plusieurs coups de boutoir chez les Grecs comme chez les chrétiens, est fragilisée du fait de la coexistence critique de plusieurs « traditions » : le dogme chrétien et la culture païenne redécouverte. Plusieurs traditions, cela signifie la fin de la tradition car celle-ci ne supporte pas le pluralisme. L'autorité cosmologique est mise en question par les découvertes astronomiques qui interdisent désormais de voir le monde comme un ordre harmonieux beau, juste et bon. On est passé, avec Copernic et Kepler, « du monde clos à l'univers infini » (A. Koyré). Impossible donc d'y « observer la loi ». Enfin, l'autorité théologique est minée par les profonds désaccords qui la traversent à l'occasion de la Réforme : comment espérer fonder un ordre politique stable sur ce qui est devenu le principal fauteur de trouble, à savoir l'interprétation du Texte sacré ? Bref, des trois fondements de l'autorité, il ne reste rien ou, en tout cas, rien d'évident ni d'incontestable.

Mais cette déconstruction de l'autorité ancienne par la modernité s'accompagne aussi d'une tentative de reconstruction. Le projet paraît fou et voué à l'échec, puisqu'il s'agit de chercher l'augmentation d'un pouvoir non à partir d'une extériorité supérieure (le passé, le cosmos ou le divin), mais à l'intérieur de l'humanité elle-même. Nietzsche a une belle image pour décrire cette folie : il la compare au geste du baron de Münchhausen, qui, pour se sortir d'un marais où il était tombé, décide de se tirer lui-même par les cheveux.

Quelle forme peut prendre une autorité purement humaine ? La réponse est claire : c'est parce qu'il bénéficie de l'accord des humains concernés qu'un pouvoir ou un argument se trouve augmenté ou, comme on dit aussi, légitime. Cette problématique « démocratique » de l'autorité la place dans une position scabreuse, puisque aucune de ses formes ne pourra plus accéder au statut d'absolu. Mais cette faiblesse est aussi une force puisqu'elle suppose toujours l'accord des esprits, ce qui rend, lorsqu'elle y parvient, son efficacité imparable.

Qu'est-ce qui fait autorité aujourd'hui ?

Pour tenter ce bilan, il faut affronter cette question : qu'est-ce qui fait (encore) autorité aujourd'hui ? Sous réserve d'inventaire, j'en identifierai trois formes, qui ne sont pas d'ailleurs sans rapport avec les figures primordiales.

L'autorité du savoir : l'expertise

Notre époque est d'abord très réceptive à l'autorité du savoir et de la science. Nous croyons en la science. Devant elle on s'incline ; elle ferme les bouches et éteint les discussions. Le pouvoir en place doit s'entourer d'experts, voire confier les affaires de la Cité « au meilleur économiste de France » (Valéry Giscard d'Estaing à propos de Raymond Barre). Comme s'il allait de soi que celui-ci fût aussi le meilleur politique. Platon disait lui, en son temps, que c'était au philosophe qu'il revenait d'être roi ! Sans aller jusque-là, nous exigeons au moins du politique qu'il « connaisse ses dossiers ».

Mais cela, hélas, ne suffit pas. Certes, nous croyons très fort en la science, mais la science elle-même, hormis quelques scientistes incorrigibles, n'a que peu confiance en elle. Elle n'a même jamais eu aussi peu de certitudes. Bref, si le savoir peut accompagner le pouvoir, il ne le remplace pas. Le savant et le politique, comme disait Max Weber, sont deux vocations très différentes, même si l'on peut souhaiter que le savant pense davantage « comme s'il devait agir » et que le politique agisse davantage « comme s'il devait penser ». Il n'en reste pas moins que, comme l'écrivait Hobbes dans le

Léviathan, « *Auctoritas non veritas facit legem* [C'est l'autorité, non la vérité, qui fait la loi] ». Et Arendt ajoute que « du point de vue de la politique, la vérité a un caractère despotique[4] ». Et nous nous méfions, plus que tout, du gouvernement des experts.

L'autorité charismatique : le leadership

Déçu par l'expertise, on se tournera alors vers une autre forme d'autorité : celle que confère le charisme. Notion confuse en vérité qu'on aurait bien du mal à définir. Elle s'attache à un individu supposé exceptionnel, souvent en raison de sa personnalité, mais aussi des circonstances dans lesquelles il a pu l'affirmer. C'est ce qu'on demande au professeur, quand l'autorité du savoir ne suffit plus. C'est ce qu'on attend du dirigeant d'entreprise en plus de sa compétence. C'est ce qu'on exige de l'homme politique, lorsque le « sacre » de l'élection semble insuffisant. Avec toutefois cette réserve cruciale : la traduction allemande de « leader » est *Führer* ! Staline se faisait appeler « Guide génial » et Mao, « Grand Timonier ». Le maître charismatique risque à tout moment de se transformer en despote, voire en gourou. « Il n'est point de pire tyran, a-t-on fait dire à Spinoza, que celui qui sait se faire aimer. » Bref, le leadership peut toujours être suspecté de manipulation, de calcul ou d'oppression. La raison de cette méfiance est que l'origine de son exceptionnalité n'est pas identifiable : ni la tradition, ni le cosmos, ni le divin ne viennent plus l'assurer contre les risques de dérive. Elle ne peut donc résider qu'en lui-même, dans sa grandeur d'âme ou dans sa vile bassesse.

Comme le savoir de l'expertise, le leadership du charisme est un des éléments de l'autorité contemporaine, sans doute nécessaire, mais non suffisant. L'autorité contemporaine demande une garantie supplémentaire. Où la trouver ?

L'autorité compassionnelle : la sollicitude

Peut-être dans cette « moraline » démocratique que dénonçait Nietzsche de manière sans doute trop univoque (*Aurore*, 132 *sq.*). Mais, avec lui, il faut bien constater que, de nos jours, la souffrance d'autrui et l'attention à sa souffrance produisent une autorité qui semble l'emporter sur toute autre forme de relation. On le voit dans la famille où, après la « puissance paternelle », l'« autorité parentale », puis l'« autorité parentale conjointe », c'est désormais l'« intérêt de l'enfant » qui fait autorité. On le voit dans la Cité où après la « puissance publique », c'est le « service public », voire la « protection sociale », qui semble constituer la seule autorité incontestable.

Prenons un exemple qui peut illustrer cette nouvelle autorité moins simple et moins évidente de nos temps hypermodernes. Mettons face à face un chef d'entreprise et un de ses salariés qui vient d'être licencié économique. Le premier aura beau expliquer – avec toute sa compétence et son charisme – l'absolue nécessité de sa décision, il aura l'air d'un salaud face au spectacle vivant de la détresse humaine. Or la souffrance fait la victime, et la victime, de nos jours, fait autorité pour le meilleur ou pour le pire. Pour le meilleur, c'est la solidarité mondiale dans les catastrophes naturelles ou humaines : quand la sympathie universelle semble primer un temps sur les égoïsmes étroits. Pour le pire, c'est l'illusion que la souffrance confère mécaniquement des droits, voire des privilèges. Il faut donc user avec prudence de cette autorité de la souffrance humaine. Elle est un formidable levier pour l'action et la mobilisation des individus. Elle peut aussi donner lieu à la plus lamentable des démagogies, car la raison du plus souffrant n'est pas toujours la meilleure.

Compétence, charisme, compassion : on a là, sous réserve (encore une fois) d'un inventaire plus complet, les trois éléments d'un portrait plausible de l'autorité contemporaine. Tout le problème est qu'il est devenu très difficile de l'incarner, car chacun de ces traits permet aussi bien de dénoncer que de fonder cette prétention. Ainsi, à l'image rêvée du politique « visionnaire-charismatique-humaniste », on pourra toujours opposer celle – honnie – du « technocrate-gourou-dégoulinant-de-bons-sentiments ».

Il existe pourtant un critère assez clair qui permet de distinguer la mauvaise de la bonne autorité. L'une nous fait prendre, si je puis dire, les « messies » pour des lanternes en niant toute espèce d'humanité et de liberté, tandis que l'autre se définit comme un « service rendu » à autrui et à soi-même. C'est ce que remarquait saint Augustin quand il parlait – il y a bien longtemps – d'une autorité de « service » : « L'autorité, écrivait-il [*Cité de Dieu*, XIX, 14], est à qui pourvoit à l'intérêt d'autrui : elle appartient au mari sur la femme, aux parents sur les enfants, aux maîtres sur les serviteurs. L'obéissance est le devoir de ceux pour qui l'on veille : la femme obéit au mari, les enfants aux parents, les serviteurs aux maîtres. Mais dans la maison du juste vivant de la foi et voyageant encore loin de la céleste cité, ceux mêmes qui commandent sont les serviteurs de ceux à qui ils paraissent commander. Ce n'est point par la passion de dominer qu'ils commandent, mais par la loi du dévouement, non par l'orgueil d'être le maître, mais par le devoir de la providence[5]. » Il y a bien des choses que nous ne pouvons plus approuver dans ce texte, puisque nous vivons à l'âge de l'égalité et de la laïcité. Du moins pouvons-nous y trouver cette idée à la fois très profonde et très opérationnelle : la bonne autorité, celle que nous recherchons avidement à l'âge démocratique, est celle qui fait grandir (c'est-à-dire qui augmente) à la fois celui qui l'exerce et celui qui s'y soumet. Elle permet à l'un et l'autre de devenir plus grands, c'est-à-dire adultes.

Par où l'on peut conclure que la crise moderne de l'autorité est une crise de croissance. Elle nous révèle le véritable fondement de l'autorité qui n'est pas la contrainte extérieure, mais la nécessité intérieure, puisque nous ne pouvons pas vivre ni grandir sans elle. Comment peut-on dire qu'il serait moins solide que jadis ? Elle nous en révèle également la véritable nature, qui n'est pas un ordre brutal, vertical et rigide, mais un processus, fait d'inquiétude, de doute, de réflexion et de limitations. Est-ce vraiment un défaut pour qui aspire à l'âge adulte ? Il se pourrait donc que l'âge de l'autorité ne soit pas derrière, mais devant nous ; nous ne vivons pas son crépuscule, mais son aurore.

CHAPITRE 2

Pourquoi tant de peurs ?

« Souvent la peur d'un mal nous conduit dans un pire. »

N. Boileau, *Art poétique*, I.

Des lycéens qui, dans la rue, crient – à peine sérieux – combien ils ont peur pour leurs retraites ; des militants écologistes qui, pleins de courage, bravent les forces de police pour exprimer leurs peurs des déchets nucléaires ; des manifestants qui protestent contre les violences d'une police à qui ils demandent, par ailleurs, une protection accrue. Tels sont les derniers exemples – étranges – du triomphe paradoxal de l'idéologie de la peur dans nos sociétés. Pourquoi paradoxal ? Pour au moins trois raisons. Il est d'abord frappant de constater à quel point se sont multipliées les peurs dans un monde devenu pourtant sûr comme jamais dans l'histoire. Car aujourd'hui, ce ne sont plus, comme jadis, les guerres, les famines, la mort brutale et précoce, le diable ou l'enfer qui effraient, mais le mal-manger, le mal-respirer, le mal-boire. Ce sont les OGM, les nanotechnologies, les sautes de la météo, les changements du climat, etc. Aux grandes causes d'effroi d'autrefois se sont substituées d'innombrables petites phobies envahissantes et d'autant plus terrorisantes que leur œuvre est discrète. Jamais, chez nous, la guerre n'a été aussi éloignée. Certes, il y a les attentats terroristes qui touchent notre territoire, mais leur effet est moral : on est loin d'une génération entière fauchée par un conflit ; d'un pays dévasté comme en 1914-1918 ou 1939-1945. Jamais la famine n'a été plus improbable ; c'est même plutôt le « trop-manger » qui désormais nous pend au ventre. Jamais les épidémies n'ont été mieux maîtrisées, depuis la grippe espagnole de 1918-1920 qui fit, rappelons-le, de 20 à 50 millions de morts dans le monde. Jamais on n'a été aussi sûr de parcourir tous les âges de la vie, jamais la protection de la santé n'a été plus efficace… Et, au lieu de nous en réjouir, c'est la trouille qui nous taraude pour le présent comme pour l'avenir ! On a peur d'être assassiné alors que le nombre d'homicides n'a jamais été aussi faible en France. On a peur du moindre des gestes quotidiens (manger, boire, respirer, faire l'amour et, surtout, fumer ensuite…). On a peur de ses pensées, de ses pulsions, de ses réflexions ; du passé qui nous mine, du présent qui nous presse et de l'avenir qui nous oppresse. La fin du monde qu'elle soit financière, nucléaire ou climatique nous terrorise comme aux plus beaux jours des discours millénaristes.

C'est d'ailleurs là un deuxième paradoxe. Alors que nous vivons dans un univers laïc, où la science semble être la seule autorité qui vaille, nous voyons réapparaître l'annonce de catastrophes définitives, la perspective de débâcles inéluctables et le retour de l'apocalypse. D'ailleurs, signe des temps, c'est dans les revues scientifiques les plus réputées que figurent ces *kakangiles* (ces mauvaises nouvelles, exacts contraires des Évangiles). Ainsi, la très prestigieuse revue *Nature* a publié, en juillet 2012, un article signé par vingt-cinq savants prédisant que la fin du monde aurait probablement lieu d'ici à 2100 : accélération du changement climatique, disparition de la biodiversité, multiplication des phénomènes extrêmes (typhons, incendies, températures élevées ou anormalement froides…) sont les signes avant-coureurs de cette fin du monde annoncée, sauf changement radical de nos comportements… c'est-à-dire au sens strict : une conversion[1] ! Elle est d'autant plus nécessaire que nous seuls sommes responsables de cette situation : notre consommation, notre démesure, nos égoïsmes ont détruit notre environnement. Nous allons donc devoir souffrir beaucoup pour espérer réparer un peu… Sinon ? Eh bien : *L'humanité disparaîtra, bon débarras !* (Yves Paccalet, Arthaud, 2006). Et si elle ne disparaît pas par catastrophe, elle s'exténuera du fait de l'action souterraine des nouvelles puissances maléfiques : laboratoires pharmaceutiques, industrie alimentaire, lobbies chimiques et nanotechnologiques, dont le seul projet secret serait de nous empoisonner pour mieux s'enrichir ! Tels sont les nouveaux procès en sorcellerie dont notre époque réputée rationnelle est le théâtre.

Dans ce contexte – troisième paradoxe –, la peur ne suscite plus la honte mais devient une exigence. Autrefois considérée comme une passion infantile (ou féminine), la peur était un vice dont l'homme adulte devait se libérer pour grandir. Elle était aussi synonyme d'égoïsme et d'étroitesse d'esprit, s'il est vrai que le peureux ne pense qu'à lui et oublie le reste. De nos jours, elle est devenue une vertu, presque un devoir. Condition de la lucidité, aiguillon de l'action, elle a presque acquis le statut de sagesse[2]. Qui ne tremble point commet le triple péché d'ignorance, d'insouciance et d'impuissance. Et le militantisme, qui se veut lucide et efficace, trouvera en elle une énergie bien plus forte que les anciennes croyances d'un avenir radieux : il faut sauver l'école, les lettres, la recherche, les générations futures (même si elles n'ont rien demandé), et bien sûr… la planète ! Il faut tout protéger, y compris la protection. Il faut se soucier de tout, puisque tout semble dépendre de nous. Le philosophe Günther Anders, un des premiers « lanceurs d'alerte » sur la menace nucléaire, formulait cette transformation en toute clarté : « N'aie pas peur d'avoir peur ; aie le courage d'avoir peur. Aie le courage de faire peur. Communique à tes voisins une peur égale à la tienne » (*La Menace nucléaire*, 1959)[3]. Le message a été reçu : la peur désormais fait autorité ; et on sera plein de doutes et de réserves à l'égard de quiconque nous dira, comme le serpent Kaa du *Livre de la jungle* : « Aie confiance ; crois-en moi, que je puisse veiller sur toi ! »

Résumons : une inquiétude démultipliée dans un monde plus sûr que jamais ; un regain d'apocalypse et de sorcellerie à l'âge laïque ; une crainte décomplexée au point d'être devenue le nouvel impératif catégorique. Comment comprendre ces paradoxes de notre temps ?

Trois interprétations

Pour le faire, on pourrait avancer trois types d'interprétation en s'inspirant de l'esprit de trois grands penseurs de l'âge moderne.

Une première interprétation (d'inspiration nietzschéenne) mettra cette montée des peurs déculpabilisées sur le compte du déclin de l'Occident. Face au dynamisme juvénile des pays émergents, les sociétés de la modernité tardive seraient devenues frileuses, plaintives et timorées, à la fois vieilles et infantiles. D'un côté, le vieillissement démographique produirait une baisse de l'énergie et une paralysie des attentes ; de l'autre, la fonction protectrice de l'État infantiliserait la société en surassistant les personnes. Ainsi, le triomphe des peurs révélerait la lente agonie d'un Occident épuisé, pourri gâté, face à un nouveau monde émergent. Pour des esprits fatigués et décadents, la frénésie de l'inquiétude serait l'ultime mode de jouissance et la dernière manière de se montrer vivant.

Une seconde lecture (d'inspiration tocquevillienne) insistera sur notre appétit insatiable de bonheur et de confort. Alors que les régimes aristocratiques étaient guidés par l'honneur des « gens bien nés », qui englobait l'esprit de sacrifice et le courage, les sociétés démocratiques égalitaires recherchent avant tout le bien-être et la sécurité pour tous. Or le bien-être ne connaît pas de borne et sa préservation ne sait aucune limite. D'où cette conséquence inévitable : plus nous possédons, plus nous craignons de perdre. La montée des peurs est donc un effet mécanique de l'égalisation et de l'amélioration des conditions. L'augmentation de la crainte est le prix de l'amélioration de notre condition.

Une troisième interprétation (d'inspiration freudienne) verra dans la multiplication des peurs un moyen de répondre au vide spirituel de notre temps. Car la peur donne du sens et des repères dans un univers qui semble ne plus en avoir. À défaut d'avoir un avenir radieux, un horizon béni – et nous sommes immunisés en la matière ! –, il reste très utile d'avoir un horizon de non-sens ou un avenir piteux. La débâcle climatique, la catastrophe financière, la figure diabolique ou creuse d'un président honni… tout cela permet de redonner sens à nos actions et à nos vies. Bref, et c'est le troisième paradoxe, la peur rassure ! C'est ce que disait Freud à propos des phobies : leur multiplication nous permet d'échapper à l'angoisse causée par des conflits psychiques insupportables. L'angoisse, qui ne porte sur rien, ne peut être combattue, tandis que les peurs, qui sont limitées, peuvent être apprivoisées. On préfère donc avoir peur de quelque chose plutôt que d'être angoissé par rien, c'est-à-dire par tout. D'où cette *idéologie* de la peur si puissante aujourd'hui. Elle est une idéologie, car elle offre, au fond, tout ce qui manque à nos sociétés désenchantées : elle fait sens (tout s'explique !), elle fait lien (tous ensemble !) et elle fait programme (agissons !). J'ai peur, donc je suis.

Déclin de l'Occident, passion du bien-être ou quête de sens ? Il y a sans doute un peu de tout cela dans le phénomène. Chacun pourra proportionner la dose de ces trois interprétations à sa guise, mais elles montrent que quelque chose a été perdu et que les discours de réassurance ou de consolation ont perdu de leur efficace et de leur crédibilité. Ces discours qui tentaient de dire aux hommes : « N'ayez pas peur ! » « N'ayez pas peur », malgré la fragilité de votre condition, malgré la mort qui est votre destin, malgré les maladies, les guerres, les famines, malgré les souffrances et l'ennui qui jalonnent vos petites existences misérables.

Quels étaient-ils, ces discours puissants ?

Trois réponses anciennes

On peut en faire un bref inventaire, car leurs principes sont au fond en nombre assez limité, même si leurs formes peuvent varier presque à l'infini.

Première réponse possible aux peurs humaines : la Tradition. J'utilise ici une majuscule pour bien marquer qu'il ne s'agit pas de notre goût, en fait très moderne, du terroir et des antiquités, mais d'une idéologie puissante, peut-être la plus puissante de toutes, qui consiste à penser que le présent comme le futur sont une simple répétition du passé. Il y a eu jadis de grands ancêtres (dieux ou héros) qui ont tout prévu et nous ont tout donné : les lois, les valeurs, les mœurs. De la sorte, rien n'est à craindre puisque tout est un perpétuel recommencement. Les grandes questions humaines sont résolues par des mythes qui ont réponse à tout ; la petite vie humaine est réglée par des rites, dont la signification est univoque. Les uns et les autres disent la même chose : « Ta vie a été vécue des milliers de fois par le passé. Ne crois pas que tu sois unique ; n'essaie surtout pas d'être original ; respecte l'ordre ancestral ; alors tout se passera bien ! » Puisqu'il n'y a jamais rien de nouveau sous le soleil, rien n'est à redouter, rien n'est à espérer, tout revient toujours au même.

À cette première réponse – sans doute la plus efficace de toutes –, on peut ajouter une deuxième plus sophistiquée, donc moins évidente : la réponse cosmologique. Elle consiste à affirmer que le monde est un ordre parfait, harmonieux, beau, juste et bon. Il est plus fondamental que les conventions héritées des ancêtres, puisqu'il est l'ordre même des choses. Et même si, en apparence, tout semble incertain, troublé, fugace, il faut se convaincre, grâce à l'étude, l'observation et le raisonnement, qu'il existe sous les désordres visibles un agencement puissant. Dans cette harmonie universelle, les malheurs humains (la souffrance, la méchanceté, la mort) sont de toutes petites choses qui participent à la perfection du tout. La tâche du sage est de s'en convaincre et de se conformer autant qu'il lui est possible à cette éternité. Ainsi, toute peur le quittera et la sérénité de son esprit sera assurée. Débarrassé de la peur de la mort, il pourra donc vraiment vivre sa vie de mortel au lieu de la gâcher lamentablement dans un état de permanente inquiétude.

La troisième réponse nous sera la plus familière : c'est la réponse religieuse. Ce cosmos parfait est en réalité une création d'un Dieu plus que parfait. Il est bienveillant, omniscient, omnipotent, au-delà de tout ce que l'homme peut imaginer. Si nous prenons conscience de cette création divine et de l'amour infini qui l'inspire, toute peur nous quittera à jamais. Car ce Dieu, qui nous aime personnellement, nous protégera de nos terreurs, même de la pire d'entre elles, à savoir celle de la mort. Il faut donc aimer ce Dieu qui nous aime ; et la seule menace qui pèse sur nous est de ne pas l'aimer assez, au risque d'en être séparé. C'est alors le diable (le séparateur) qui nous effraie, mais il ne tient qu'à nous de ne pas l'écouter ni de le suivre. Si nous y parvenons, alors la confiance (*fides*) sera totale et l'éternité sera aussi pour nous.

Mythologie, cosmologie, théologie : nous avons là trois dispositifs spirituels ultra-puissants qui nous permettent d'être immunisés de la peur.

Tout le problème est que, petit à petit, l'humanité a cessé d'y croire tout à fait. Bien sûr, ils sont très loin d'avoir disparu, mais leur force de conviction a cessé d'être totale et universelle. Des fissures puis de véritables failles sont apparues, qui ont fait perdre la confiance.

Le tremblement de terre a eu lieu à la fin du Moyen Âge en Occident. Ce qui caractérise la modernité, c'est l'affaiblissement simultané des trois réponses : la réponse traditionnelle (par le passé) était déjà largement entamée : la pluralité des traditions (païenne et chrétienne) sapait l'idée même de tradition. La réponse théologique fut mise en doute par les conflits qui traversèrent au moment de la Renaissance les interprétations du message évangélique : comment faire confiance quand les docteurs de la foi se font la guerre ? Quant à la réponse cosmologique, elle est définitivement mise en cause par les découvertes astronomiques des savants modernes : l'ordre naturel cesse d'être une solution pour devenir une immense énigme. La modernité est donc une période de vertige au cours de laquelle tous les fondements habituels semblent être contestés. C'est d'ailleurs une époque où les peurs paniques (voir Jean Delumeau, *La Peur en Occident. XIVe-XVIIIe siècles*, Fayard, 1978) se diffusent à vive allure et prennent des proportions tragiques : les effets des guerres, des épidémies, des massacres, des rumeurs... sont démultipliés par l'angoisse d'un univers spirituel qui a perdu tout socle.

Face à cette perte irrémédiable, comment rassurer l'homme anxieux ? Puisque aucune instance extérieure ne peut plus éviter à l'homme les affres de l'angoisse – ni le passé immuable, ni le cosmos harmonieux, ni le Dieu bienveillant –, il faut que ce soit l'homme qui rassure l'homme et le console de ses malheurs. Le projet semble voué à l'échec, mais il va en fait formidablement réussir.

Qu'est-ce que l'homme a à sa disposition pour se rassurer lui-même ? D'abord, sa connaissance. C'est le pari des humanistes. Puisque l'homme a peur, essayons de comprendre la peur : étudions donc cette « passion de l'âme » pour en identifier le fonctionnement ; nous trouverons alors peut-être le remède pour l'en guérir. Et puisque c'est souvent la nature qui l'effraie (ses catastrophes, ses accidents, ses aléas), essayons de comprendre cette nature devenue aveugle ; nous parviendrons alors peut-être à nous en rendre « comme maîtres et possesseurs », et ainsi à éradiquer la crainte qu'elle suscite. La connaissance de l'homme (humanités) et celle de la nature (sciences) fournissent ainsi les premières pierres d'une réinstallation dans une confiance sans transcendance et dans la perspective d'une nouvelle espérance : celle du progrès humain.

C'est bien, mais insuffisant, car il faut convenir que cela ne touchera qu'une part infime de la population. L'humanité moderne va donc inventer trois autres dispositifs tout à fait géniaux pour lutter ici-bas contre son angoisse existentielle.

Le premier est l'État. On peut en voir la fondation intellectuelle dans le *Léviathan* (1651) de Hobbes, qui montre de manière limpide que sa fonction principale est de rassurer l'homme. Car celui-ci est, plongé à l'état de nature, dans une terreur permanente, puisque même le plus fort, dit Hobbes, peut craindre d'être tué par la ruse du plus faible. C'est pour sortir de cette situation invivable – quand on a peur, « on ne vit plus » ! – que l'homme invente le contrat social et choisit, contre l'angoisse perpétuelle, de créer un monstre (l'État-Léviathan). Celui-ci aura au moins l'avantage de cristalliser ses craintes en un objet bien identifié, certes tout-puissant, mais qui, assurant sa sécurité, le laissera en paix la majorité du temps... s'il lui obéit. L'État moderne était né avec sa primordiale mission : la sûreté. Il remplace la providence divine dans un monde sécularisé : d'ailleurs les Français l'appelleront plus tard l'État-providence.

Le deuxième dispositif est le marché. C'est une sorte de cosmos moderne, en lequel les relations spontanées des êtres produisent une harmonie et un ordre. La loi de l'offre et de la demande, la dynamique de la création et de la destruction, la logique de la concurrence, malgré l'apparence de désordres superficiels et de crises, finissent toujours par créer le « meilleur des mondes possibles » au bénéfice du plus grand nombre. Aucune raison de craindre quoi que ce soit dans cet univers : les risques seront récompensés non pas dans l'au-delà, mais bel et bien dans l'ici-bas. La garantie mercantile du « doux commerce » et d'une destruction qui finit toujours par être créatrice apparaît plus efficace qu'une garantie divine bien incertaine.

Le troisième dispositif est l'assurance. Il s'agit d'une forme de communauté sans tradition où les individus, que la modernité a isolés, retissent entre eux, de manière choisie et délibérée, des liens de solidarité. On a bien oublié l'enthousiasme extraordinaire qu'a suscité cette idée d'assurance chez les penseurs qui l'ont promue, comme Leibniz, Richard Price (mort en 1791) ou encore Mirabeau... Ils pensaient avoir trouvé une véritable martingale permettant non pas certes d'abolir les malheurs humains, mais d'en limiter les effets les plus tragiques. L'assurance bien sûr ne date pas des Modernes, mais elle se développe avec eux de manière fulgurante. Les risques maritimes, les catastrophes, les incendies... tout cela fait l'objet d'une attention nouvelle grâce notamment au calcul de probabilité. Mais un autre projet fou apparaît avec la naissance des statistiques : celui d'une assurance-vie (appelée au départ assurance-mort, ce qui était bien moins vendeur), qui permet à l'individu responsable de veiller sur ses proches après son décès[4] !

État, marché, assurance : telles sont, sous réserve d'inventaire, les trois nouvelles solutions « humaines » à la condition anxieuse de l'homme. Elles représentent toutes trois des formes adaptées aux temps modernes des trois dispositifs anciens.

Où en sont-elles aujourd'hui ? Eh bien, on peut penser que ces trois réponses sont à leur tour entrées en crise. En effet, ni l'État, ni le marché, ni même l'assurance ne rassurent plus tout à fait ; ils deviennent même les premières causes d'effroi. Le premier (l'État) semble affaibli dans ses fondements et d'autant plus menaçant ; le deuxième (le marché) est réputé produire la crise et le troisième (l'assurance) se trouve face à des risques qu'il ne semble plus pouvoir assurer (menace nucléaire, débâcle financière, dérèglement climatique...). En outre, avec la montée de l'esprit critique, toutes les puissances tutélaires sont devenues suspectes. Toutes les élites sont accusées de délit d'initié, de connivence, de conflits d'intérêts, d'abus de biens sociaux, de détournements de fonds, de corruption..., ce qui fait qu'on ne sait plus à quel saint se vouer, puisque, dans un univers désenchanté, il n'y a plus de saint ! C'est là un progrès paradoxal des Lumières : plus le public est instruit, moins il croit à une quelconque providence ou à une puissance protectrice infaillible ; et plus, du même coup, il est exposé à l'inquiétude. Leçon étonnante : le savoir n'est pas forcément un remède contre la peur. Parce qu'il est lui-même incertain, il révèle l'insondable complexité des choses et leur extrême indétermination. Chacun en fera l'expérience quand, cherchant à comprendre le sens de quelques symptômes bénins, il ira regarder un site Internet médical : on en ressort terrorisé par les abominables maladies dont nos petits maux peuvent être les signes avant-coureurs ! Bref, ni la connaissance des choses ni les institutions protectrices ne semblent plus désormais à même de nous guérir contre le « cauchemar qui vient ». Alors que faire ?

D'abord garder son sang-froid et ne pas exagérer. Certes, il y a montée des peurs, mais elles ne sont pas de même ampleur qu'au temps du Moyen Âge et de la Renaissance. La croissance contemporaine des peurs n'a rien à voir en puissance tragique avec celle décrite par Jean Delumeau. L'inquiétude aujourd'hui bloque, agace, gêne – comme le montre l'usage flou du « principe de précaution[5] » –, mais elle ne tue pas. Tout au moins en Occident, où l'espace public lui fait office, certes, de chambre d'échos, mais aussi d'amortisseur. Il ne faudrait pas non plus se mettre à trop avoir peur de la peur…

Ensuite, il faut se garder de la tentation d'annoncer un grand Tournant et un vaste Renouveau. Nous ne disposons pas, à l'heure actuelle, d'autres instruments que les trois évoqués et que ceux du progrès de la connaissance. Aucune autre géniale invention ne se profile magiquement à l'horizon pour rassurer l'humaine condition, toujours livrée à elle-même. Il faudra donc faire avec. Et la grande inconséquence des « idéologies de la peur » est de saper ces solutions en instaurant à leur égard, pas seulement un légitime esprit critique, mais un soupçon global : méfiance à l'égard de la science, dénonciation de l'État, détestation du marché et des « compagnies » en général (et d'assurances en particulier). Or, au lieu de cette indignation générale, il convient de trouver les moyens de mieux combiner ces trois « sécuriseurs institutionnels » pour renforcer leur efficacité (toujours bien réelle), car nous n'en aurons pas d'autres avant longtemps.

Troisième remarque, enfin, cette indignation généralisée, très adolescente dans son esprit, cache en fait une nostalgie infantile : celle de l'âge doré où papa et maman veillaient sur tout ! Nous avons peur, car nous continuons de rêver puérilement d'un monde totalement sécurisé d'où toute espèce de tragique aurait disparu : un monde sans souffrance, sans méchanceté, sans mort. Parviendrons-nous à réaliser qu'un tel univers de « pleine confiance » serait d'un ennui abyssal ? C'est celui des dieux grecs qui, exempts de toute crainte, ne pouvaient s'empêcher, depuis l'éternel Olympe, d'envier la fragilité inquiète de l'existence humaine. Pour nous, ici-bas, la seule conduite à tenir sera donc d'accepter de grandir : de quitter les rêves de protection infantiles et les indignations adolescentes, pour devenir enfin adulte. Qu'est-ce à dire ? Préférer l'action prudente à la craintive passivité et choisir la difficile confiance contre la confortable méfiance.

Confiance contre défiance

Les banques ne font plus confiance aux États ; les États ne font plus confiance aux banques ; et les individus ne se fient plus ni aux États, ni aux banques, ni à personne. C'est la crise ! Ce qui montre *a contrario* combien la confiance est cruciale et dans quelle grande mesure le Marché, qui ne semble reposer que sur la seule recherche du profit matériel, dépend en fait d'un *pur acte de foi* : celui de se fier à l'autre, à ses promesses, à ses engagements. Rien ne le montre davantage que l'invention de l'argent. Quand on y songe, quel mystère ! Cet argent, qui anime une grande part de nos existences, ne repose sur rien d'autre que sur une mystérieuse convention, jamais écrite, jamais signée, garantie par rien. Elle nous convainc d'emblée que quelques grammes de métal, un morceau de papier sans valeur, voire une simple ligne d'écriture informatique, valent 100 euros ! Il faut avoir sacrément confiance pour ne même plus y penser, pour ne pas avoir de doute, même en temps de crise.

Face à cet abîme, on comprend que les théologiens aient tenté de fonder cette confiance incertaine et bancale entre les hommes sur le seul socle solide permettant de l'assurer : la foi en Dieu. C'est ainsi que saint Augustin (*Confessions*, IV, 4-12) ou saint Thomas (*Somme théologique*, II-IIae, q. 4, 7) estiment que la fiabilité ne peut être escomptée que chez les croyants sincères qui placent leur foi, leur espérance et leur amour en Dieu. Il faudrait du *sacré* pour que la confiance marche.

Mais alors comment la confiance a-t-elle survécu au « désenchantement du monde » ? Comment peut-elle continuer de fonctionner à l'âge de la laïcité ? C'est là qu'on rencontre une seconde argumentation

sur le fondement de la confiance : celle qu'inaugure Hobbes et dont le principe sera repris par tous les Modernes.
Hobbes raisonne par l'absurde en imaginant ce que serait une « société de méfiance ». Dans cette situation, qu'il appelle l'« état de nature », tout le monde se méfie de tout le monde ; rien n'est stable ; la peur est permanente. Cette peur est proprement invivable, mais elle est si puissante qu'elle va déclencher chez l'homme (contrairement à l'animal chez qui elle reste passive) une étincelle d'intelligence. C'est en comprenant, grâce à la peur, l'impossibilité d'une vie de méfiance que l'homme va inventer la confiance, et le contrat qui va avec. Sans doute Hobbes cherchera-t-il ensuite lui aussi à fonder cette confiance sur une base solide : ce sera son État-Léviathan absolu et sacré ; mais, dans sa démarche, il montre qu'il n'est plus théologien. Car ce que suggère Hobbes, c'est l'idée très profonde que renoncer à la confiance équivaut non seulement à rendre toute vie sociale impossible, mais à rendre sa propre vie impensable. Toute notre existence ne s'est en effet élaborée que parce que l'on s'est confié : à ses parents, à ses maîtres, à ses amis, à son conjoint… Autant de personnes sans lesquelles nous ne serions même pas nous-mêmes. Sans doute, certains nous ont-ils déçus voire trahis, mais sans eux nous ne serions pas. Ainsi le fondement le plus solide de la confiance n'est-il pas à chercher dans un Dieu transcendant (quoi qu'en dise Thomas) ni dans un État tout-puissant (quoi qu'en pense Hobbes), mais dans le fait simple que notre existence serait impossible sans elle.
Cet argument « par conscience d'impossibilité » (comme disent les logiciens) rend sans doute la confiance moins absolue et la défiance plus fréquente. Mais il importe de voir que celle-ci n'est pas le contraire de celle-là, car la défiance n'est qu'une confiance prudente et avisée. La définition du *Littré* dit tout : « La méfiance fait qu'on ne se fie pas du tout ; la défiance fait qu'on ne se fie qu'avec précaution. Le défiant craint d'être trompé ; le méfiant croit qu'il sera trompé. » Bref, en temps de crise, ce n'est pas la confiance qui disparaît, c'est la défiance qui s'accroît. Mais si la méfiance advient, alors la fin est proche.

CHAPITRE 3

La santé : un droit, un devoir… le salut ?

« La santé peut à la longue paraître un peu fade ;
il faut pour la sentir avoir été malade. »

F.-F. COLLIN D'HARLEVILLE,
L'Optimiste, I, 7 (1788).

Nous autres, Occidentaux des temps hypermodernes, avons un rapport à la santé pour le moins étrange et paradoxal. Qu'on en juge. Nous vivons une époque bénie sur le plan sanitaire, où jamais la médecine n'a été aussi savante ni aussi efficace. Mais au lieu que ces progrès scientifiques et thérapeutiques nous rassurent, nous développons une angoisse continuelle et même accrue à l'égard des maladies en tout genre : non seulement celles qu'une faible espérance de vie permettait d'éviter ou celles qu'une médiocre connaissance nous laissait ignorer, mais aussi celles que nos nouveaux modes de vie nous font craindre[1]. Quant au diable, il est toujours là, mais il a changé de figure. Il est désormais incarné par les laboratoires pharmaceutiques, alors que nous leur devons l'essentiel de nos gains en espérance de vie. Tout se passe comme si ceux qui tentaient de maîtriser les forces de la vie ne pouvaient pas ne pas être suspectés d'agir pour les puissances du mal : Faust encore ; Faust toujours !

La confiance que nous leur faisons en tant que consommateurs – et de plus en plus, comme tous les chiffres de la consommation médicale le montrent – se paie d'un lourd tribut de méfiance en tant que citoyens.

Le concept de santé lui-même semble s'être dilué dans cette évolution paradoxale. Alors que les mécanismes biologiques sont mieux connus que jamais, une définition claire de la santé paraît désormais hors de portée. Le bon sens est, certes, toujours tenté de la concevoir comme le « silence du corps », c'est-à-dire l'absence de maladie ou de handicap. Pourtant cela ne saurait suffire. D'abord parce que la mort elle aussi est un (total) silence du corps ; ensuite, parce qu'on peut être en mauvaise santé ; ce qui montre que la santé ne s'identifie pas tout à fait à la bonne. Elle désigne plutôt la force vitale, qui résiste, plus ou moins bien, aux maux de la vie et aux menaces de la mort. Elle consiste donc moins dans un état fixe et stable que dans un processus continu d'équilibrage, voire d'équilibriste, qui dure ce que dure la vie. Cet « état précaire qui ne présage rien de bon », comme dit le bon Docteur Knock, n'est pas une victoire finale, c'est un combat permanent ; et il se joue de moins en moins à notre insu au fur et à mesure de notre avancée en âge.

Mais peut-on bien combattre sans l'espoir de vaincre ? C'est cette question (et sa réponse négative) qui a inspiré la très controversée définition retenue par l'Organisation mondiale de la santé en 1946. Selon elle, « la santé est un état de complet bien-être physique, mental et social, et ne consiste pas seulement en une absence de maladie ou d'infirmité » (Préambule à la Constitution de l'OMS en date des 19-22 juin 1946). Il est clair que, avec une telle définition, rares sont les humains qui pourront être déclarés bons pour le service de l'existence. Bien sûr, cette définition indique moins un programme qu'un horizon que l'on sait très bien inaccessible, mais qui a pour fonction d'orienter et de guider l'action sans espérer l'atteindre jamais. On peut pourtant se demander si une part de notre hypermodernité n'est pas tentée de prendre cet objectif infini au pied de la lettre avec le plus grand sérieux. C'est ce qui permettrait d'expliquer l'incroyable « inflation sanitaire » qui se développe sous nos yeux pour le meilleur comme pour le pire. Elle ne concerne pas seulement l'augmentation frénétique de la consommation médicale tant préventive que curative, mais elle révèle aussi un triple débordement du sanitaire – si je puis dire – hors de son domaine médical d'origine. La santé a cessé d'être un état vital, pour devenir non seulement un droit, mais aussi un devoir dans un temps réputé en panne de repères éthiques, voire l'unique perspective plausible de salut dans un univers désenchanté. Au-delà de la médecine, elle a ainsi envahi le droit, bouleversé la morale et pénétré jusqu'au religieux. Je souhaiterais proposer ici quelques réflexions sur cette triple hypertrophie du registre sanitaire ; et sur les moyens éventuels de lui fixer quelques limites raisonnables sans bien sûr remettre en question ce qu'elle induit d'inestimable dans l'amélioration de la condition humaine.

Le droit-créance sanitaire et ses limites

Le « droit à la santé », tel qu'il est défini dans la Constitution de l'OMS, a fait l'objet de deux critiques inverses. Il est vrai qu'à partir de la définition très ambitieuse de la santé, déclarer que « la possession du meilleur état de santé qu'il est capable d'atteindre constitue l'un des droits fondamentaux de tout être humain, quelles que soient sa race, sa religion, ses opinions politiques, sa condition économique ou sociale » (OMS) peut soit décourager, soit effrayer. D'un côté, on peut noter le décalage complet, et presque indécent, qui existe entre l'affirmation solennelle d'un tel droit et la triste réalité du monde. Par où l'on retrouve la critique de l'abstraction et du formalisme incantatoire des droits de l'homme. D'un autre côté, on peut dénoncer le caractère virtuellement liberticide d'une telle déclaration qui semble confier à la puissance publique le rôle et la fonction de « guérir » à toute force les humains. À l'évidence, seul un État totalitaire pourrait prétendre promouvoir et réaliser une santé si parfaite à travers le contrôle physique, mental et social de sa population. Ce à quoi un libéral comme Benjamin Constant répliquait comme par avance que « l'autorité se borne à être juste, nous nous chargeons d'être heureux ». Bref, le droit à la santé se trouve coincé sous le feu des deux grandes traditions critiques des droits de l'homme : la critique sociale et la critique libérale.

L'OMS répond à cette double objection par deux précisions. La première distingue le droit à la santé et le droit d'être en bonne santé. À la différence du second, qui supposerait en effet une obligation de résultat à la fois impossible à réaliser et potentiellement totalitaire, le premier insiste sur l'obligation de moyens. Il exige que les États assurent le même accès aux soins de santé à l'ensemble de leur population[2]. D'où les quatre éléments qui composent le droit à la santé ainsi précisé : la disponibilité (les installations sanitaires doivent exister en nombre suffisant) ; l'accessibilité (l'accès physique et économique aux soins doit être assuré sans aucune discrimination, de même que l'information de leur nécessité) ; l'acceptabilité (« les installations, biens et services en matière de santé doivent être respectueux de l'éthique médicale, appropriés sur le plan culturel et réceptifs aux exigences spécifiques liées au sexe et aux différents stades de la vie ») ; la qualité des installations, biens et services.

Une telle précision du droit à la santé, qui insiste sur les modalités d'accès et les instruments sanitaires au détriment de l'idée de santé parfaite, permet sans aucun doute de parer aux critiques. Mais elle a aussi pour conséquence un élargissement du domaine sanitaire, dans la mesure où entrent dans son champ non seulement la prestation de soin, mais aussi tous les facteurs qui la déterminent : l'accès à l'eau salubre et potable, la possibilité d'une alimentation suffisante et saine, la qualité du logement, l'hygiène de vie, les conditions de travail, la qualité de l'environnement, l'accès à l'éducation et à l'information, les relations entre les genres et les générations…

Face à cette inflation, l'OMS apporte une seconde précision sous la forme d'un critère limitatif formulé de la manière suivante : il s'agit de satisfaire non pas *tout* le droit, mais l'« *essentiel* du droit ». Et, est-il encore précisé, « l'essentiel du droit ne peut être déterminé de façon abstraite, car c'est à chaque pays qu'il appartient de le faire, mais ses principaux éléments sont énoncés pour orienter l'établissement de priorités. Soins de santé primaires essentiels, alimentation essentielle minimale sûre au plan nutritionnel, assainissement, eau salubre et potable et médicaments essentiels font partie de l'essentiel du droit[3] ».

Cette seconde précision, pour éclairante qu'elle soit, est loin de tout résoudre, car, ainsi que l'OMS l'admet elle-même, le critère de l'essentiel du droit est lui-même très relatif. Une brève expérience de pensée permet d'ailleurs de s'en convaincre. Imaginons que je sois en train de marcher dans la rue ; un SDF s'approche pour me demander une pièce. Sa demande me plonge dans les habituelles affres : faut-il ou non donner ? Quel usage fera-t-il de cet argent ? Ne devrais-je pas plutôt l'aider à s'en sortir ? À tout le moins parler avec lui ?… Or, pendant que j'hésite (tout en poursuivant mon chemin) avec un mélange de méfiance et de mauvaise conscience, le SDF trébuche dans la rue et se fait renverser par une voiture. Toute mon hésitation disparaît soudain : je me précipite pour l'aider ! C'est cette réaction qu'a théorisée et mise en pratique la médecine d'urgence et, à partir d'elle, l'action humanitaire d'urgence. Elle repose sur le seul élément absolu et incontestable dans le soin : celui qui privilégie le *cure* (quand la survie est en jeu) sans se préoccuper du *care* (l'amélioration de la vie). Cette distinction est précieuse, mais on ne saurait en déduire que l'essentiel du droit à la santé se réduit à l'urgence. Il concerne aussi une part du *care* et devient, du même coup, beaucoup moins évident à définir : quelles seront les limites à lui fixer ? Et si la situation sanitaire s'améliore de plus en plus, comme c'est le cas dans nos pays occidentaux, jusqu'où prolonger la solidarité du soin ? Il y a là un vaste champ de débats, voire de conflits considérables, qui n'en sont encore qu'à leurs prémices. Et il faut admettre qu'il n'existe aucune réponse absolue ni définitive à de telles interrogations ; car le concept de santé étant régulateur, et non critique, il n'englobe pas les bornes de son application.

La seule issue à cette difficulté de définition de l'« essentiel » est donc « procédurale ». Il faut parvenir à mettre en place une procédure d'examen public qui permette de produire les arbitrages pertinents entre les capacités de la solidarité collective (et notamment le financement), le seuil de tolérance d'une société et d'une époque à tel ou tel risque sanitaire et les aspirations des individus eux-mêmes. Autrement dit, les priorités sanitaires sont vouées à faire l'objet d'une délibération publique et à s'installer au cœur des « choix de société », sans se restreindre aux avis d'experts. Cette explicitation continue est sans doute un des enjeux majeurs de ce qu'il est convenu d'appeler la « démocratie sanitaire[4] ». Mais la difficulté est que ces débats autour du droit à la santé ne peuvent plus être cantonnés à la stricte sphère juridique ou politique. Ils se déroulent dans un contexte où la santé tend, et peut-être de plus en plus, à se « moraliser ». C'est ce qui rend la procédure délibérative de plus en plus complexe et délicate.

La moralisation de la santé

L'écrivain britannique Samuel Butler fit paraître en 1872 un roman fantastique, *Erewhon ou de l'Autre Côté des montagnes*, dans lequel il imagine une société étrange où les malades sont traités comme nos criminels et où les criminels sont traités comme nos malades. Les uns sont punis et condamnés ; les autres sont perçus avec indulgence et commisération. Même la détresse causée par la perte d'un être cher fait l'objet d'un châtiment exemplaire ; car ce qui importe n'est pas tant la volonté de faire mal que le mal que l'on porte en soi. C'est ce que, dans le livre, un juge explique doctement à un phtisique pulmonaire qu'il vient de condamner : « Vous pourrez dire que c'est par infortune que vous êtes criminel ; moi je vous réplique que votre crime c'est d'être infortuné. »

Nous n'en sommes évidemment pas tout à fait arrivés là. Mais comment ne pas voir qu'au-delà du droit à la santé l'injonction sanitaire a pris une portée qui dépasse le simple impératif de la prudence ? Le devoir d'être en bonne santé, ou du moins de ne pas ruiner sa santé, s'impose à nous selon deux logiques argumentatives.

La première est collective et sociale. Si l'on doit veiller à sa propre santé, c'est parce que nous vivons dans un État-providence où le système de protection est collectif et solidaire. Il convient donc de prendre soin de soi pour les autres en étant attentif à ne pas alourdir par des comportements à risques excessifs le poids de cette solidarité mutuelle. Cet argument semble solide, et il revient souvent à propos des mesures qui paraissent les plus coercitives. Que ce soit l'obligation de la ceinture de sécurité en voiture ou du port du casque pour les motards, l'interdiction de la cigarette ou la limitation de la consommation d'alcool… ; tout cela trouve sa justification dans la volonté de ne pas « alourdir le déficit de la Sécurité sociale ».

Mais à cette première ligne d'argumentation vient s'ajouter cette autre : ne pas veiller à sa santé, c'est être soit ignorant, soit immature, soit intoxiqué, soit fou. Ainsi, celui qui fume ne peut le faire que parce qu'il ignore les méfaits du tabac, soit parce qu'il veut jouer au grand, soit parce qu'il est en état d'addiction, soit parce qu'il a tout à fait perdu les pédales. Dans ces quatre cas, le mépris de la santé ne peut venir que d'un déficit de « majorité ». Il convient donc de protéger les individus contre les dangers auxquels ils s'exposent eux-mêmes de manière inconsidérée. Face à leur irresponsabilité, la coercition est une option non seulement possible mais légitime[5], et peu importe qu'elle entérine leur statut de mineur…

Comment comprendre la montée fulgurante de cet hygiénisme moralisateur ? Il est sans doute à mettre sur le compte d'un double phénomène. Il y a d'abord la diffusion de l'utilitarisme anglo-saxon hors de son espace d'origine. Cette conception éthique a une efficacité particulière dans la modernité, puisqu'elle s'efforce de fonder la moralité sur des critères immanents hors de toute référence religieuse ou métaphysique. Son principe, formulé de la manière la plus générale, est limpide : une action est bonne quand elle tend à réaliser la plus grande somme de bonheur pour le plus grand nombre possible de personnes concernées par cette action. Elle est mauvaise dans le cas contraire. On perçoit en quel sens la santé identifiée comme absence de douleur ou comme bien-être, voire comme bonheur devient le critère fondamental et unique d'une éthique qui se conçoit comme laïque, universaliste et désintéressée.

Cet utilitarisme se combine dans l'hygiénisme avec un second phénomène anglo-saxon : le néopuritanisme. Par quoi il ne faut pas entendre un retour au religieux, mais un effet moderne du retrait du religieux. Le puritanisme pourrait être décrit en termes psychanalytiques comme une sorte de tendance névrotique obsessionnelle. L'éloignement du divin, l'affaiblissement des dogmes produisent une angoisse du vide éthique, qui trouve une forme de compensation dans la multiplication de petites phobies, règles ou tabous qui visent frénétiquement à retrouver un semblant d'ordre existentiel. Le néopuritanisme hygiéniste apparaît dans une société post-traditionnelle qui a perdu son innocence et l'évidence de ses principes. La santé y est perçue comme un refuge commode visant à combler la quête de règles claires, communes et tangibles : de nouveaux rites, une nouvelle orthodoxie. Ainsi, on tentera de justifier l'opposition à l'homoparentalité non plus parce que ce serait « contre-nature », mais au regard de la santé psychique des enfants. Ainsi, on interdira aux jeunes de sortir le soir non pas parce que « ce n'est pas de leur âge », mais parce qu'il est prouvé que leur temps de sommeil est crucial pour leur croissance. Ainsi, on fera l'amour, non parce que c'est bon, mais parce que ça augmente l'espérance de vie de trois minutes environ par orgasme ; etc. Par où l'on voit que la moralisation de la santé conduit à une hygiénisation de la morale. Loin de produire une éthique du bien-être ou de l'hédonisme, elle débouche au contraire sur l'injonction paradoxale qu'il faut sacrifier son bonheur à sa santé.

Rien ne montre davantage cette dérive que les débats sur la fin de vie et sur l'euthanasie quand la question de la « dignité » entre en jeu. On a parfois l'impression que la notion est utilisée comme l'exact synonyme de « parfaite santé », de sorte que mourir dans la dignité reviendrait à mourir en pleine forme. À l'inverse, l'indignité désignerait une existence tellement diminuée qu'elle ne mériterait pas d'être vécue. Chacun étant bien sûr juge de placer le curseur où il le souhaite. Le débat est incontestablement complexe – et on ne saurait prétendre le trancher d'une formule ; mais il n'en reste pas moins qu'on voit mal comment un être humain pourrait perdre sa dignité par le simple fait qu'il serait faible, malade, souffrant, vieux, dépendant. Un être humain peut-il jamais perdre sa dignité ? Et s'il se trouve déconsidéré à ses propres yeux, ne faut-il pas tout faire pour l'aider à retrouver l'estime, plutôt que de l'aider à reconnaître qu'en effet, sa vie ne mérite pas d'être vécue ! Il ne faudrait pas que l'argument de la dignité devienne le prétexte de l'abandon et du déni du déclin : « Cachons ce malsain que nous ne saurions voir... »

Le salut par la santé

On touche ici à la troisième et ultime extension du domaine de la santé : au-delà du droit, par-delà le bien et le mal, la santé s'approche de la problématique du sens ultime de la vie. Y aurait-il un salut par la santé ? Pourrions-nous espérer devenir des saints du sain ?

Sans doute ne faut-il pas trop surestimer l'efficacité sotériologique (ce qui relève du salut) de la santé dans notre univers hypermoderne, mais il ne faut pas négliger non plus ce qui la rend un tant soit peu crédible. Et de ce point de vue, nous pouvons voir coexister deux promesses fort différentes : la solution par la science et celle par la nature. Du côté de la science, nous avons le courant de pensée qu'il est convenu d'appeler le transhumanisme ou le posthumanisme. Sous ces termes on rassemble les projets qui consistent à faire converger les découvertes scientifiques dans tous les domaines (nanotechnologies, biotechnologies, technologies de l'information et sciences cognitives...) afin d'augmenter les performances, la qualité et la durée de l'existence humaine[6]. Au fond, les partisans de cette nouvelle utopie considèrent que la science parviendra à résoudre avec une efficacité inédite tous les défis de la finitude humaine : l'amélioration de l'éducation, l'augmentation des performances physiques et mentales, l'évitement du naufrage de la vieillesse, et bien sûr la victoire sur la mort. « Au-delà de la thérapie », les biotechnologies nous promettent un bonheur enfin à portée de la maîtrise humaine[7].

À l'opposé de ce modèle scientiste, une doctrine du salut concurrente va défendre l'idée que l'équivalence santé/salut ne peut venir que d'un renoncement à la technique et d'une dénonciation de ses méfaits. Car celle-ci a trahi ses promesses d'amélioration de la condition humaine pour ne produire qu'une succession de dégradations irrémédiables et terrifiantes. C'est donc au contraire par un retour volontariste à la nature, grâce à une saine et respectueuse frugalité, que la santé sera reconquise, la planète sauvée et l'humanité préservée. La nature sert ici de norme contre la science prométhéenne.

Salut technoscientiste contre salut naturo-écologiste : ces deux idéologies concurrentes sont bien sûr sous cette forme extrême très marginales dans notre espace public et on aurait tort d'en exagérer la puissance. Mais leur existence, parfois folklorique, parfois plus inquiétante, nous indique les extensions ultimes de l'idéologie sanitaire. D'où la question de savoir ce qui les empêche de se diffuser plus avant. Quels sont leurs points d'arrêt dans notre monde contemporain pourtant aisément réceptif au tout-sanitaire et à l'idéal d'une santé à tout prix ? Qu'est-ce qui nous sauve de ce salut-là ? La réponse à cette question est, je crois, fort simple. En inventant l'utopie d'une santé parfaite où l'homme ne connaîtrait ni la souffrance, ni la maladie, ni la vieillesse ni la mort, où il pourrait dépasser les limites de sa finitude et effacer jusqu'au tragique de son existence, ces idéologies ont simplement oublié l'homme et son essence finie. Et on aurait grand tort d'identifier la santé au « souverain bien » des philosophes de jadis. Sans doute est-elle un bien précieux pour nous et pour nos proches, mais elle ne saurait suffire à décider de la réussite de notre vie. Qu'est-ce que le bonheur ? Négativement, c'est l'absence de malheur (et la santé en est, en effet, un bon indice) ; mais, positivement, c'est la qualité des liens tissés autour de nous. Et, bien plus que le sain, c'est la richesse de l'environnement affectif qui nous offre le sel de la vie. On se tromperait donc lourdement à sacrifier le second sur l'autel du premier.

Par où l'on perçoit une fois encore l'ambivalence profonde qui régit la question de la santé dans l'univers démocratique contemporain. Les progrès colossaux de l'hygiène et de la médecine s'accompagnent d'une complexification croissante de ses usages et d'une extension toujours plus grande de ses domaines. Nous n'avons sans doute pas encore totalement digéré cet élargissement, ce qui rend d'autant plus urgente l'élaboration d'une « critique de la raison sanitaire[8] ». Surtout au moment où les frontières entre réparation et amélioration, entre préventif et curatif, survie et confort deviennent floues. Son axe principal pourrait être formulé de la sorte : la santé est ce qui nous permet de vivre aussi bien et aussi longtemps que possible notre condition humaine finie ; elle ne permet pas de l'abolir. Elle est un moyen pour la vie humaine et non sa fin. Tâchons de ne pas l'oublier.

Pour un droit au risque opposable

Prévention, précaution, protection : cette trilogie magique (PPP) inspire désormais toutes nos politiques publiques. En ligne de mire : le risque. Il est devenu l'ennemi numéro 1, l'adversaire absolu, la nouvelle figure du diable. Car il est partout : dans l'air, dans l'eau, dans l'assiette ; dans le petit et dans le grand ; il est réel dans le virtuel et virtuel dans le réel ; il est aussi dans l'avenir incertain, dans le passé profané et – toujours plus insidieux – dans le présent quotidien.
L'omniprésence du risque nous obsède. Et dire que certains pensaient qu'on en avait fini avec les grandes causes. Que nenni ! Nous retrouvons là un nouveau combat, qui entraîne tout, justifie tout, excuse tout. Jusqu'à nous faire oublier qu'une vie sans risque ne

vaut peut-être guère la peine d'être vécue et qu'elle n'aurait surtout plus grand-chose à voir avec la condition humaine, dont la caractéristique essentielle n'a pas changé récemment. C'est toujours la finitude, à savoir l'ignorance, le mal et la mort.

Plaider aujourd'hui, *cum grano salis*, en faveur d'un « droit au risque opposable », c'est rappeler cette évidence. C'est rappeler que la PPP doit veiller à ne pas dépasser certaines limites au-delà desquelles elle contribue à déshumaniser l'existence.

On court un grand risque (encore un !) à tenir ce plaidoyer : on l'accusera d'être insensible aux malheurs du monde ou, pire, de jouer la provocation. Et, de fait, ce sont des penseurs bien peu recommandables qui ont jusque-là défendu cette idée : depuis Nietzsche, et son fameux « Il faut vivre dangereusement », jusqu'aux néolibéraux (ou libertariens), qui soutiennent que l'action de l'État est, en tant que telle, une atteinte insupportable aux libertés essentielles de l'homme. Chez eux, c'est la protection de l'individu elle-même qui est liberticide. Sans tomber dans cet excès inutile, on peut néanmoins plaider en faveur d'une critique modérée et interne de la raison PPP en essayant de trouver les critères susceptibles d'en limiter le champ d'action. Deux exemples, pour s'en convaincre.

Aucun sujet ne fait davantage consensus que la protection de l'enfance. Elle a permis d'incontestables et fulgurants progrès dans la condition enfantine. Et pourtant, si l'on n'y prend garde, elle menace de produire des effets pervers polymorphes. Il suffit de considérer la réglementation tatillonne des sorties scolaires, les contraintes sanitaires d'une cantine, les règles de sécurité des colonies de vacances. Arrive à grands pas le temps où les pique-niques seront interdits parce qu'ils brisent la chaîne du froid. La protection de l'enfance se retournera alors contre l'éducation des enfants. Et l'on oubliera l'essentiel : à savoir que ce qu'il faut protéger, ce n'est pas l'enfance (l'innocence, la pureté, l'imagination...), mais la volonté de grandir des enfants. Et cela passe par l'autonomisation, par la responsabilisation progressive... donc par une certaine dose de prise de risque.

Même constat, à l'autre bout de l'existence. Un traitement exclusivement médical du grand âge et de la dépendance en vient paradoxalement à réduire les individus à l'état de cadavres vivotants. La focalisation sur les risques médicaux peut entraîner une déshumanisation, car le principal risque à cet âge n'est pas la mort, mais la solitude et l'insipidité qu'elle produit. On l'oublie parfois, mais *sapiens* vient de *sapere* : goûter ; et l'*Homo sapiens* est celui qui, pour sa grande sagesse, a besoin de trouver du goût à la vie. Grandir et vieillir : quand la PPP en vient à gêner ces deux buts, c'est que les dérives sont proches. Mais cela permet à tout le moins d'identifier un critère qui permette de l'évaluer. Il suffit de se demander si elle respecte ou non l'adulte qui sommeille (parfois profondément) en nous. Quand la PPP oublie de concerner l'adulte (sa responsabilité et son autonomie), elle court un grand danger ; quand elle le vise (même s'il n'est pas là *hic et nunc* – enfance, pauvreté, handicap, dépendance...), elle ne risque jamais de s'égarer. Alors que nos vies sont plus sûres et plus durables que jamais, nous ne cessons de nous convaincre de leur précarité ; alors que nous aurions de bons motifs d'être plus confiants, l'angoisse nous assaille de tous bords ; alors que nos destins semblent plus ouverts que jamais, la peur du vide nous paralyse. Veillons à ce que le « combat contre le risque » ne devienne pas la nouvelle idéologie aveuglante de demain. Bref, sachons aussi nous protéger contre les excès de la protection.

CHAPITRE 4

Trop de justice ?

« Justice extrême est souvent suprême injustice. »

TÉRENCE, *L'Heautontimoroumenos*, IV, 5.

Y aurait-il trop de justice en ce monde ? La question choquera les professionnels de l'indignation que nous sommes tous spontanément devenus. Quoi ! Trop de justice ? Alors que l'injustice est partout, même là où nous ne la soupçonnions pas. On s'était habitué jadis à la repérer en politique, dans les relations économiques et sociales, mais voilà qu'elle se révèle au plus profond des relations conjugales, parentales, sexuelles, générationnelles. Tous les secteurs semblent concernés : nos rapports aux autres bien sûr, mais aussi à la nature, aux animaux, aux choses, au climat, au futur comme au passé. Nous assistons à une phénoménale « extension du domaine de la lutte » (comme on disait jadis), dont les sciences humaines et la philosophie politique sont le théâtre privilégié : on y parle aujourd'hui de justice (ou d'injustice) sexuelle, ménagère, environnementale, intergénérationnelle, transitionnelle, globale, et j'en passe... Plus nous connaissons le monde et la société, plus nous mesurons ce que l'un et l'autre recèlent de scandaleuses iniquités.

Mais, en même temps, plus nous percevons les injustices, moins nous semblons capables de nous accorder sur l'idée de justice et sur les moyens de la réaliser. De ce point de vue, les débats intellectuels depuis la parution en 1971 de l'ouvrage fondateur de John Rawls, *Theory of Justice*, témoignent d'une véritable guerre des dieux. Les conceptions libérales, néolibérales, utilitaristes, républicaines, féministes, communautaristes, environnementalistes, suffisantistes, réciprocistes, capabilitaires… se succèdent et se combattent dans un champ de bataille où il est désormais bien difficile de se retrouver. Ce désaccord est d'ailleurs tel que l'on pourrait douter – avec un certain mauvais esprit, j'en conviens – de notre réelle volonté de justice : certes, nous adorons dénoncer les injustices, mais souhaitons-nous vraiment la justice ? Pour nourrir ce mauvais esprit, effectuons cette petite expérience de pensée[1] : imaginons un monde qui serait parfaitement juste (au sens le plus trivial du terme) ; un monde où chacun serait exactement à sa place ; où chacun aurait précisément ce qui lui revient ; où tous les partages seraient totalement équitables ; où personne n'aurait le droit de se plaindre. Force est de reconnaître qu'un tel monde serait soit totalitaire, soit désespérant ; et sans doute même les deux ensemble : totalitaire, car comment qualifier autrement un monde où personne n'a le droit de se plaindre ? Désespérant, car si je suis exactement à la place qui me revient, c'est que je n'ai en effet plus rien à espérer. Bref, si je suis en bas de l'échelle, dans un monde juste, c'est que je suis soit idiot, soit paresseux, soit vicieux, soit les trois, mais, dans tous les cas, je ne puis m'en prendre qu'à moi-même. Par où l'on voit qu'une dose d'injustice, loin de rendre la vie insupportable, fournit la bonne excuse à ceux qui ont échoué… et qui n'échoue pas un tant soit peu dans la vie ? Or si l'injustice est inéliminable, pourquoi la dénoncer avec autant de virulence ? Si la justice est introuvable, pourquoi la rechercher avec autant de passion ?

Pour tenter de répondre à ce paradoxe d'une justice d'autant plus invoquée qu'elle est inaccessible, il convient de prendre un peu de recul historique en repartant de l'époque où l'idée de justice était claire et distincte et où le champ des injustices était strictement balisé. Il ne faut voir aucune nostalgie dans ce retour en arrière, mais la seule exigence de tenter de comprendre notre désarroi contemporain. Je repartirai donc d'Aristote et de sa fameuse définition de la justice comme vertu consistant à attribuer à chacun ce qui lui revient. Le droit romain reprendra l'idée dans une formule célèbre : *suum cuique tribuere* (« donner à chacun le sien »). Ce qui permet de voir que, pour que la question de la justice se pose, il faut la nécessité d'un partage et, partant, une certaine forme de rareté : il faut qu'il n'y en ait pas pour tout le monde[2]. Tout le problème bien évidemment est de savoir à partir de quel critère on peut et on doit déterminer « ce qui revient à chacun ». Et c'est là que les choses se compliquent déjà.

En effet, pour que ce critère s'impose à tous ceux qui sont concernés par le partage (et qui aspirent en général à en avoir le plus possible), il faut que son principe soit solide, qu'il paraisse grandiose, bref qu'il fasse autorité, faute de quoi les calamités de l'envie et du ressentiment envahiront l'espace commun.

Si l'on tente l'exercice déraisonnable de dresser un inventaire des types de critères possibles, il me semble qu'on peut en repérer trois formes primordiales. La justice (comme vertu du partage) peut être fondée soit dans la grandeur d'un passé mythique (justice traditionnelle), soit dans l'harmonie d'une nature cosmique (justice cosmologique), soit dans la splendeur d'un Dieu infiniment bon (justice théologique).

Une brève histoire du juste

La justice traditionnelle repose sur l'idée, mythique, qu'il y a eu dans le passé une sorte de partage originel (en allemand, cela se dit *Ur-teil*, qui signifie « jugement ») de toutes les choses. Dans la mythologie grecque, cela correspond aux lendemains de la victoire de Zeus sur son père Cronos. Le vainqueur attribue à chacun de ses alliés une part de l'univers : les océans à son frère Poséidon ; les enfers à son autre frère Hadès et des portefeuilles ministériels à chacune des autres divinités existantes. À Prométhée et Épiméthée, il confie la mission de répartir les attributs et les rôles aux créatures terrestres. Bref, nous sommes là dans une situation traditionnelle de partage d'un butin : il faut donner à chacun ce qui lui revient en fonction de l'efficacité de sa participation à la rapine. La distinction entre justice distributive et justice corrective trouve ici sa source : la première concerne l'équité de la répartition du butin ; la seconde, la stabilité et le maintien de celle-ci. Et c'est parce que l'une et l'autre se trouvent bafouées qu'Achille est en droit de se mettre en colère au début de l'*Iliade*. Je rappelle les faits pour mémoire : le chef des Grecs, Agamemnon, pour mettre fin à la peste qui ravage son camp, se voit obligé de rendre à son père, prêtre d'Apollon, sa fille Chryséis, qu'il avait obtenue comme part d'honneur. Le chef des Grecs exige alors une part de compensation. Achille se récrie et Agamemnon, pour l'humilier, décide de lui prendre Briséis sa captive. Le partage originaire se trouve brisé ; les compensations ne sont pas assurées ; le désordre commence, et avec lui… la narration. Par où l'on voit qu'il faut de l'injustice pour que l'histoire débute ; quand la justice règne, la vie n'est pas très intéressante à raconter. En tout cas, ce premier modèle de justice renvoie le critère dans un partage qui a eu lieu dans le passé et auquel il faut être absolument fidèle. La justice, c'est le respect de la coutume comme étant l'actualisation présente d'un passé lointain mais glorieux.

La justice cosmologique déplace la perspective en considérant que le partage originel n'émane pas d'un passé mythique, mais qu'il est inhérent à la nature elle-même, conçue comme cosmos, c'est-à-dire comme ordre harmonieux, beau, juste et bon. C'est d'ailleurs au nom de cet ordre plus primordial que les coutumes peuvent être dénoncées comme étant relatives ou illusoires. La justice traditionnelle ou coutumière (*nomos*) s'efface devant la justice ou le droit naturel (*dikè*). Cette seconde conception permet d'expliquer toute la richesse sémantique du terme « justice » et de ses dérivés : que ce soit en matière de musique, de menuiserie, d'éthique, de raisonnement logique, de théorie scientifique, ou bien sûr de droit, le juste témoigne d'une conformité à l'ordonnancement parfait de l'univers.

Et comme dans la nature chaque être occupe une place spécifique, il convient de donner à chacun ce qui lui revient en fonction de cette place prédéfinie. Ce qui fait dire à Aristote (*Éthique à Nicomaque*, V) que la justice distributive est une opération géométrique (elle repose sur une égalité de proportion ou égalité entre deux fractions) tandis que la justice corrective est arithmétique (elle suppose un échange ou une commutation : *sunallagma*)[3]. On trouve la trace d'une telle conception dans la formule selon laquelle obéir au droit consiste à « observer la loi », c'est-à-dire contempler l'harmonie cosmique et s'y conformer, s'y ajuster.

La justice théologique ajoute une dimension supplémentaire. Au-delà de la coutume (justice traditionnelle), au-delà de la loi naturelle (justice cosmologique), il existe un principe plus fondamental encore qui réside dans l'existence même d'un Dieu infiniment juste et bon. C'est tout l'enseignement présent dans le livre de Job où l'homme tente, en vain, de discerner les cheminements d'une justice divine trop sublime pour son entendement fini. Et encore faut-il bien voir que cette justice divine comporte plusieurs degrés : pour les chrétiens, depuis saint Paul, la loi mosaïque se trouve elle-même dépassée par la loi du Christ tout entière contenue dans ces règles d'or : « Tu aimeras Dieu de toute ton âme et ton prochain comme toi-même. » La justice, c'est la fidélité (*fides*) à Dieu, l'espérance et, *in fine*, la charité. Une telle conception de la justice pose toute une série de difficultés qui vont nourrir la dynamique de l'histoire philosophique occidentale. En effet, devant une idée aussi grandiose du juste, il y a deux attitudes possibles. On peut, d'une part, rechercher les signes compréhensibles pour l'homme de cette justice sublime, à travers une herméneutique forcenée des textes et des dogmes ; on peut, d'autre part, être totalement découragé par l'immensité de la tâche et donc s'efforcer, tout en admirant l'œuvre de Dieu, de travailler modestement à produire une « justice par provision », susceptible de valoir pour le monde imparfait des pécheurs. C'est cette option qui ouvre la voie à une conception laïque de la justice.

La caractéristique commune de ces trois sources primordiales de la justice (entre lesquelles toutes sortes de combinaisons sont possibles) est qu'il s'agit, chaque fois, de rechercher hors de l'humanité elle-même le critère du juste – que ce soit dans l'antériorité d'un passé mythique, dans l'extériorité d'une nature harmonieuse ou dans la supériorité d'une splendeur divine. Le passage à la modernité est marqué par l'effondrement simultané de ces trois principes. À partir de la Renaissance, il n'existe plus aucun repère évident et certain pour étayer le critère de la justice dont l'Occident troublé aurait pourtant tant besoin. C'est une période de vertige qui va susciter à l'égard de la justice deux attitudes contraires qui sont toujours d'actualité : la déconstruction et la reconstruction.

Déconstruction et reconstruction

D'un côté, face à l'affaiblissement des fondements solides de la justice, on peut vouloir entreprendre une critique sans reste de l'idée même de justice, pour en souligner la faiblesse. C'est l'attitude inaugurée par Machiavel qui, lorsqu'il réfléchit sur la politique, entend se débarrasser de toute perspective idéale pour se concentrer sur le réel. Et qu'est-ce que la politique réelle ? se demandait-il. Elle est « la conquête et la conservation du pouvoir ». Peu importe de l'asseoir sur un droit traditionnel, naturel ou divin, il faut d'abord comprendre le mécanisme du pouvoir. Cette démarche se veut libératrice des préjugés et des illusions de l'idéal, elle ouvre (c'est la thèse de Leo Strauss) sur ce qu'on appelle le positivisme, qu'on retrouvera aussi bien chez Nietzsche, Marx ou encore chez le grand théoricien du droit Hans Kelsen. Pour lui, si le droit veut être une science, il doit se débarrasser de l'idée de justice, trop floue et « métaphysique ». Chez Marx, le capitalisme n'est pas tant injuste que contradictoire et il est donc voué à être « à lui-même son propre fossoyeur » ; chez Nietzsche, la justice est une idole dont il faut hâter le crépuscule en philosophant avec un marteau.

L'autre voie moderne va consister à tenter de reconstruire sur ressources propres ce que les justices primordiales sont désormais incapables de fournir. Quelles sont ces ressources propres ? Eh bien, c'est l'homme. D'où la question directrice de toutes les philosophies du droit de l'âge moderne : comment trouver en l'homme de quoi fonder la justice des hommes ? Nietzsche a une magnifique image pour résumer ce projet fou : il évoque le geste du légendaire baron de Münchhausen qui, pour se sortir d'un marais dans lequel il était tombé, se tira lui-même par les cheveux. Tel est le nouvel âge de la justice, qui va être marqué par ce double mouvement de déconstruction et de reconstruction.

Dilemmes contemporains

On pourrait montrer – mais cela supposerait un plus long développement – comment les conceptions modernes et contemporaines de la justice s'articulent autour des grandes conceptions de l'homme qui commencent à s'opposer à l'âge moderne[4]. L'homme peut-il être défini d'abord comme une nature, c'est-à-dire une matière, qu'elle soit physique, biologique ou psychique ? Est-ce, au contraire, sa culture particulière qui le constitue en propre ? Ou alors vaut-il mieux identifier sa spécificité dans sa capacité à s'arracher aussi bien à sa nature qu'à sa culture particulière – bref, dans sa liberté ? Nature, culture ou liberté : on a ici trois grands principes de définition qui produisent des théories de la justice fort différentes ; elles n'ont d'ailleurs pas fini de se combattre de nos jours. On peut présenter les tentatives modernes de redéfinition de la justice d'une autre manière, à la fois plus simple et peut-être plus opérationnelle. Je partirai de l'excellente fable conçue par l'économiste et philosophe indien Amartya Sen, prix Nobel d'économie, dans son ouvrage sur la justice[5].

Amartya Sen place le lecteur dans la position d'une espèce de juge Salomon ayant pour mission d'attribuer une flûte à trois enfants

(Anne, Carla et Bob) qui se la disputent. Chaque enfant vient plaider sa cause à tour de rôle. Anne la revendique parce qu'elle est la seule à savoir jouer de cet instrument (et, qui plus est, fort bien). Carla vient ensuite et la réclame, pour sa part, en indiquant qu'elle a passé un temps considérable à la fabriquer. Quant à Bob, il défend sa cause en arguant qu'à la différence des deux autres il ne possède aucun jouet. Cette petite histoire résume très bien les trois grandes options modernes de la justice. On peut en effet attribuer à chacun en fonction de ses talents (Anne), en fonction de ses mérites (Carla) ou en fonction de ses besoins (Bob). Comment trancher ? C'est très difficile, car la méconnaissance de chacune de ces dimensions risque de produire une profonde injustice. Ainsi, ne pas reconnaître les talents ou empêcher qu'ils ne s'expriment est injuste, de même que ne pas admettre les mérites ou négliger les besoins individuels. En même temps, aucun de ces critères n'est à lui seul parfait. On peut ainsi penser que les gens qui sont doués et favorisés par la nature n'ont aucun besoin d'être en plus favorisés par la société ! Quant au mérite, est-on vraiment certain qu'il ne dépende que de la volonté et du travail individuels : n'y a-t-il pas, cachée derrière le goût de l'effort (notamment scolaire), une forme de délit d'initié davantage hérité que mérité ? Et, pour ce qui est du besoin (conception dite suffisantiste), la grande difficulté est que sa sphère est infinie et qu'il peut varier beaucoup d'un individu à l'autre et d'un moment à l'autre. Imaginons, par exemple, une personne qui, ne digérant que le caviar, en aurait besoin pour vivre !

Les inégalités et leurs représentations

On peut sans doute échapper à ce dilemme (ou plutôt à ce trilemme) en tentant une sorte de hiérarchisation des critères. Et c'est, semble-t-il, ce que pensent les Français dans leur grande majorité quand ils sont interrogés sur leur définition d'une société juste et leur représentation des inégalités. Une enquête tout à fait passionnante a été publiée en 2011 par le Gemass (Groupe d'étude des méthodes de l'analyse sociologique de la Sorbonne) sur la manière dont les Français se représentaient les inégalités (Michel Forsé et Olivier Galland [dir.], *Les Français face aux inégalités et à la justice sociale*, Armand Colin, 2011).

Que montre cette enquête ? D'abord (et c'est confirmé par toute une série d'autres enquêtes, dont l'enquête BVA d'octobre et novembre 2011[6]) que les Français ont le sentiment de vivre dans une société non seulement injuste (car inégalitaire), mais qui tend à devenir de plus en plus injuste et même où les plus favorisés deviennent de plus en plus favorisés (voir les enquêtes annuelles du Credoc). Sur cette base, on pourrait donc adopter ici un point de vue très pessimiste, voire alarmiste sur l'état du lien social français.

Un deuxième enseignement vient pondérer cette lecture. En effet, les réponses révèlent un décalage important entre les inégalités perçues comme fréquentes et celles qui sont jugées les plus scandaleuses. Ainsi, dans l'échelle des valeurs affichées, les inégalités les plus présentes (celles liées aux revenus) ne sont pas perçues comme les plus condamnables (la hiérarchie des rangs de salaires n'est pas mise en cause). À l'inverse, les inégalités considérées comme les plus insupportables (celles qui touchent à la discrimination ethnique ou par le genre) ne sont pas celles qui sont identifiées comme étant les plus fréquentes.

Troisième enseignement que l'on peut tirer de cette enquête : les Français qui jugent que la société française est injuste ou inégalitaire le disent « en général » ; leur jugement porte sur l'état des inégalités sociales plutôt que sur le degré dont ils en sont eux-mêmes personnellement affectés. Tout en considérant la société comme étant injuste, une majorité des personnes interrogées se perçoit en position « plutôt ou très favorisée ». L'injustice sociale est ainsi le résultat d'un jugement « désintéressé » et n'implique pas, du coup, l'identification de « boucs émissaires » qui en apparaîtraient comme les « profiteurs ».

On peut enfin tirer une quatrième remarque de cette enquête qui répond plus directement à notre question de définition d'une société juste. Les réponses à cette enquête montrent une forme de hiérarchisation des exigences. Il faut tout d'abord que soient garantis les besoins de base, c'est-à-dire, dans l'ordre, le logement, la nourriture, l'habillement, la santé, l'éducation. Il convient ensuite que soient reconnus les mérites de chacun (dans un contexte d'égalité des chances). Il serait enfin souhaitable que soient réduites les plus grandes disparités de revenus, mais sans pour autant parvenir à un alignement complet qui reviendrait à méconnaître les talents individuels. Il y a une forme de génie dans cette solution de parfait bon sens qui rejoint d'ailleurs le principe rawlsien du maximun : une société est juste non pas quand les inégalités ont été abolies (ce qui supposerait d'attenter aux libertés), mais quand les inégalités (même accrues) profitent aux plus défavorisés. Autrement dit, quand les riches devenant (un peu) plus riches, les pauvres deviennent (beaucoup) moins pauvres. Tout le problème étant, bien sûr, de la mettre en pratique.

Cette enquête nous aide, je crois, à interpréter la place démesurée et paradoxale qu'occupe la justice dans notre espace public et intellectuel ; et à résoudre les paradoxes que j'évoquais en commençant. Parce qu'il est mieux connu et plus ouvert, notre monde nous apparaît aussi infiniment plus difficile à comprendre et à interpréter. Or, face à cette incertitude, l'« injustice » devient une sorte de réducteur de complexité. En repérant une injustice, nous installons une logique binaire qui clarifie l'obscurité diffuse des choses : inclus/exclus, favorisés/défavorisés, gentils petits/gros salauds, profiteurs/exploités, assistés/assistants…, ce qui permet de donner un sens simple à une réalité complexe. Cet usage idéologique de l'injustice (qui existe à droite comme à gauche) explique aussi que la philosophie politique contemporaine se soit focalisée sur cette thématique, au moment où les idéologies commençaient à avoir du plomb dans l'aile[7].

Cette inflation nouvelle des « injustices » ne témoigne pourtant pas à mon sens d'un affaiblissement ou d'une conflictualisation du lien social et politique. Dans *De la démocratie en Amérique*, Tocqueville avait produit une prévision puissante sur la société démocratique : « Quand l'inégalité, écrivait-il, est la loi commune d'une société, les plus fortes inégalités ne frappent point l'œil ; quand tout est à peu près de niveau, les moindres le blessent. C'est pour cela que le désir de l'égalité devient toujours plus insatiable à mesure que l'égalité est plus grande[8]. » Il émettait ainsi une prédiction forte sur l'augmentation de l'« envie » dans la société démocratique. Par rapport à la jalousie qui est la crainte de perdre ce que l'on a, l'envie peut se définir comme le désir d'avoir ce qu'on n'a pas et que les autres ont (ou, sous une forme négative, comme le fait de se réjouir du malheur de ceux qui nous semblent supérieurs[9]). Alors que l'envie se trouvait pour ainsi dire neutralisée (ou du moins limitée à l'intérieur des castes) dans les sociétés aristocratiques parce que les hiérarchies étaient conçues comme « naturelles », donc incontestables, il semblait logique qu'elle se développât à l'âge de l'égalité démocratique.

Or on peut émettre quelques doutes à l'égard de la vérification de cette prévision. L'envie, bien sûr, n'a pas disparu, mais elle n'a pas atteint l'ampleur annoncée. À certains égards, elle semble même davantage limitée que jadis[10]. L'enquête citée d'ailleurs le suggérait : le sentiment d'injustice est plus le résultat d'une réflexion générale désintéressée qu'une réaction passionnelle fruit d'un ressentiment personnel. Bref – et telle serait ma suggestion finale –, dans les démocraties occidentales (et je me limite ici à cet espace), l'injustice apparaît aujourd'hui comme une grille de lecture du monde ; elle ne constitue pas une norme des rapports sociaux. Nous voyons les injustices plus que nous ne les subissons ; nous les dénonçons plus que nous ne les vivons et nous ne sommes jamais aussi inégaux que nous le croyons. Cette tendance témoigne d'un rapport plus réfléchi au réel, en tout cas plus distancié ; et d'un rapport aux autres davantage pacifié.

Quant au critère qui permet de distinguer entre une injustice acceptable et une injustice inacceptable, il me semble qu'on en trouve une formulation presque parfaite chez Rousseau : « À l'égard de l'égalité, écrivait-il dans *Du contrat social* (II, XI), il ne faut pas entendre par ce mot que les degrés de puissance et de richesse soient absolument les mêmes ; mais que, quant à la puissance, elle soit au-dessus de toute violence, et ne s'exerce jamais qu'en vertu du rang [dirait-on mérite, aujourd'hui ?] et des lois ; et, quant à la richesse, que nul citoyen ne soit assez opulent pour en pouvoir acheter un autre, et nul assez pauvre pour être contraint de se vendre : ce qui suppose, du côté des grands, modération de biens et de crédits, et du côté des petits, modération d'avarice et de convoitise. »

Les pièges de l'évaluation

Désormais, qu'on se le dise, tout s'évalue ! Des salariés aux élèves de CM2, des chercheurs aux ministres, des États aux hôpitaux, des psychothérapies aux performances sexuelles… La culture de l'évaluation semble n'avoir aucune limite et les agences de notation fleurissent dans tous les domaines de l'existence : le privé comme le public, l'économique comme le médical, le psychique comme le politique. Y a-t-il péril en la demeure ? Le débat en tout cas ne cesse de monter sous nos yeux en opposant, comme il se doit, les *pour* et les *contre*.

Du côté des *pour*, il y a deux arguments principaux que l'on retrouve aussi bien dans les marronniers de nos magazines préférés (les meilleurs lycées, hôpitaux…) que chez les scrutateurs des compétences au sein de l'entreprise. L'évaluation permet, d'une part, de contrôler le rapport performance/coût d'un service ou d'un salarié qu'il soit privé ou public ; et, d'autre part, d'établir une échelle d'équité, permettant de « donner à chacun ce qui lui revient » – selon l'antique définition de la justice –, c'est-à-dire à la fois sa place (son poste) et sa part (sa rémunération). C'est donc à la fois au nom de la performance et de la justice que l'on défend l'évaluation.

Du côté des adversaires, on trouve deux arguments. On lui reproche d'abord son scientisme technocratique, qui lui fait oublier le qualitatif et l'humain dans une idolâtrie, voire un fétichisme des chiffres, des notes et des taux. Mais, plus grave, l'idéologie de l'évaluation serait une imposture qui, sous couvert d'objectivité et de rigueur, masquerait un rapport de force visant l'uniformisation des profils et le contrôle accru des individus. Tyrannie de la moyenne, l'évaluation est un pouvoir qui se travestit en savoir neutre. Et pour le contrôler, il faudrait évaluer les évaluateurs, et ce à l'infini !

Présenté ainsi, le débat n'a aucune raison de s'arrêter. Il oppose deux positions bien campées et irréconciliables. Pour les uns, l'évaluation est nécessaire ; pour les autres, elle est impossible et donc dangereuse.

Et si l'on partait de cette contradiction au lieu d'y aboutir de manière aussi vaine que prévisible ? Tout le problème en effet est que l'évaluation est à la fois nécessaire et impossible. Pourquoi ? D'abord, parce que notre époque, c'est un poncif que de le dire, est en déficit de repères et de critères. Nous sommes depuis longtemps sortis d'un monde où chaque être avait une place définie par avance, par son âge, par son appartenance familiale, sociale, religieuse, cosmique. Ensuite, comme Tocqueville l'avait vu, la logique démocratique contribue non seulement à égaliser les conditions et les rangs sociaux, mais à tout mettre sur le même plan. En suspectant la hiérarchie comme telle, l'esprit démocratique tend à déconsidérer toute échelle de valeur, jusqu'à – et c'est un paradoxe – celle des mérites. Et l'on peut voir aujourd'hui les réticences à instaurer dans la fonction publique un « avancement au mérite », voire des primes de performance pour les recteurs ou les chefs d'établissement. Quel étalon, quel critère ou quel point de vue seraient en effet légitimes pour décréter la valeur d'un égal ? Sur ces questions nous devenons vite sceptiques et relativistes. La « culture » de l'évaluation représente la tentative – peut-être désespérée – d'établir des hiérarchies qui soient compatibles avec l'esprit démocratique : des hiérarchies fondées, non sur *la* « qualité » comme on disait jadis (c'est-à-dire la naissance), mais sur *les* qualités, les mérites et les efforts des individus. C'est parce que plus rien ne va ni ne vaut de soi que l'expertise s'est frénétiquement développée. Elle l'a fait dans deux directions.

La première tente de rétablir une sorte d'évidence de valeur par la quantification. Il s'agirait, grâce à l'objectivité scientifique, de restaurer les certitudes hiérarchiques d'antan. Notre époque qui ne croit plus à rien croit pourtant encore très fort en la science !
La seconde direction privilégie l'autoévaluation ; la seule qui soit conforme à l'idéal démocratique et à l'idée selon laquelle personne ne peut dire à ma place où se trouve ma place.
Mais ces deux options comportent d'évidentes difficultés : la quantification est forcément réductrice et elle peut être déresponsabilisante lorsqu'elle croit abolir tout rapport de force dans l'objectivité des chiffres. L'autoévaluation risque de n'être guère utile à force d'être personnalisée. L'une est trop objective ; l'autre, trop subjective.
Comment sortir de cette impasse ? Osons une piste ! Et si l'évaluation limitait son fétichisme des chiffres en renouant avec les nuances de la rédaction ? Une appréciation écrite, singularisée, pesée, argumentée, signée par un auteur peut être discutée ; pas une note sur 20 ou un taux. Et puis la rédaction exige du temps, donc un peu de ce recul si rare de nos jours. Enfin, autre bénéfice collatéral : elle remettrait les humanités au cœur des ressources humaines. Mais je prêche là pour ma paroisse !

CHAPITRE 5

La culture générale introuvable ?

> « Il est bien plus beau de savoir quelque chose de tout que de savoir tout d'une chose ; cette universalité est la plus belle. »
>
> Blaise PASCAL, *Pensées* (37).

Tentez l'expérience : prononcez, au cours d'un dîner en ville (ou d'un déjeuner sur l'herbe), l'expression « culture générale ». Les mines aussitôt se feront graves ; tous les convives rivaliseront pour en déplorer la disparition ; chacun regrettera – avec force exemples – que les jeunes – élèves, étudiants, salariés – soient devenus si « généralement incultes ». Mais si vous allez plus loin et demandez ce qu'est, au vrai, cette « culture générale », dont chacun s'estimera bien entendu, pour ce qui le concerne, parfaitement pourvu, le silence se fera progressivement après quelques tentatives infructueuses de définition. À moins que les querelles ne gâchent la fin du repas : les classiques pleureront à chaudes larmes la disparition des grandes références littéraires, du sens de la chronologie, des règles de l'orthographe et des principes de la civilité ; tandis que les modernes pointeront du doigt l'ignorance crasse des individus en matière de culture scientifique et technique, d'autant plus grave, à leurs yeux, qu'elle favorise le retour de l'obscurantisme, de la pensée magique et du préjugé.

La scène, vécue et revécue, résume le paradoxe de l'idée « culture générale » en nos temps hypermodernes : jamais elle n'a paru aussi nécessaire ; jamais elle n'a semblé moins accessible. D'un côté, l'effacement des repères et l'accélération des mutations scientifiques ont accru l'aspiration à un socle commun choisi et décidé ; de l'autre, l'éclatement des savoirs et la victoire du relativisme empêchent d'en identifier les fondements certains.

Sa définition *a minima* n'a pourtant pas changé ; elle désigne toujours « ce qu'il n'est pas permis d'ignorer ». Simplement, on ne sait plus très bien ce que cela veut dire. Et rien ne le montre davantage que les fameuses épreuves dites de « culture gé » ou « hors programme » des concours. Tout y est permis et surtout n'importe quoi : à côté des « Qui est l'auteur de *Madame Bovary* » ou « 1515 : Marignan, mais quel était l'adversaire ? », on trouve : « Quel était le numéro du maillot de Zidane dans l'équipe de France ? » ; « Quelle est la capitale de la Mongolie ? » ; « Quel a été le plus grand succès du cinéma ? »... On n'est pas très loin de *Questions pour un champion*, mise en scène divertissante de notre désarroi contemporain en la matière.

Si l'on veut dépasser le constat pour en venir à l'interprétation, deux célèbres analyses se présentent à nous. D'un côté, Allan Bloom, dans son livre *The Closing of the American Mind* (*L'Âme désarmée*, Julliard, 1987), impute à la culture démocratique elle-même le « déclin de la culture générale » (tel est d'ailleurs le sous-titre de la traduction française) ; d'un autre côté, Pierre Bourdieu, aussi bien dans *Les Héritiers* (Minuit, 1964) que dans *La Reproduction* (Minuit, 1970), dénonce le caractère foncièrement antidémocratique de l'idée même de culture générale. Ces deux lectures, qui ont fait date, ont l'avantage non seulement de baliser le champ d'investigation, mais aussi de conférer à la question son enjeu maximal : la crise de la culture générale n'est pas séparable de celle de la culture de l'âge démocratique. C'est dans ce contexte qu'il faut la comprendre et tout le mérite de ces deux thèses fut de nous le rappeler.

Culture générale et démocratie

La démocratie contre la culture générale (Allan Bloom)

La culture démocratique, aux yeux de Bloom, se caractérise par deux traits : la passion de l'égalité et le culte de l'utilité. La première, prétendant tout mettre à niveau, le fait baisser et interdit d'envisager toute forme de supériorité culturelle : la sélection devient ségrégation abusive ; l'autorité est considérée, par principe, comme oppressive ; la grandeur est l'objet de tous les soupçons. Le culte de l'utilité, de son côté, réduit toute quête de sens ou de beauté à la plate question : « À quoi ça sert ? » Du même coup, l'esprit se fait étroit ; la communauté s'efface devant le souci individuel du bien-être ; les valeurs se matérialisent et se fragmentent. Bref, l'égalité produit la barbarie ; l'utilité provoque l'absurdité. Toutes deux annoncent la fin de la culture générale, sa dissolution dans la culture de masse et, *last but not least*, la fin de la culture elle-même, c'est-à-dire « ce qui constitue la vie sociale au niveau le plus élevé possible [...] ; ce qui constitue l'unité de la nature animale et de l'ensemble des arts et des sciences » (p. 211-213).

C'est contre ces deux dérives, plaide Bloom, qu'il convient de réhabiliter la culture classique. Depuis l'Antiquité grecque, elle a répondu à l'exigence de former les hommes non comme des membres de l'espèce, mais comme des êtres civilisés, visant un idéal d'humanité. En s'ouvrant à l'altérité et même à l'exotisme des cultures antiques, les individus contemporains garderaient, comme leurs ancêtres, l'accès à cette distance critique si indispensable à la liberté de l'esprit. Nourris par autre chose qu'eux-mêmes et détournés de leur monde familier, les individus seraient en mesure de s'élever, à tous les sens du terme. Se priver d'une telle ouverture reviendrait, à l'inverse, à se complaire dans un égocentrisme présentiste et borné bien peu conforme aux aspirations humaines. Aux programmes éphémères ultraspécialisés des écoles et des universités, il convient donc de substituer l'étude sérieuse de la littérature classique et des langues antiques.

C'est donc à une révolution conservatrice qu'appelle Bloom en matière pédagogique. Son analyse confère sa force maximale à la nostalgie des aventuriers de la culture générale perdue. Elle doit cependant être confrontée à son exact contraire.

La culture générale contre la démocratie (Pierre Bourdieu)

Pour Bourdieu, le problème des démocraties n'est pas qu'elles seraient livrées à la dérive de la passion égalitaire, mais, bien au contraire, qu'elles continuent de receler des hiérarchies, d'autant plus sournoises que leurs ressorts sont cachés. L'idée de culture générale est l'illustration exemplaire de la stratégie des élites pour se reproduire à l'identique. L'implicite de la formule « ce qu'il n'est pas permis d'ignorer » l'indique, pour une fois, en toute clarté. Elle révèle que le système éducatif est rempli de codes secrets, jamais explicités, qui profitent aux seuls héritiers, à ceux qui sont « tombés dedans quand ils étaient petits ». Bourdieu s'attache à dénoncer ces innombrables délits d'initiés que véhicule la culture des humanités : une certaine rhétorique, des références « évidentes », la maîtrise des attentes des enseignants, la connaissance des règles non dites du jeu… Autant d'éléments qui feront à coup sûr la réussite de l'héritier et l'échec du non-initié.

Derrière l'éloge du désintéressement et du culte (très aristocratique) de l'inutilité des humanités classiques se cache donc un instrument de reproduction de classe. Avec les lettres classiques, ce n'est pas l'amélioration de l'humanité qui est visée, mais le souci pour la bourgeoisie de placer ses rejetons aux meilleurs postes. « L'école n'exalte-t-elle pas dans la *culture générale* tout l'opposé de ce qu'elle dénonce comme pratique scolaire de la culture chez ceux que leur origine sociale condamne à n'avoir d'autre culture que celle qu'ils doivent à l'École ? » (*Les Héritiers*, p. 33). Pire même, l'école renonce à transmettre la culture générale pour la supposer toujours déjà là : « Pour les individus originaires des couches les plus défavorisées, l'École reste la seule et unique voie d'accès à la culture et cela à tous les niveaux de l'enseignement ; partant, elle serait la voie royale pour une démocratisation de la culture, si elle ne consacrait, en les ignorant, les inégalités initiales devant la culture et si elle n'allait souvent – en reprochant par exemple à un travail d'être trop *scolaire* – jusqu'à dévaloriser la culture qu'elle transmet au profit de la culture héritée qui ne porte pas la marque roturière de l'effort et a, de ce fait, toutes les apparences de la facilité et de la légèreté » (p. 35).

Afin de lutter contre ce processus, la solution envisagée par Bourdieu consistait à détrôner les humanités classiques et à privilégier les sciences, notamment les mathématiques, sociologiquement neutres et moins enclines, pensait-il, à la logique de reproduction. Mais, ultime ruse de l'histoire, on sait comment cette voie fut à nouveau récupérée par la bourgeoisie qui sut investir massivement les séries C, puis S, dès qu'elle vit qu'elles étaient les nouvelles portes d'accès à l'excellence.

À exposer brièvement mais aussi fidèlement que possible ces deux argumentations opposées, je dois avouer qu'elles me paraissent porter toutes deux, malgré leur contradiction, d'une grande puissance de conviction. Bien sûr, il faut ôter la part trop ouvertement réactionnaire de Bloom et le style trop explicitement marxiste de Bourdieu. Sans doute peut-on objecter au premier que les humanités classiques ne connurent jamais d'âge d'or, qu'elles furent constamment contestées aux motifs qu'elles favorisaient la plate répétition, la vénération servile, le formalisme, la rhétorique creuse… Sans doute peut-on opposer au second qu'une déconstruction trop radicale de la culture générale risque, comme on le voit aujourd'hui, de faire perdre pied aux exigences et à l'autorité scolaires.

Il n'en reste pas moins que la démocratie fragilise la culture en prétendant égaliser tout et énerve la société en n'égalisant pas assez.

D'un côté, elle porte en elle l'idée que tout se vaut ; de l'autre, elle laisse intactes les petites connivences qui viennent parasiter la voie pure du mérite. Il y a donc chez Bloom comme chez Bourdieu un moment incontestable de vérité.

Le plus singulier demeure pourtant que l'idée de culture générale fut inventée précisément pour lutter contre ces deux travers de l'univers démocratique. Que s'est-il donc passé ? Pourquoi et comment ce projet a-t-il échoué ?

Une brève histoire de la culture générale

La date de l'installation de la « culture générale » dans le système éducatif français peut être assez précisément identifiée : 1902, année de la grande réforme qui fixe durablement les structures de l'enseignement secondaire[1]. Clairement distinct à la fois du primaire et du supérieur, il se divise désormais en deux. À partir de la classe de troisième, des sections parallèles, plus ou moins classiques ou plus ou moins modernes, sont créées, égales en dignité, au moins sur le papier. Cette réforme intervient après de longs débats au sein de la commission Ribot qui ont vu s'affronter les partisans des humanités classiques à ceux d'une culture moderne, davantage ouverte sur les sciences et les techniques. La ligne de front est connue : d'un côté, la valorisation de l'intemporalité et le désintéressement qui pourront permettre les grands sacrifices ; de l'autre, un plaidoyer en faveur de l'utilité et de l'efficacité, qui faciliteront l'adaptation aux défis du présent. L'idée de culture générale que la réforme contribue à installer constitue une sorte de motion de synthèse.

Quatre traits la caractérisent. D'abord, parce qu'elle concerne le secondaire, elle se distingue nettement à la fois de l'élémentaire (primaire) et de toute forme de spécialisation/érudition (supérieur). Ce qui se traduit, ensuite, socialement par le fait qu'elle s'adresse, comme le disait déjà Guizot, à la « classe moyenne » : « Elle [l'instruction secondaire] comprend tout ce qu'on a besoin de savoir pour être un homme bien élevé[2]. » Du même coup – et en troisième lieu –, elle reste sur le plan du contenu largement indéterminée, reliée sans aucune espèce de vergogne au « consensus social » et à l'« évidence nationale ». Elle n'a pas besoin d'être définie. La seule exigence – quatrième trait – est qu'elle doit opérer une synthèse des humanités classiques et des savoirs modernes. Elle ne cultive plus l'inactualité par principe, même si elle peut continuer de se méfier des excès du modernisme : « La culture générale, écrit ainsi Alain dans ses *Propos* en 1921, refuse les primeurs et la nouveauté » (p. 221). Mais elle doit aussi permettre, comme l'écrivait Louis Liard, que les élèves « soient avertis peu à peu de ce qui est ; qu'ils emportent du collège un certain nombre de notions justes sur ce qu'est l'homme dans la nature, leur temps dans les temps, leur nation dans les nations, leur pays dans le monde et le monde entier autour de leur pays, et qu'ils ne sortent pas, comme des oiseaux effarés et incertains d'une volière close, dans des espaces inconnus. Nous voulons qu'avec une provision d'idées sans chimère, ils soient munis déjà de connaissances positives et qu'ils n'aient pas appris à comprendre seulement pour exprimer, mais surtout pour agir[3] ».

Il faut bien comprendre les raisons profondes qui plaident alors pour un dépassement des humanités classiques. Les reproches sont connus et remontent au moins à l'*Encyclopédie*. Aux yeux des Lumières françaises, la notion traditionnelle d'« humanités classiques » apparaît trop étroite et rigide pour fonder l'éducation de l'homme éclairé : trop étroite, car elle néglige la dimension scientifique et technique du savoir ; trop rigide, dans la mesure où elle donne lieu, contre l'intention des premiers humanistes, à une imitation plate, déférente et répétitive d'un âge supposé d'or. Elle risque donc d'alimenter le préjugé qu'elle entendait combattre. Mais il faut aller plus loin : les humanités de l'humanisme ne sont pas du tout conçues comme un instrument d'instruction publique ; elles n'ont pas vocation à former le « père de famille, le soldat et le citoyen », comme disait Léon Bourgeois en 1896.

Aulu-Gelle le disait jadis dans un texte célèbre (*Nuits attiques*, XII, 16) qui reprend Varron et Cicéron : l'*humanitas* est la traduction de la *paideia* grecque qui désigne bien plus que l'éducation. Celle-ci vise l'excellence humaine, non pas au sens étroit de la formation d'une élite sociale, mais d'une élite, pourrait-on dire, cosmique. Elle s'adresse au très petit nombre d'individus qui sauront se détacher des vanités de ce monde sublunaire pour comprendre l'ordre cosmique. Et si les humanités se déconnectent de cette finalité, elles ne sont plus qu'une coquille vide, faite de formalisme creux et de vaine répétition.

L'humanisme renaissant, à partir de Pétrarque, reprendra cette ambition extrême en lui substituant une autre figure, plus modeste en apparence, que celle du sage : celle de l'« homme de lettres ». Mais l'idéal reste intact dans son exigence : l'homme de lettres est celui qui, enfermé dans le « jardin imparfait » (l'expression est de Montaigne) de sa finitude, sans espoir de comprendre la nature des choses, parvient tout de même à mettre un peu d'ordre dans le désordre du cœur et de l'esprit humains. Il est le seul sauveur possible dans un monde créé par un Dieu trop grand pour être ni vu ni connu[4].

On comprend, à partir de là, que, s'il se déconnecte de cette aspiration philosophique, l'enseignement des lettres classiques soit voué à s'épuiser en vains discours. Ceux-là mêmes qui seront inscrits comme exercices phares dans tous les plans d'études jusqu'à la réforme de 1902. Par exemple : « Harangue d'Alexandre à son armée, au moment où il va s'embarquer avec elle pour l'Asie » (Concours général, 1805) ou « Discours de François Ier, prisonnier de Charles Quint, à Marguerite, duchesse d'Alençon, sa sœur, qui venait à Madrid pour y traiter de la rançon de son frère » (Concours général, 1814)... Ces exercices de style, réduits à eux-mêmes, n'ont pas de sens. Voilà pourquoi les critiques les plus radicaux de l'enseignement classique furent les humanistes eux-mêmes, qui ne pouvaient que déplorer l'infidélité des Humanités à l'humanisme.

L'idée de culture générale va permettre de rompre avec cette finalité quasi sotériologique qui demeurait présente dans les humanités. L'instruction ne cherche plus à sauver ou à produire des *humanissimi*, mais plus modestement (?) à former des citoyens. La culture générale, autrement dit, entérine le désenchantement des humanités en même temps que la politisation de l'éducation. Le renversement s'amorce avec la Révolution française. En plaçant le fondement de la légitimité politique dans le peuple, les révolutionnaires en viennent naturellement à se demander ce qu'est le peuple détenteur de la souveraineté. Or, à bien regarder les choses, il appert que le peuple réel est bien loin d'être à la hauteur. D'où les deux stratégies éducatives qui vont s'élaborer et s'opposer lorsqu'il s'agira de savoir comment réformer le peuple[5].

La première option consistera à envisager de réformer le peuple de façon qu'il puisse exercer son rôle de manière éclairée. Condorcet se fit le héraut de cette cause lorsque, dans ses *Mémoires sur l'instruction publique*, il demandait que l'éducation publique se limitât à l'« instruction publique » et que l'on préfère l'enseignement des sciences à celui de la vertu. Ouverte à tous, et non seulement aux plus talentueux, cette éducation permet néanmoins de faire émerger une élite dans ses degrés les plus élevés, mais elle renonce à concerner les mœurs et les finalités ultimes de l'existence.

On sait que le projet de Condorcet fut vivement combattu et finalement défait par les Montagnards au motif qu'il conduisait à « faire des savants, mais non pas des hommes » (Jeanbon Saint-André, juin 1793). Le plan de Lepeletier de Saint-Fargeau, qui sera lu par Robespierre à la Convention quelques jours (le 13 juillet 1793) après l'arrestation de Condorcet, préférait une « éducation publique », c'est-à-dire totale, à la stricte instruction ; et son but était affiché : « créer un nouveau peuple » qui soit à la hauteur de l'idéal républicain.

L'idée républicaine de culture générale constitue comme une revanche posthume de Condorcet. Certes, l'éducation est cantonnée à l'instruction, mais ses missions sont, du même coup, parfaitement claires : former tous les citoyens pour que fonctionne la République et sélectionner une élite pour que rayonne la Nation. La « culture générale » assure l'unité. Elle est l'horizon du primaire et le socle du supérieur ; elle est l'approfondissement de l'élémentaire et la condition de la spécialisation. Au sein du dispositif conçu par les républicains, c'est la classe de philosophie qui joue un rôle essentiel[6]. « Couronnement des études », « synthèse suprême des savoirs constitués », elle était censée fournir, en abrégé, une sorte d'encyclopédie des sciences et des humanités. Il suffit de relire les manuels de l'époque pour percevoir combien l'ambition était grande en termes de contenus. Tous les élèves, tant s'en faut, n'en arrivaient pas là ; mais, au moins, le point de convergence existait, structurant l'ensemble de l'édifice. La philosophie avait donc cette noble tâche de boucler la boucle et de généraliser la culture jusque-là fragmentée en une apothéose ultime et systématique de l'enseignement secondaire. Après quoi, les élèves pouvaient aller conquérir le monde…

La crise des finalités

Cet aperçu historique permet de mieux identifier les sources de la crise. Elles sont triples.

Du côté des contenus, tout d'abord, la philosophie a cessé de remplir son rôle de synthèse : elle-même éclatée en de multiples tendances hétérogènes et ayant fait son deuil du « projet de système », elle ne prétend plus fournir l'instance d'unité des savoirs. Comme elle n'a trouvé aucun remplaçant, le dispositif s'est trouvé déséquilibré. Si nulle cohérence d'ensemble n'est à espérer, quelle limite apporter à l'éclatement des savoirs dans leurs logiques purement internes de spécialisation ? C'est la conscience de ce déficit qui a mis au goût du jour les appels à l'interdisciplinarité, transdisciplinarité ou autre pluridisciplinarité. L'idée qui prévalait était que la synthèse viendrait non d'une instance suprême ou transcendante, mais de la seule immanence des savoirs. C'est ainsi une logique libertaire qui l'a emporté, fondée sur le pari simple que de la seule juxtaposition des savoirs devait naître, par l'effet d'une « main invisible », la culture générale. L'échec est patent.

Privé de ce moment structurant, le dispositif ne parvient plus à faire la distinction entre l'élémentaire et l'approfondi, entre l'essentiel et l'accessoire. C'est ce que montrent les tentatives pour détailler la culture générale dans des référentiels[7]. Elles oscillent constamment entre l'idée d'un minimum (« Kit de survie » ou « Smic culturel ») et le projet encyclopédique. Ainsi le décret du 11 juillet 2006 portant sur le socle de l'école : « La culture humaniste permet aux élèves d'acquérir tout à la fois le sens de la continuité et de la rupture, de l'identité et de l'altérité. En sachant d'où viennent la France et l'Europe et en sachant les situer dans le monde d'aujourd'hui, les élèves se projetteront plus lucidement dans l'avenir. La culture humaniste contribue à la formation du jugement, du goût et de la sensibilité. Elle enrichit la perception du réel, ouvre l'esprit à la diversité des situations humaines, invite à la réflexion sur ses propres opinions et sentiments et suscite des émotions esthétiques. Elle se fonde sur l'analyse et l'interprétation des textes et des œuvres d'époques ou de genres différents. Elle repose sur la fréquentation des œuvres littéraires (récits, romans, poèmes, pièces de théâtre), qui contribue à la connaissance des idées et à la découverte de soi. Elle se nourrit des apports de l'éducation artistique et culturelle. » Le décret décline ce projet en trois chapitres : « Connaissances », « Capacités », « Attitudes », dont le moins qu'on puisse dire est qu'ils sont ambitieux. Il est toujours facile d'ironiser sur ce type de texte programmatique qui semble concerner davantage les candidats à l'agrégation ou à l'ENA, voire, de nos jours, les aspirants au Collège de France ou à l'Académie française, que les élèves de l'enseignement secondaire. Mais il est peut-être plus intéressant de réfléchir aux motifs des difficultés de sa rédaction.

Elles résident, au fond, dans le brouillage des finalités de l'école qui rompt avec la claire confiance républicaine. Le passage de l'Instruction publique à l'Éducation nationale (qui se produit légalement en 1932 sous le ministère du philosophe Anatole de Monzie) témoigne d'un élargissement progressif de ses missions jusqu'à l'espèce de saturation actuelle. Car on lui demande beaucoup : instruire, certes, mais aussi instaurer l'esprit civique, et, dans la foulée, éduquer le goût, émouvoir les sens, garantir la sécurité routière, contribuer au développement durable, faire l'Europe, éradiquer le machisme, abolir le racisme, lutter contre l'obésité, épanouir nos enfants... Le moindre programme scolaire, dès l'école maternelle, contient un condensé impressionnant de ces réquisits, dont il ne saurait être, en effet, question de priver les futurs citoyens, même si cela risque de concurrencer les exigences élémentaires de l'instruction.

Réinventer la culture générale

Si cette interprétation de la crise est exacte, on peut à partir de là envisager le type de solutions possibles.

Tout d'abord, il faut faire le deuil de toute explicitation d'ensemble de la « culture générale ». Admettons une bonne fois pour toutes qu'elle ne peut se décréter ni se détailler. Vouloir la faire tenir dans un référentiel produira inévitablement un résultat aussi monstrueux (ou encyclopédique) que scandaleux (minimum culturel). L'entreprise est vouée à l'échec. Vouloir en faire un outil de sélection pratique et opératoire peut se concevoir (quand la masse des sélectionnables est trop importante), mais il faut alors renoncer à lui donner un autre sens. Quand elle se réduit à un référentiel et à un instrument de sélection, la culture générale ne devient rien d'autre que ce qu'on appelle la culture encyclopédique : un magma informe et sans intérêt.

Pour autant, inaccessible comme contenu déterminé, la culture générale conserve plusieurs fonctions indispensables. La première est seulement négative. Elle permet d'apporter une limite à quelques travers fâcheux inhérents à la science moderne, soit l'hyperspécialisation des recherches et leur renouvellement permanent. Face à cette science-là, fragmentée et jamais fixée, l'idée de culture générale fonctionne comme un frein. Elle s'attache à parler à tous (et non aux seuls spécialistes), elle pose des ponts (entre les disciplines, entre les niches, entre les domaines) et elle assure une certaine permanence de repères (elle est durable).

La seconde fonction est positive : la culture générale pose un seuil d'éducation visé. Ce seuil désigne le moment où l'individu d'élève devient, pour ainsi dire, maître de son savoir. Ce qui signifie deux choses. D'une part, qu'il possède suffisamment de repères et d'ordres de grandeur pour s'orienter par lui-même dans la culture ; d'autre part, qu'il perçoit – et, pourquoi pas ?, avec un peu de honte – la vastitude de ce qu'il ne sait pas. Ce serait là une assez bonne définition : on « a de la culture générale » quand on mesure l'ampleur de son ignorance. Cela s'appelle être adulte[8]. Les voies pour y parvenir sont multiples et très individuelles, c'est toute la difficulté de notre temps. Mais c'est aussi la raison pour laquelle les « jeunes » par définition n'en sont pas encore pourvus. Et l'on pourra bien continuer très longtemps de le déplorer, comme le philosophe Joubert qui regrettait en 1809 la disparition des anciens collèges : « On sortait des anciennes écoles avec une ignorance qui se connaissait et un savoir qui s'ignorait. On les quittait avide de s'instruire encore, et plein d'amour et de respect pour les hommes qu'on croyait instruits[9]. »

La formule de la culture générale conserve donc en dépit des bouleversements de notre temps une remarquable stabilité. Elle est faite d'humilité (à l'égard ce qu'il faudrait connaître), de gratitude (envers nos maîtres les plus marquants), de confiance (en notre propre capacité de comprendre le monde) et d'un désir actif (d'en savoir davantage). Elle est donc introuvable, parce qu'on ne la cherche pas au bon endroit : on la quête comme un savoir, alors qu'il s'agit d'une vertu[10].

Éloge de la dispute

Comment enseigner la morale laïque ? Quels contenus pourraient recouper ce terme ? La réponse est loin d'être aisée. Condorcet lui-même, référence pourtant incontestable de notre République scolaire, ne cachait pas sa réticence à ce que l'école transmette quelque valeur que ce soit, fût-elle républicaine. Instruire aux savoirs, oui ; éduquer à la morale, non, disait-il : « Ni la Constitution française, ni même la Déclaration des droits ne seront présentées à aucune classe de citoyens comme des tables descendues du ciel, qu'il faut adorer et croire. » Comment dès lors éviter le reproche possible d'une laïcité moralisatrice, voire sectaire ? Qu'il me soit permis de faire une modeste suggestion en plaidant pour la restauration d'un vieil exercice qui permettrait peut-être de résoudre ces dilemmes.

Remontons quelques siècles et revenons à la très peu laïque Sorbonne médiévale. On y pratiquait, notamment à l'occasion du baccalauréat, une épreuve qui consistait en une sorte de joute oratoire : la *disputatio*. Le jour de l'examen, un sujet était proposé à deux candidats sous la forme d'une question. On tirait au sort qui devrait plaider *pro* et qui devrait plaider *contra*. Après une courte préparation, le duel commençait, agrémenté par des figures rhétoriques qu'il convenait de « caser » : les « tropes ». Ce qui d'ailleurs fera dire plus tard qu'il s'agissait là d'une « mise en tropes[11] ». Après la dispute, un des deux candidats était déclaré vainqueur et l'autre vaincu : d'où le fait que le taux de réussite au bac, à l'époque, ne dépassait que rarement les 50 %…

L'exercice sera critiqué avec virulence par les adversaires de la scolastique. Formelle, répétitive, sophistique, produisant la mémorisation stérile de figures toutes faites… la *disputatio* apparaissait comme la pratique des temps obscurs emplis de préjugés. Ce n'était pas immérité malgré quelques figures sublimes, tel saint Thomas d'Aquin. On lui opposa la « dissertation » qui, écrite et organisée suivant un plan (*ah, le plan !*) et à partir d'une problématique (*ah, la problématique !*), prendra petit à petit la forme d'une « réflexion personnelle ». Contre la vaine répétition de la tradition, il s'agissait désormais de permettre à l'élève de « penser par lui-même ».

Ce programme a aujourd'hui pleinement réussi, peut-être même trop : chacun est si parfaitement convaincu de penser par lui-même qu'il ne cherche plus à comprendre les autres. Comme ce fameux critique littéraire qui avouait ne pas lire les livres qu'il recensait pour ne pas être influencé ! Les « C'est mon avis et je le partage » fleurissent partout, surtout dans ces forums Internet où les opinions formulées sur tout et n'importe quoi le sont sans aucun doute ni réserve. La suspension du jugement, qui animait parfois les esprits qui savaient ne pas (tout) savoir, est désormais vouée au rebut.

D'où ma proposition de recycler la vieille *disputatio* en la mettant à l'air démocratique du temps. Imaginons un instant que, dans la polémique sur l'homoparentalité, on oblige, le temps d'un débat, Frigide Barjot à défendre le « mariage pour tous » et Bertrand Delanoë à promouvoir la famille traditionnelle, on arriverait au moins à montrer que les deux positions peuvent être soutenues par des gens raisonnables, avec des arguments raisonnables, audibles dans l'espace public.

Il ne s'agit pas là de promouvoir un centrisme mou ou un relativisme plat qui supposerait que toute opinion se vaut. Il s'agit de montrer qu'une opinion n'est pas une simple croyance, mais qu'elle se construit par la confrontation avec les autres dans l'espace public. Car c'est en sortant de sa croyance pour comprendre celle des autres que l'on élabore vraiment son opinion. C'est exactement ce qui se passe lors d'une *disputatio.* Contraint de plaider contre sa croyance première, on s'efforce de comprendre ce qui anime l'argumentation opposée. Ce faisant, on est amené soit à renforcer son opinion, soit à la nuancer, soit à changer d'avis. C'est en ce sens que l'exercice de la *disputatio* est une forme qui entraîne un fond. Elle permet de faire l'expérience de la suspension du jugement, de son ouverture à l'espace public, de l'effort de se rendre audible aux autres, bref… de la laïcité, qui est davantage une démarche qu'un dogme. Réinstallons donc la *disputatio* nouvelle en classe : cette méthode qui apprend à ne pas s'enfermer dans son avis et à entendre celui des autres, même quand le désaccord persiste.

Kant le rappelait : « Toujours penser par soi-même » ne suffit pas, il faut aussi la pensée élargie, c'est-à-dire « toujours penser en se mettant à la place d'autrui ». Voilà ce que permettrait la *disputatio*.

On atteindrait alors peut-être à cette troisième maxime : « Toujours penser en accord avec soi-même », la plus difficile qui soit à réaliser. Ces trois maximes, pour Kant, forment ensemble « le sens commun », c'est-à-dire les règles non seulement du vivre mais du « penser ensemble » : la laïcité.

CHAPITRE 6

Refonder la laïcité ?

La laïcité « à la française » est-elle en crise ? On pourrait le penser au regard de l'incompréhension qu'elle suscite à l'étranger, même dans les autres pays occidentaux, et de la vivacité des débats en France depuis l'affaire du voile islamique de 1989. D'un côté, on l'accuse d'être liberticide à l'égard de la diversité culturelle ; de l'autre, on lui reproche d'être laxiste à l'égard de l'identité nationale. D'où l'idée qu'il serait urgent de la « refonder », notamment en modifiant, dans un sens ou dans un autre, la loi inaugurale de 1905. Conçue pour clarifier les rapports avec le christianisme, elle devrait désormais s'adapter pour relever le défi de l'islam. Tel est en substance le principal point de clivage. Pour être clair, je ne partage pas ce constat de crise. Certes, la laïcité a des ennemis qui veulent la détruire : ce sont les fondamentalistes, et il faut lutter contre eux sans états d'âme, surtout quand ils tentent de nous prendre au piège de nos supposées contradictions. Mais la plupart des polémiques de notre espace public ne relèvent pas de ce combat, puisqu'elles portent moins sur les principes que sur les modalités de leur application dans le contexte d'une visibilité accrue de l'islam en France. Je ne vois donc aucune raison de refonder la laïcité : ni au regard des ennemis contre lesquels il faut l'affirmer sans faiblir ; ni au regard des innombrables querelles de famille qui concernent son application (voile à l'école, à l'université, burka dans l'espace public, burkini sur la plage, financement des mosquées, formation des imams, attitude à tenir vis-à-vis du salafisme...). Toute la difficulté – mais elle est gigantesque – est de distinguer avec soin l'ennemi frontal de l'adversaire intellectuel. L'enquête de l'Institut Montaigne sur l'islam de France, conduite par Hakim El Karoui, permet de mesurer l'ampleur du défi[1]. *Grosso modo*, sur les quatre millions de musulmans français autodéclarés, on voit que deux millions se déclarent « sécularisés », un million revendiquent une reconnaissance accrue de leurs pratiques religieuses (« *islamics pride* ») et un million s'affirment résolument hostiles aux principes républicains (ce sont les « ultras »). La frontière du refus de la laïcité passe donc, au sein de la population des musulmans français, quelque part entre la deuxième et la troisième catégorie. Elle est rendue plus incertaine encore par l'opposition entre l'extrême gauche et l'extrême droite qui ont intérêt, toutes deux, à faire monter la pression. Pour la première, il s'agit de montrer que quiconque « pose la question de l'islam » est un « islamophobe » et un raciste avéré ; et, pour la seconde, de convaincre que tous ceux qui appellent à la nuance sont « complices de l'invasion ». La première investit les pages des journaux, les images et les ondes ; la seconde conquiert les suffrages.

Nous sommes donc dans une situation étrange. Alors que la tolérance et la laïcité marchaient jusqu'ici d'un même pas, on les voit désormais s'opposer. Pour les uns, c'est au nom de la tolérance que l'on doit permettre l'expression des pratiques religieuses dans l'espace public contre une laïcité rigide et unilatérale. Pour les autres, c'est au nom de la laïcité française que toute espèce de tolérance (multiculturelle) devrait être proscrite. Tous se réclament donc du principe libéral de liberté de conscience et de la neutralité de l'État à l'égard des convictions et des opinions « même religieuses » (article 10 de la Déclaration de 1789), mais en un sens très différent. Dans une telle situation de blocage, il peut être intéressant de reprendre un peu de recul historique.

La laïcité, principe fondateur des démocraties libérales, est le fruit de plusieurs histoires qui s'entremêlent. Une clarification des niveaux de chronologie et des focus à utiliser est le préalable indispensable à une clarification de l'idée de laïcité et des modèles possibles de son application. Il me semble possible de distinguer quatre niveaux de définition du terme, du plus large au plus étroit : en quel sens la modernité peut-elle s'identifier à la laïcité ? De quelle manière l'Europe peut-elle se définir comme « continent de la laïcité » face à la tradition américaine ? Comment au sein même de l'Europe l'autonomisation des sociétés et des États à l'égard de la religion a-t-elle suivi des trajectoires différentes ? Dans quelle mesure peut-on parler d'une exception française en la matière ?

La laïcité, c'est la modernité

Des citoyens égaux, une liberté religieuse garantie, un pouvoir fondé sur un contrat social, des lois faites par les hommes, un État indépendant des Églises : voilà, en principe du moins, le lot commun des sociétés laïques contemporaines. Prise en un premier sens – le plus large –, la laïcité s'identifie donc avec la modernité démocratique. Elle est le résultat du processus multiséculaire de « désenchantement du monde » ou de « sortie de la religion », pour reprendre les termes de la célèbre analyse du philosophe Marcel Gauchet[2]. La source des valeurs, des normes et des lois cesse d'être identifiée à une transcendance, que ce soit celle du passé ou du sacré, mais elle réside dans le choix que les êtres humains font (ou prétendent faire) de leur destinée. La religion désigne alors le régime de l'hétéronomie ; la démocratie, celui de l'autonomie.

Comment l'humanité est-elle passée d'un régime à l'autre ? C'est là, à l'évidence, une question insoluble, mais de laquelle on peut pourtant déduire quelques jalons. D'un côté, la naissance des dieux, puis d'un Dieu unique qui, succédant à la religion magique des « sauvages », sépare de plus en plus radicalement le monde sacré du monde profane ; de l'autre, l'invention de l'État qui, remplaçant l'« apolitisme » primitif, divise profondément la société en castes hiérarchisées. Ces césures (ici-bas/au-delà, inférieur/supérieur) ouvrent des espaces, encore étroits, permettant à l'homme de s'approprier le monde et son destin… pour le meilleur, mais aussi pour le pire. Tel est, selon Gauchet, le « désenchantement du monde » : renversement complet de perspective sur l'histoire des religions, puisque le monothéisme, loin d'en marquer l'apothéose, n'en représente qu'une forme transitoire, traversée par des contradictions insolubles.

Dans cette trajectoire, le christianisme représente une étape décisive : il est, affirme Gauchet, « la religion de la sortie de la religion », ce qui signifie qu'il constitue le chaînon manquant vers l'univers de la laïcité. En effet, le christianisme, en absolutisant la figure divine, entérine en quelque sorte son radical éloignement. Le Dieu chrétien est si grand qu'il ne peut être ni vu ni connu. C'est donc par fidélité à ce Dieu lointain que l'humanité se retrouve vouée à elle-même dans l'ici-bas… jusqu'au moment où il deviendra une « hypothèse dont on peut se passer ».

On aurait pourtant tort de penser que ce « désenchantement du monde » est synonyme de disparition des religions. Ce qui s'efface définitivement, c'est une vision du monde de part en part structurée par la religion (comme hétéronomie), une conception où le religieux imprègne tous les secteurs de la vie publique et privée. Nous sommes à ce point sortis de cet univers que c'est désormais au nom du libre choix que nous revendiquons une croyance religieuse. L'aboutissement de ce processus, qui, dans sa dernière phase, s'identifie avec l'histoire de la démocratie, est l'idée de *tolérance*, telle qu'elle a été formulée en Angleterre à la fin du XVIIe siècle, et qui, dans cette perspective, ne peut guère être distinguée de celle de laïcité (voir plus bas « Tolérance et laïcité »). Dans un cadre collectif, toutes les convictions doivent pouvoir s'exprimer dans la mesure où elles ne nuisent ni à l'ordre public ni à l'existence du cadre collectif. C'est là un des principes fondamentaux de toutes les démocraties occidentales. En ce sens, toutes sont laïques, même si elles ne le sont pas de la même manière. Sur fond d'un processus commun de laïcisation, différentes laïcités sont apparues qu'il convient à présent de distinguer.

La laïcité, c'est l'Europe

Première différence : celle que Tocqueville avait repérée et décrite entre les États-Unis et l'Europe. « C'est la religion, écrit-il dans *De la démocratie en Amérique* (II, 1), qui a donné naissance aux sociétés anglo-américaines : il ne faut jamais l'oublier ; aux États-Unis, la religion se confond donc avec toutes les habitudes nationales et tous les sentiments que la patrie fait naître ; cela lui donne une force particulière. À cette raison puissante ajoutez cette autre, qui ne l'est pas moins : en Amérique, la religion s'est, pour ainsi dire, posée elle-même ses limites ; l'ordre religieux y est resté entièrement distinct de l'ordre politique, de telle sorte qu'on a pu changer facilement les lois anciennes sans ébranler les anciennes croyances. » Ainsi s'explique l'étrange cohabitation aux États-Unis du principe de la séparation des Églises et de l'État et l'omniprésence de Dieu et de la Bible, aussi bien sur les dollars que dans les discours et serments des présidents. De telles références ne sont nullement synonymes d'oppression, voire d'« ordre moral », dans la mesure où l'on trouve dans ce pays ce que l'on peut appeler une offre religieuse concurrentielle : la religion est partout, mais le croyant peut toujours trouver la version dont il se sent le plus proche. L'esprit religieux n'y est pas donc pas contradictoire avec l'esprit de liberté. Même si l'on peut estimer que la situation est en train de se modifier[3], ce trait n'en continue pas moins de la distinguer profondément de la laïcité européenne.

Celle-ci, au contraire, se caractérise par sa dimension conflictuelle. Son émergence suit, à partir de la chute de l'Empire romain, les épisodes de ce qu'on appelle le problème théologico-politique, c'est-à-dire la question de savoir à quel titre l'Église peut prétendre gouverner ici-bas. La réponse n'allait pas de soi. Si, d'un côté, le champ de compétence de l'Église semble se limiter à l'au-delà (« Le Royaume de Dieu n'est pas de ce monde »), de l'autre pourtant, parce qu'elle est aussi une cité terrestre, elle émet une prétention à « ordonner en ce monde ». Ce dilemme trouve une première solution dans l'invention de l'État monarchique, qui tente de réconcilier le sacré et le profane dans la personne du roi. Mais cet équilibre, instable, sera surtout le tremplin du processus de la double autonomisation de l'Église et de l'État. Cela donne lieu, dans certains pays, à un conflit direct entre l'État et les Églises (Constitution civile du clergé dans la France de la Révolution, *Kulturkampf* en Prusse...) ou occasionna, dans d'autres, une série de conflits internes aux sociétés civiles.

Laïcisation et sécularisation

C'est la raison pour laquelle, une fois établie la différence Europe/Amérique, il faut encore préciser que ce processus s'est produit en Europe même selon des modalités fort différentes. Pour les appréhender, il convient de mobiliser une seconde distinction entre une logique de laïcisation et une logique de sécularisation[4]. L'autonomisation de la société à l'égard de la religion peut en effet se produire soit à partir de l'État (logique de laïcisation), soit à partir de la société civile elle-même (logique de sécularisation). La première concerne les pays à dominante catholique marqués par le conflit entre cléricaux et anticléricaux ; la seconde touche les pays à majorité protestante où l'on assiste à une mutation interne des Églises[5].

Même si ces deux logiques se trouvent de nos jours de plus en plus intriquées, et quand bien même entre ces deux types idéaux l'éventail des possibles est large, une telle distinction permet d'éviter une erreur d'analyse : les Français n'ont nullement le monopole de la vigilance laïque. Certes, au sens strict, le terme de laïcité est exclusivement français (et son origine, comme on sait, est très peu « laïque », puisqu'il vient du grec *laos* qui désigne le peuple des croyants par opposition aux élites cléricales). De nombreux pays européens ne connaissent pas de séparation juridique de l'Église et de l'État. Une simple lecture des lois fondamentales ou des Constitutions de nos voisins permet de s'en convaincre : l'Irlande, la Grèce, la Pologne placent les leurs sous l'autorité de la « Sainte Trinité » ; le peuple allemand se déclare « conscient de sa responsabilité devant Dieu » ; l'Espagne mentionne « la coopération avec l'Église catholique » : autant de mentions impensables dans l'espace politique français. On aurait tort cependant d'en conclure trop vite à l'exclusivité de notre modèle. Le cas du Danemark est de ce point de vue très révélateur : pays très majoritairement protestant, il ne connaît pas de séparation de l'Église et de l'État. Ou plutôt l'État est indépendant de l'Église, mais l'Église, qui a le statut d'Église nationale, y est devenue un « service public » comme un autre, soumis aux mêmes contraintes, aux mêmes critères et à la même tutelle. Et ce alors même que le Danemark connaît un des taux de pratique religieuse (5 %) les plus faibles d'Europe. Révélatrice de cette situation, cette affaire qui a défrayé la chronique. Un pasteur danois, Thorkild Grosbøll, avait déclaré dans un livre paru en 2003 qu'il ne croyait personnellement ni en un Dieu céleste, ni en la résurrection, ni en la vie éternelle. Au regard de cet aveu, le ministère des Affaires religieuses (qui, par ailleurs, avait autorisé en 1989 le mariage civil des homosexuels et s'était déclaré favorable au mariage religieux ; peu suspect, donc, de conservatisme) décide de le suspendre. Soutenu par les membres de sa paroisse, le pasteur Grosbøll fit appel de cette décision au nom de la liberté de conscience. Comme nul ne peut être licencié de son emploi en raison de convictions personnelles, le ministère se vit contraint de le réincorporer. Cet exemple montre assez que les voies de la laïcité sont impénétrables et que des pays réputés non laïques présentent une autonomisation de la société à l'égard de la religion que n'oseraient espérer nos plus virulents « laïcards » et autres contempteurs de l'ordre moral.

Il n'y a donc pas d'exception française en matière de laïcité. À regarder les données institutionnelles, la France occupe une place, certes singulière – faible rôle social des Églises, absence d'enseignement religieux à l'école publique –, mais autant que d'autres sur une échelle continue des modèles possibles. L'exception française en la matière se joue à un autre niveau, plus symbolique qu'objectif.

La laïcité, c'est la France

Plus que par un modèle juridique, la France se distingue en effet par un rapport particulier à l'idée de laïcité. Celle-ci occupe une place décisive dans l'identité culturelle et politique de notre pays. La passion qui a entouré le débat sur le voile et, dans une moindre mesure, la célébration du bicentenaire de la loi de 1905 le montrent assez. La laïcité est un « lieu de mémoire » de l'identité française, mais un « lieu de mémoire » encore très chaud et dont les potentialités éruptives sont loin d'être épuisées.

Trois phases de conflit peuvent être repérées[6]. La première (1789-1806) marque la lutte de l'État révolutionnaire contre la religion d'Ancien Régime : la première séparation date de la Constitution de l'an III qui instaure : « Nul ne peut être empêché d'exercer le culte qu'il a choisi. Nul ne peut être forcé de contribuer aux dépenses d'un culte. La République n'en salarie aucun. » Le Concordat de 1801 marque une relative stabilisation de ce conflit. La seconde phase (1880-1905) voit le débat se déplacer. Ce n'est plus le principe qui est en cause, mais son interprétation. S'opposent alors les partisans d'une laïcité combative et anticléricale aux défenseurs d'une laïcité tolérante et libérale. D'un côté, Émile Combes, président du Conseil en 1904, à l'origine du projet de loi qui dénonce les « corps intermédiaires » et prône l'éradication du catholicisme romain ; de l'autre, Aristide Briand, Jules Ferry et Jean Jaurès qui plaident pour une séparation mutuelle de l'État et des religions dans le respect de toutes les options spirituelles. C'est cette dernière version qui l'emporte dans la loi de 1905, comme le montre, par exemple, le mode de financement public des aumôneries militaires, scolaires et hospitalières.

Avec l'affaire du voile dit islamique (1989) le conflit entre dans une troisième phase. Il concerne sans doute moins les principes que l'évaluation pragmatique des risques d'une tolérance sans limites. Dans quelle mesure le port du voile constitue-t-il, non en tant que tel, mais dans certaines situations, un danger pour l'ordre public et le pacte social ?

Querelles d'aujourd'hui

C'est là où nous retrouvons notre débat entre deux laïcités. La première, libérale, se contente d'assurer la coexistence pacifique des croyances et des non-croyances dans un espace public et commun. Elle ne propose aucun contenu, mais seulement un cadre de vie et de tolérance. C'est une laïcité neutre et désengagée. La seconde, anticléricale, entend éradiquer le religieux comme lieu d'oppression et d'humiliation de la personne au groupe, au passé, aux dogmes. Elle n'est pas neutre, puisqu'elle considère que la vie religieuse est une vie faite d'illusions, de domination et d'erreurs ; mais elle n'est pas forcément antireligieuse, pour peu que la religion renonce à être dogmatique (ce qui est, convenons-en, rude pour celle-ci, mais loin d'être impossible).

Je suis intellectuellement et politiquement davantage porté à la première – qui correspond d'ailleurs à l'esprit de la loi de 1905[7] – qu'à la seconde laïcité. Pourtant, comment ne pas voir qu'une grave objection se présente aujourd'hui à celle-là ? La laïcité libérale est en effet utilisée par les adversaires de la laïcité dans le but de la détruire. Au nom de l'« islamophobie », de la stigmatisation et de l'amalgame, les fondamentalistes s'attachent à déstabiliser et à fragmenter l'espace public en exigeant qu'il tolère les intolérants.

C'est cette stratégie que ne semblent pas percevoir certains des libéraux-laïcs (comme Jean-Louis Bianco et ses défenseurs, Jean Baubérot…) ou qu'ils considèrent comme non réellement menaçante (à l'image d'Olivier Roy qui évoque le « mythe de la menace islamique »). Leur argumentation mérite d'être entendue, car elle n'est pas dénuée de sens[8].

Si les islamistes nous obligent à renoncer à nos principes libéraux, ils auront gagné, parce qu'ils auront réussi à nous détruire sans presque combattre. Tel est l'argument de J.-L. Bianco. Il faut donc maintenir coûte que coûte la laïcité libérale.

La menace islamiste est un « mythe » parce que cet islam radicalisé, mix monstrueux d'ancien et de moderne, ne peut pas gagner dans la mesure où il ne propose rien de positif. Il faut garder son sang-froid face à l'émotion de l'événement et ne pas changer de route. Ces deux arguments sont audibles et respectables, mais ils sont très discutables.

Contre le premier, je dirai que l'on peut lutter contre les adversaires de la laïcité sans renoncer aux principes libéraux. Face à une situation problématique, les deux critères clés sont les suivants : y a-t-il volonté manifeste de contester le cadre laïc ? Y a-t-il menace réelle et sérieuse à l'égard de l'espace public démocratique ? L'intention et la gravité doivent guider la réaction collective… Toutes ces questions sont plus casuistiques que principielles : elles exigent talent, fermeté et médiation, plus que lois, déclamations et effets de manche ! Le critère en la matière est simple et clair : efficacité !

Contre le deuxième argument, je dirai qu'en effet l'islamisme radical ne peut pas gagner… mais qu'il est susceptible en attendant de faire de très gros dégâts. Et si l'on veut les limiter, il nous faudra collectivement être un peu plus habiles, moins naïfs et surtout plus vigilants qu'on ne l'a été jusqu'alors. Comme je suis un indéfectible optimiste, j'ai tendance à penser que la vigueur des conflits actuels sur le sujet en est un (bon) signe.

Tolérance contre laïcité

L'idée de tolérance trouve son origine dans le contexte des conflits religieux qui opposent anglicans et presbytériens durant la guerre civile anglaise. Face à l'impossibilité d'un règlement théologique de ces conflits aux conséquences politiques dramatiques, John Milton (*Discours pour la liberté d'imprimer sans autorisation ni censure*, 1644) puis John Locke (*Lettre sur la tolérance*, 1686, publié en 1689) vont plaider pour une séparation « entre les affaires de la cité et celles de la religion ». Il faut bien percevoir que l'argument avancé est moins moral que logique et pragmatique. Locke part d'une analyse du concept d'État qui, selon lui, « est une société d'hommes constituée à seule fin de conserver et de promouvoir leurs biens civils ». Or quels sont ces biens ? Ce sont d'abord les « biens extérieurs » (terre, argent, meubles, etc.), mais aussi « la vie, la liberté, l'intégrité du corps et sa protection contre la douleur ». En revanche, les questions du « salut des âmes » ou des fins ultimes de l'existence ne sont pas des « biens » à proprement parler. Elles ne relèvent pas du tout du domaine de compétence de la puissance publique. Et toute prétention de sa part à les résoudre la rendrait… impuissante, car elle susciterait désaccords, troubles et guerre, comme l'ont assez montré les événements d'Angleterre. Il faut donc un État neutre et tolérant[9]. Voltaire reprendra cette idée, avant même son fameux *Traité sur la tolérance*, dans la cinquième de ses *Lettres philosophiques* : « Entrez dans la Bourse de Londres, cette place plus respectable que bien des cours ; vous y voyez rassemblés les députés de toutes les nations pour l'utilité des hommes ; là le juif, le mahométan et le chrétien traitent l'un et l'autre comme s'ils étaient de la même religion ; là le presbytérien se fie à l'anabaptiste, et l'anglican reçoit la promesse du quaker. […] S'il n'y avait en Angleterre qu'une religion, le despotisme serait à craindre ; s'il y en avait deux, elles se couperaient la gorge ; mais il y en a trente, et elles vivent en paix, heureuses. » Cette image voltairienne d'un « marché des religions », condition de la liberté de conscience, montre l'écart entre tolérance et laïcité, et entre deux traditions du rapport au religieux, l'une anglo-saxonne et l'autre française (même si, en l'occurrence, Voltaire ferait plutôt partie de la première). On pourrait résumer les choses ainsi : le principe de la

« tolérance » est d'accepter en droit toutes les identités particulières afin de permettre leur coexistence de fait ; c'est une neutralité de reconnaissance. Le principe de la « laïcité » consiste à ignorer toutes les identités particulières afin de rendre possible leur coexistence de droit : c'est une neutralité d'indifférence, d'abstraction.

Dans le premier cas, il s'agit pour l'État de considérer que chaque individu est constitué par une identité ou une appartenance (religieuse, régionale, culturelle, sexuée...) qui le distingue des autres : d'où un modèle multiculturaliste, compatible avec la pratique du ghetto. Dans le second cas, il s'agit d'ignorer ces identités en reconnaissant que tous les membres d'une société sont d'abord des citoyens abstraction faite de leurs différences : c'est le modèle républicain du creuset[10]. Cette dernière métaphore est d'ailleurs utilisée par les deux modèles mais pour illustrer deux idées opposées : tandis que le *melting-pot* multiculturaliste désigne plutôt une mosaïque d'identités, le *creuset* républicain insiste sur leur disparition dans la fusion.

Ces deux modèles ont leurs avantages et leurs inconvénients. Le premier est sans doute plus « chaleureux » à l'égard des identités particulières, qu'il peut accueillir tant qu'elles ne remettent pas en cause le cadre général, mais il risque de ne pas bien savoir où situer les limites de cette remise en cause. Après tout, au nom de la neutralité, on peut fort bien considérer que l'individualisme, le libéralisme, l'égalité, le rationalisme, la tolérance même, sont des choix éthiques parmi d'autres possibles relevant d'une conception particulière du bien. Bref, l'idée de tolérance risque de s'affaiblir elle-même en tolérant l'intolérance. Elle peut du même coup conduire à renouer avec un communautarisme paradoxal. En effet, si l'on considère que l'individu n'est vraiment lui-même que dans la chaleur (parfois un peu étouffante !) d'une communauté, il devient possible de plaider pour un dépassement communautaire de l'individu. Le droit à la différence débouche ainsi sur une différence des droits.

Le modèle républicain « français » est plus brutal à l'égard des identités, qu'il s'efforce de nier pour assurer le cadre commun. Il exige que chacun se déracine pour devenir un « homme sans qualité » avant de devenir citoyen à part entière. D'où l'importance stratégique de l'école, qui est le lieu par excellence de l'arrachement. Le cadre commun se trouve certes garanti par cette uniformisation, mais qu'elle peut aussi constituer une atteinte à la liberté individuelle[11]. D'autant que la communauté nationale républicaine, supposée surplomber toutes les communautés particulières, est toujours suspecte de n'être en fait qu'une particularité parmi d'autres, à ceci près qu'elle se prend… pour l'universel.

Bref, l'une et l'autre neutralités sont potentiellement liberticides, et donc virtuellement antilibérales : la première parce qu'elle favoriserait une régression communautaire ; la seconde parce qu'elle délégitimerait tout enracinement identitaire. L'affrontement de ces deux accusations est quasi rituel depuis l'opposition entre les philosophes des Lumières et les penseurs romantiques, puis, plus récemment, entre les communautariens (Sandel, Taylor…) et les libéraux de type rawlsien. En France, le débat sur le voile islamique fut et continue d'être son terrain de jeu privilégié.

Il me semble pourtant qu'un tel antagonisme est assez factice, en tout cas lorsqu'il se joue au seul niveau des principes. En effet, la neutralité n'est jamais un renoncement à ses propres convictions, mais une simple suspension qui permet de mieux les saisir en intégrant celles des autres. De la même manière qu'un séjour à l'étranger favorise la compréhension de sa propre identité nationale, le déracinement républicain est au service de la reconnaissance multiculturelle ; et celle-ci ne saurait même être possible sans celle-là. La dialectique est ultra-connue : c'est en devenant autre qu'on devient vraiment soi-même.

La neutralité de l'État ne consiste donc ni à reconnaître les identités ni à les abolir, mais à permettre qu'existe un lieu (l'espace public) qui autorise la double possibilité de suspendre l'identité et de l'exprimer. Sans l'une, l'espace commun serait aveugle, sans l'autre, il serait vide. Il me semble donc que le débat sur la neutralité (tolérance ou laïcité) est définitivement réglé sur le plan des principes. Et que lorsqu'il ressurgit, c'est exclusivement sur des questions d'application et de limites. Cela tient au fait que l'identité est un puits sans fond qui, comme les poupées russes, ne cesse de dévoiler de nouveaux visages et de nouveaux ressorts. Ainsi, à partir de l'identité religieuse, se sont ouverts les chantiers des identités ethniques, nationales, régionales, culturelles, politiques, sexuelles, générationnelles, professionnelles, mémorielles, capacitaires… Mais la question demeure la même : quel est le point à partir duquel l'affirmation d'une différence nuit gravement à la vie commune ?

DEUXIÈME PARTIE

Les dilemmes d'une société d'individus

Qu'est-ce qu'une société d'individus ?

Société et individu. En toute rigueur, les deux termes sont opposés et rien ne semble pouvoir les réconcilier. Il faut pourtant admettre que cette aberration est notre quotidien depuis fort longtemps déjà. Certes, en un sens, toute société humaine est composée d'individus, c'est-à-dire d'entités physiques distinctes. Mais, en un autre sens, plus précis, seules les sociétés modernes sont des sociétés d'individus, pour autant qu'elles valorisent comme jamais l'existence individuelle par rapport au collectif. Qu'il soit nouveau-né, grabataire, insensé, libertaire, terroriste ou *serial killer* ne change rien à l'affaire : l'individu représente *la* valeur suprême. Et c'est à l'aune de ses droits, de ses libertés, de son bonheur que la société est évaluée. Toute la question est de savoir comment articuler cette valeur accordée à l'existence individuelle avec les exigences de la vie commune qui permettent de les réaliser.

L'équation semble impossible à résoudre. Au demeurant, la plupart des grandes critiques de la modernité (Tocqueville et Nietzsche, entre autres) se sont attachées à en pointer la double impasse. D'un côté, on peut dénoncer la dissolution de la société dans le culte de l'individu : la perte des liens qu'ils soient familiaux, sociaux ou nationaux, l'avènement de l'égoïsme généralisé, le retrait étroit sur la sphère privée… D'un autre côté, on peut annoncer la dissolution de l'individu dans la société : la généralisation du conformisme, la disparition des grands hommes, la montée de la médiocrité, le triomphe de la masse… Bref, à les lire, la modernité aurait échoué aussi bien sur le plan collectif que sur le plan individuel. Elle serait à la fois ultraégocentrique et hyperconformiste ; elle s'annoncerait asociale et anti-individuelle ; elle marquerait la perte aussi bien du public que du privé. L'analyse, reconnaissons-le, ne manque ni de vigueur ni de justesse… mais il faut aussi admettre que cette société impossible fonctionne. C'est cela qu'il faut comprendre.

Pour tenter de le faire, je partirai de l'idée extrême – rêve pour certains, cauchemar pour d'autres – de ce que serait l'*individualisme intégral.* Michel Houellebecq en a dressé un portrait en tous points remarquable dans son roman *La Possibilité d'une île* (Fayard, 2005). Il y décrit la vie des « néohumains », sorte de superindividus émancipés de toutes les contraintes qui entravaient leur liberté. Ils sont débarrassés de la naissance (grâce au clonage), de l'enfance et de la mort (grâce à une sorte de programmation-conditionnement mémoriel de leur esprit : chaque enveloppe corporelle nouvelle reçoit l'acquis spirituel des précédentes sous la forme d'une espèce de carte mémoire). Ils se trouvent, du même coup, libérés de l'éducation et du travail, de la sexualité et de l'amour. Ils vivent donc tranquilles, isolés dans leurs demeures, comme à l'état de nature des philosophes, avec pour seule compagnie un petit animal domestique, lui aussi cloné éternellement. Leur existence se coule en sereines méditations, plus ou moins métaphysiques, rythmée par quelques contacts épisodiques *via* Internet avec d'autres néohumains. Ils échangent quelques poésies et des commentaires sur la vie absurde de leurs « ancêtres » grégaires et leur aspiration à la vie pleine de promesses (certes, un peu floues) des « Futurs ». Bref, les néohumains s'ennuient à mourir… mais comme ils ne meurent pas, eh bien, ils sont heureux.

Voilà donc ce que serait vouée à être une « société » d'individus, celle du « dernier homme », rendue plausible par les innovations technologiques. Se trouverait réalisé ce que tous les diagnostiqueurs et pronostiqueurs de la modernité avaient entrevu. L'avènement de l'individu isole les personnes, tue le lien social, éclate la famille, attriste le sexe, abolit l'amour, sape l'autorité, dissout les normes, détruit les valeurs, subvertit la culture, détourne la mémoire, brise la transmission, casse le sens. Bref, il ouvre l'horizon d'une post-humanité où la politique aurait perdu toute raison d'être du fait de la pure et simple exténuation du collectif.

Le plus surprenant est que nous n'en soyons pas déjà là. Car, depuis le temps, le bourreau aurait dû faire son office. Comment se fait-il qu'il reste de nos jours encore un peu de tout cela ? Comment expliquer que la politique moribonde n'ait pas rendu son dernier souffle… ? Comment justifier que le lien familial non seulement n'ait pas disparu, mais se soit même à certains égards renforcé ? Comment comprendre que l'amour n'ait rien perdu de son pouvoir d'attraction ? Comment concevoir que la transmission, malgré sa crise désormais structurelle, continue de se faire un tant soit peu et qu'on entende même de vibrants plaidoyers en faveur de l'autorité ? Bref, pourquoi donc la société des individus reste-t-elle encore, envers et contre tout, une société ?

Sur la base de ce constat, deux scénarios se dessinent.

Le premier affirme que cette persistance n'est qu'un phénomène temporaire. Notre destin, à plus ou moins long terme, est celui que décrit Houellebecq après tant d'autres : l'avènement promis d'une douce barbarie. Les résistances ne seraient que de fragiles reliquats d'une époque révolue, appelées – qu'on le regrette ou qu'on s'en réjouisse – à disparaître dans le flux inexorable de l'histoire universelle.

Le second scénario est plus complexe, car moins univoque. Ce qui, aujourd'hui, demeure de liens, de valeurs, de normes, de mémoire et de sens dans les sociétés modernes ne serait pas conçu comme un simple reste voué à se dissoudre, mais comme des productions émanant de l'individu lui-même. Ce que l'individu ancien situait à l'extérieur de lui-même (dans la transcendance du passé, du cosmos ou du sacré), il lui faut à présent l'interpréter comme étant intérieur. L'individualisme ne serait ainsi pas seulement une force destructive (de la tradition, de l'autorité et de toute espèce d'altérité), mais aurait également un pouvoir de reconstruction produisant, en son sein, du lien, des valeurs, des normes, de la transmission et du sens. Cette mystérieuse alchimie de l'univers contemporain reste encore largement à circonscrire, mais elle est à l'œuvre et il s'agirait aujourd'hui d'explorer les secteurs de l'individualisme créatif, productif ou pourvoyeur de monde commun.

Cela dit, il faut être précis : il ne s'agit nullement de dire que tout va pour le mieux et que la modernité trouvera toujours les solutions aux problèmes qu'elle suscite. Le pire n'est pas exclu – et l'évolution dans le secteur éducatif notamment ne laisse guère de place à l'optimisme.

Le pire n'est pourtant pas certain, et il ne faut pas pour autant négliger de repérer et d'interpréter les forces reconstructrices de l'individualisme contemporain, notamment – c'est sans doute le signe le plus tangible – la puissance performative de l'autocritique. L'individualisme contemporain est très loin d'être béat ou satisfait ; tout au contraire, il ne cesse de se décevoir, de se bafouer lui-même et de s'invectiver. Osons le paradoxe : le fait qu'il y ait autant de pessimistes, voilà qui pourrait nous incliner à l'optimisme.

On peut, à partir de là, tenter de définir ce qu'est ou devrait être une société d'individus. C'est une société qui produit des individus qui produisent de la société. Tel serait au fond le cercle vertueux auquel aspirent nos collectivités contemporaines, le mystérieux secret du contrat social moderne.

Que la société soit le produit des individus, c'est ce qu'entérine la logique libérale, issue de la tradition contractualiste. Elle conçoit la société comme fondée sur une décision individuelle – le contrat social – qui marque l'acceptation de la vie collective et de son fonctionnement. Les quatre piliers en sont : les droits de l'homme, la souveraineté du peuple, son exercice par l'intermédiaire de représentants et le principe de la laïcité.

Que l'individu soit le produit de la société, c'est ce que montre la dynamique républicaine, mais aussi social-démocrate de l'État moderne, qui s'attache à dégager l'individu des cadres traditionnels (famille, corporations, Églises…) pour le constituer comme tel. L'état civil, la conscription, le salariat, l'Éducation nationale, la Sécurité sociale apparaissent comme autant d'instruments visant à individualiser l'individu dans le cadre de l'État.

Une société qui fabrique de l'individuel et un individu qui fabrique du social : ce va-et-vient est indispensable pour concevoir une société d'individus. Le problème est que ces deux processus semblent aujourd'hui en crise. D'un côté, la désertion civique et la crise de la représentation marquent l'échec de l'individu à « faire » la société ; de l'autre, la crise de l'école et l'embourbement de l'État-providence entérinent la difficulté de la société à « faire » l'individu. Le terme peut choquer si l'on confond formation et « formatage », et si l'on est convaincu que la méchante société aliène la bonne liberté individuelle. Mais c'est oublier qu'un individu ne peut pas se faire tout seul et qu'on ne devient tel qu'avec, par et pour les autres. D'où ce diagnostic : aujourd'hui, la société ne parviendrait pas (plus ?) à fabriquer l'individu qui, lui-même, n'arriverait plus à fabriquer la société.

À moins que ce ne soit l'inverse, si je puis dire : la société réussit tellement bien à façonner l'individu que lui-même en devient plus exigeant à l'égard du social et de l'État qui l'a fait. Il demande toujours plus de liberté et toujours plus de protection, rendant la promesse démocratique bien difficile à réaliser. Bref, la société d'individus existe, mais c'est désormais la manière de la gouverner qui est devenue énigmatique.

Multiculturalisme, intégration, assimilation

Multiculturalisme, intégration, assimilation. Si le débat n'a pas fini de faire rage dans les chaumières sur les modalités du « vivre ensemble », c'est peut-être aussi (et surtout) parce que les termes n'ont pas été assez bien définis. Voici une petite proposition simple de distinction.

Le multiculturalisme défend l'idée d'une collectivité sans culture ou identité dominantes. Pour lui, toutes les différences sont respectables, à égalité, et il faut veiller scrupuleusement à ce qu'aucune ne prenne le pas sur les autres. Idée sympathique, mais qui peut se déployer selon des modalités très variables : depuis l'éloge de la créolité (dénonciation de la domination d'une culture unique) jusqu'à l'interdiction en France de la présence d'un sapin de Noël dans une école au nom du respect dû aux cultures non chrétiennes…

L'intégration c'est la reconnaissance des différences dans un cadre commun défini à la fois par des règles juridiques (égalité de droit) mais aussi par des mœurs d'une culture posée comme majoritaire ou dominante. Ainsi sera dit intégré un musulman qui fait le ramadan sans en faire tout un plat ; un Tibétain qui apprendra le français et se conformera aux lois de la République ; un sikh qui acceptera de déposer son poignard traditionnel en entrant à l'école sans couper ses cheveux en quatre…

L'assimilation, c'est la neutralisation des différences dans une identité commune assumée. Ainsi sera dit assimilé ce Chinois nommé Chen, né en Chine, qui choisit d'appeler son fils Marcel ; cet Italien qui, vivant en France depuis trente ans, se serait enfin décidé à abandonner son accent. Deux exemples plus ou moins probables…

Cette distinction simple (voire simpliste) permet aussi de voir que ces trois niveaux ne sont pas sur le même plan. Le multiculturalisme a une fonction plus critique et polémique que positive et politique, car il vise à dénoncer, dans une situation donnée, les excès d'un conformisme ou d'une uniformité. En revanche, il ne permet pas de fonder un modèle de société ni de cohabitation, tout simplement parce que la diversité est infinie. Et une fois qu'on aura parlé de la diversité des origines, des cultures, des langues, des genres, des préférences sexuelles, des capacités physiques... il restera encore la différence des caractères, des tailles, des gènes, des préférences morales, des options politiques, des goûts et des couleurs... Le terme de culture n'ayant pas de contours précis, le multi-X... ne s'arrête jamais.

Les Québécois en ont fait l'expérience quand, revendiquant leur différence face aux Canadiens anglophones, ils se sont fait accuser de méconnaître les différences des natifs indiens du Québec. Opprimés par les anglophones, ils devenaient les oppresseurs des Indiens. Et ainsi de suite, chacun devenant la victime de tous... *Homo homini victima.*

L'intégration a sans doute une visée plus politique que critique puisqu'elle tente d'articuler les différences acceptables et le cadre commun qui leur permet de coexister. L'intégration vise à définir les conditions minimales de la vie en collectivité, même si l'arbitrage entre les différences acceptables et le cadre commun est toujours susceptible d'être remis en cause, contesté, discuté, critiqué, modifié. On le voit avec le cas du (des) voile(s) notamment, acceptable(s) pour les uns, intolérable(s) pour les autres.

L'assimilation relève, dans les démocraties libérales tout au moins, d'une logique plus éthique que politique, car elle touche aux choix quotidiens et souvent à la sphère privée. Elle concerne le mode de vie, le choix du conjoint, les méthodes d'éducation... S'il peut être légitime d'avoir l'assimilation comme horizon, il est difficile d'en envisager une réalisation politique sans l'adhésion des populations concernées (sauf à sortir d'un cadre libéral).

D'ailleurs, je rappellerai que le débat assimilation/intégration a déjà eu lieu de manière violente dans notre pays. C'était à propos de l'Algérie avant 1956. Et cette demande d'assimilation venait des Algériens « indigènes » qui, ne voulant plus être des citoyens de seconde zone après leur contribution majeure à la Libération, ne se satisfaisaient plus de l'intégration que certains colons commençaient à admettre du bout des lèvres : ils exigeaient l'assimilation et une « Algérie française » ! Cette histoire oubliée explique sans doute bien des errements des débats d'aujourd'hui.

CHAPITRE 7

Une société plus violente ?

Imaginons qu'un malin génie de l'informatique invente demain sur le Web un Facebook inversé – une sorte de Dark Facebook, où serait comptabilisé non pas le nombre d'amis, mais le nombre d'ennemis. Chacun recevrait régulièrement des messages le sollicitant de la sorte : « Veux-tu être mon ennemi ? » Voilà qui serait infiniment plus direct et clair que l'envoi des banals cercueils, balles et autres lettres anonymes de « corbeaux » en tout genre. On pourrait d'ailleurs ainsi mesurer sa cote de popularité négative, ce qui n'est pas rien pour qui veut être quelqu'un. Mais c'est un rêve, sans doute, car il se pourrait aujourd'hui que l'« ennemi » – cette catégorie pourtant essentielle de la politique selon Carl Schmitt[1] – soit en voie de disparition. Serions-nous tous devenus des amis, même si c'est pour n'être souvent que des amis très « éloignés » ? C'est là, au fond, le projet même de la démocratie, qui trouve dans le site Facebook une incarnation, disons... déconcertante : produire une société d'amis, voire de frères (fraternité), fondée à la fois sur le culte du privé (droits de l'individu) et la possibilité de l'action collective. Il faut pourtant bien reconnaître qu'en dépit de (et derrière) cette amitié universelle proclamée, tout est très loin d'être rose dans les sociétés démocratiques. La violence, cet usage immodéré et illégitime de la force quand elle n'émane pas de l'État, n'a pas disparu. On la retrouve dans les rapports professionnels, dans les familles, dans les banlieues, dans les stades, sur les routes, ainsi qu'aux marges de la vie politique et en fin de cortège dans les manifestations. On nous l'annonce pour demain : guerre des générations, guerres environnementales, guerre des places… C'est là un constat qui a de quoi décourager les plus chauds partisans des Lumières. Car, enfin, la population est instruite et éduquée comme jamais dans l'histoire de l'humanité, l'opinion publique dispose de tous les instruments pour être informée et éclairée sur à peu près tout, l'adhésion aux valeurs et aux régimes démocratiques est quasi générale, les procédures de contestation, de protestation, d'opposition n'ont jamais été aussi aisées et dénuées de risque pour qui s'y engage… Et pourtant il reste ce fond de violence qui résiste encore et toujours à la pacification démocratique, voire tend à s'accroître. Comment expliquer ce phénomène ambigu ? D'un côté, un contexte général d'adoucissement des mœurs (tous amis !) ; de l'autre, une violence sourde et aveugle qui semble reprendre du poil de la bête (partout la guerre !).

Prétendre trancher pour l'un ou l'autre terme du paradoxe est périlleux, car nous serions inévitablement plongés dans le cercle du débat aussi rituel que prévisible entre optimistes et pessimistes[2]. Il est préférable d'explorer les grilles d'interprétations possibles de l'ambivalence elle-même. Sous réserve d'inventaire, on peut, je crois, en identifier trois principales qui, probablement, et à condition qu'elles soient chacune nuancées, pourraient éventuellement être cumulées. Selon le premier scénario, c'est moins la violence qui augmente que notre seuil de tolérance qui s'abaisse, confirmant ainsi la vision d'un adoucissement général des mœurs. Selon un deuxième scénario, la persistance et l'augmentation de la violence à l'âge démocratique tendrait à prouver que le processus de civilisation tend à s'exténuer, voire à se retourner en son contraire : appelons-le « le retour des barbares ». Enfin, selon une troisième lecture, le phénomène émanerait d'une contradiction essentielle au sein de l'univers démocratique dans lequel se nichent des germes indéfectibles de la violence, à savoir que ses promesses infinies vouent les individus à une continuelle déception. Détaillons ces trois pistes.

Plus de violence ou plus de sensibilité à la violence ?

Il faut avoir l'esprit historien pour rester vigilant face à l'évolution du sentiment de la violence contre toute espèce d'« actualisme[3] ». Quand, par exemple, on parle aujourd'hui à propos de la jeunesse de « précarisation », de « sacrifice », voire de « massacre économique », on oublie un peu vite l'époque où ces mots n'avaient rien de métaphorique. En 1914, la nation unie n'a pas hésité une seconde à envoyer toute sa jeunesse se faire massacrer réellement pour des motifs qui plongent aujourd'hui encore les historiens dans la plus grande perplexité. La violence d'une guerre de ce type serait aujourd'hui inconcevable. Plus proche de nous encore, on peut être sidéré par le scénario d'un excellent film comme celui de *La Guerre des boutons* (1962), qui voit deux bandes rivales d'enfants se tabasser joyeusement dans une sorte de rite initiatique collectif. Si le quart de cette histoire se produisait effectivement de nos jours, elle ferait à n'en pas douter la une du « 20 heures », le bonheur des éditorialistes (la délinquance de plus en plus précoce, le regain des bandes, la démission des parents…) et la fortune de quelques cabinets d'avocats et autres cellules de soutien psychologique… Ces quelques expériences de l'esprit montrent à quel point notre seuil de tolérance à la violence s'est abaissé. Il s'agit peut-être d'une simple et heureuse parenthèse, mais après bientôt trois générations de Français qui n'ont pas connu la guerre, elle commence à être significative.

D'autant qu'elle s'inscrit dans un mouvement beaucoup plus vaste, dont Tocqueville a certainement été le meilleur interprète. Il faut relire, de ce point de vue, le célèbre chapitre qui ouvre la troisième partie du volume II de *De la démocratie en Amérique* : « Comment les mœurs s'adoucissent à mesure que les conditions s'égalisent ». L'« égalisation des conditions », qui pour Tocqueville désigne la démocratie, produit le sentiment général d'appartenir à une même humanité et conduit chacun à considérer autrui comme un « alter ego ». « Quand les rangs sont presque égaux chez un peuple, tous les hommes ayant à peu près la même manière de penser et de sentir, chacun d'eux peut juger en un moment des sensations de tous les autres : il jette un coup d'œil rapide sur lui-même ; cela lui suffit. Il n'y a donc pas de misère qu'il ne conçoive sans peine, et dont un instinct secret ne lui découvre l'étendue. En vain s'agira-t-il d'étrangers ou d'ennemis : l'imagination le met aussitôt à leur place. Elle mêle quelque chose de personnel à sa pitié, et le fait souffrir lui-même tandis qu'on déchire le corps de son semblable. Dans les siècles démocratiques, les hommes se dévouent rarement les uns pour les autres ; mais ils montrent une compassion générale pour tous les membres de l'espèce humaine. » La sympathie généralisée est donc aux yeux de Tocqueville le trait caractéristique de l'univers démocratique, et il en donne, lui aussi, un exemple impressionnant en citant une lettre de Mme de Sévigné. Cette personne, douce et estimable, à la pointe de la culture classique, n'hésitait pourtant pas à raconter plaisamment à sa fille comment le gouverneur de Bretagne avait maté une révolte des paysans contre un impôt. Elle décrit sans s'émouvoir particulièrement la manière dont « on a chassé et banni toute une grande rue… De sorte qu'on voyait tous ces misérables, femmes accouchées, vieillards, enfants, errer en pleurs au sortir de cette ville, sans savoir où aller, sans avoir de nourriture, ni de quoi se coucher », comment le meneur de cette « émotion » fut « écartelé, et ses quatre quartiers exposés aux quatre coins de la ville » et comment soixante bourgeois vont être pendus pour l'exemple !

Le commentaire de Tocqueville est le suivant : « On aurait tort de croire que Mme de Sévigné qui traçait ces lignes fût une créature égoïste et barbare : elle aimait avec passion ses enfants et se montrait fort sensible aux chagrins de ses amis ; et l'on aperçoit même, en la lisant, qu'elle traitait avec bonté et indulgence ses vassaux et ses serviteurs. Mais Mme de Sévigné ne concevait pas clairement ce que c'était que de souffrir quand on n'était pas gentilhomme. »

De Tocqueville à nous, le processus n'a fait que s'approfondir. Et si le contraste temporel ne convainc pas encore, il reste la géographie pour achever de nous en persuader. Il suffit de déplacer son regard vers l'extérieur du monde démocratique pour constater que l'émergence des pays du même nom est très loin de se faire dans la non-violence. Afrique du Sud, Mexique, Brésil[4]… Si la transition moderne est plus rapide, elle ne s'opère pas là de manière plus douce que ce ne fut le cas dans l'histoire occidentale.

Une fois le processus achevé – ou du moins bien entamé –, ce scénario permet d'expliquer au moins deux phénomènes propres aux nations démocratiques. D'une part, la fortune de l'idée du *care*, c'est-à-dire d'une éthique de la sollicitude attentive aux vulnérabilités individuelles[5]. Cette théorie, issue du féminisme américain, entend dénoncer une vision à ses yeux trop masculine et libérale de la morale (éthique de la justice et des principes) en promouvant une dimension de l'éthique plus concrète et appliquée à la singularité des existences. D'où une opposition parfois caricaturale entre, d'une part, l'exigence d'autonomie et de responsabilité (morale masculine rigide), et, d'autre part, l'attention aux victimes et au malheur d'autrui (morale féminine douce). Une telle opposition est évidemment absurde, puisque la sollicitude à l'égard des vulnérabilités suppose comme une condition nécessaire qu'il y ait des personnes autonomes et responsables pour l'exercer, autrement dit des adultes, femmes ou hommes ! Mais, si l'on considère le *care* non pas comme une opposition, mais comme un complément à l'éthique républicaine, l'idée semble particulièrement féconde pour décrire l'augmentation de l'attention à la vulnérabilité dans nos sociétés démocratiques.

Un second phénomène éclairé par cette interprétation est celui de la fictionnalisation et de la virtualisation de la violence. Au fur et à mesure que les mœurs s'adoucissent, la littérature (romans noirs), le cinéma et les jeux vidéo se durcissent, comme s'il fallait compenser la pacification réelle par une sauvagerie virtuelle[6]. On entend souvent reprocher aux films et aux jeux vidéo d'être de plus en plus violents. C'est sans conteste vrai, mais il est aussi possible que cette « fictionnalisation » et que cette virtualisation de la violence offrent quelques moyens de canaliser, d'apprivoiser, voire d'« autoriser » un tant soit peu l'agressivité par ailleurs interdite.

Ce qui pose le problème des limites de la pacification des mœurs. Tocqueville l'avait bien vu quand il évoquait la douce monstruosité d'un État au « pouvoir immense et tutélaire » s'occupant de tout (*De la démocratie en Amérique*, II, IV, 6). On pourrait aussi parler du désarroi qui s'empare des sociétés démocratiques quand elles sont confrontées – à l'intérieur comme à l'extérieur – à une violence très éloignée du *care* qu'elles promeuvent. C'est un tel constat qui inspire le deuxième scénario possible : la prétendue pacification démocratique masquerait (de plus en plus difficilement) un sursaut dialectique de la violence et de la sauvagerie dans notre douce époque. Barbares : le retour !

Le retour des sauvages et la dialectique de la civilisation

Hooliganisme, terrorisme, délinquance des banlieues, augmentation des incivilités... : autant de phénomènes qui semblent apporter un démenti cinglant à l'image d'un progrès de la douceur. Ou plutôt, ils contribuent à faire penser que le *processus de civilisation*, fort bien décrit par Norbert Elias (1939), s'épuise et patine. Si l'on repart d'Elias, précisément, on peut montrer comment s'est constituée la *civilité* dans la *civilisation* occidentale. La civilité désigne l'aptitude des individus d'un collectif à médiatiser leurs relations de façon à en éradiquer toute espèce de violence. C'est ainsi que « la réserve, l'attention, la prévenance, la politesse, la délicatesse ont permis aux individus d'élaborer le lien convivial traditionnel en direction d'un lien social dont l'horizon ouvert à une plus grande pluralité de styles et de caractères transcendait la perspective de communautés fermées »

(J.-M. Ferry, *De la civilisation*, Cerf, 2001, p. 21). Ce processus s'enclenche, en Occident, au XIIe siècle à partir d'une codification qui émane de la société de cour. Elias y voit un procédé par lequel la monarchie visait à domestiquer la noblesse turbulente et sauvage afin d'asseoir et de renforcer son pouvoir étatique. À partir du XVIIIe siècle, ce sont les bourgeois qui s'emparent de ces bonnes manières et contribuent à les diffuser dans l'ensemble de la société. Il ne s'agit plus seulement de faire appliquer des règles de politesse, de pudeur et d'évitement, mais de parvenir à un autocontrôle de chacun par lui-même, surtout en ce qui concerne les contacts corporels : sexualité et violence.

À quel âge se situe le pic de l'agressivité chez l'être humain ?

La réponse qui vient spontanément sera sans doute : entre 16 et 25 ans… en considérant que l'enfant est naturellement gentil et que c'est la méchante société qui lui apprend la violence. Or rien n'est plus faux ! Selon le professeur Richard Tremblay, ce pic se situe vers 4 ans. Il suffit pour s'en convaincre d'observer les images vidéo d'une journée de la vie d'une crèche : on y verra *Règlements de comptes à OK Corral* et *Massacre à la tronçonneuse*. Si le petit d'homme avait à cet âge la puissance de destruction d'un adulte, il est très probable que l'humanité aurait disparu depuis longtemps. Mais heureusement, à partir de cet âge, les effets pacificateurs du langage et de l'éducation commencent à se faire sentir… pour la plupart. Et pour les autres, si ce désensauvagement n'a pas réussi à cet âge, il est très probable (mais non totalement certain) que l'avenir sera plutôt sombre[7].

La civilité vise donc l'intériorisation croissante des normes et, notamment, l'éradication de la violence ; elle dispose pour cela de trois instruments ou domaines d'action : la politesse, la politique et la police. Et les trois sont en crise. Le scénario en cours serait alors le suivant : les trois instruments qui ont permis l'adoucissement des mœurs à l'âge démocratique se trouveraient subvertis et contestés par le développement des principes démocratiques eux-mêmes. La démocratie saperait ainsi toutes les médiations qu'elle a elle-même mises en place pour évacuer les relations violentes entre les hommes. Examinons l'hypothèse dans le détail.

La politesse est une manière formelle de se décentrer. André Comte-Sponville en propose une belle définition dans son *Dictionnaire philosophique*. En voici un extrait : « "*Après vous.*" Dans cette formule de politesse, Levinas voyait l'essentiel de la morale. On comprend pourquoi : c'est refuser l'égoïsme et court-circuiter la violence par le respect. Toutefois ce n'est que politesse [...]. Être poli, c'est agir *comme si* l'on était vertueux : c'est faire semblant de respecter ("pardon", "s'il vous plaît", "je vous en prie"...), de s'intéresser ("Comment allez-vous ?"), de ressentir de la gratitude ("merci"), de la compassion ("mes condoléances"), de la miséricorde ("ce n'est rien"), voire d'être généreux ou désintéressé ("après vous")... Ce n'est pas inutile, ce n'est pas rien » (André Comte-Sponville, *Dictionnaire philosophique*, PUF, p. 449). Mais il semble aujourd'hui que la critique du formalisme ait pris le pas sur la logique de la convenance[8]. La politesse, à l'âge démocratique, peut être combattue aussi bien au nom de l'authenticité (contre l'hypocrisie des convenances) qu'au nom de l'égalité (contre les hiérarchies instituées). Elle souffre donc d'un déficit de légitimité qui la rend fragile, douteuse et incertaine. Et c'est cette subversion de l'intérieur qui expliquerait la montée spectaculaire des « incivilités ». Montée d'autant plus grave qu'elle entrave le travail éducatif en interdisant le décentrement qui en est la condition.

La politique, de son côté, est l'art d'arbitrer les conflits, les rapports de force et le partage du pouvoir. Inutile de rappeler que l'âge démocratique rend son exercice plus délicat. L'augmentation des revendications particulières, la complexification du débat public, l'éparpillement des figures légitimes du « peuple »... tout cela contribue à rendre la politique fragile, douteuse et incertaine. D'où la tentation qui habite parfois l'*Homo democraticus* de sortir de ce champ de procédures balisées et d'« entrer en résistance ». Refus des OGM, de l'IVG, du contenu des programmes scolaires, du choix des méthodes de lecture... On a vu apparaître toute une série de revendications qui, faute de parvenir à s'exprimer par le débat démocratique et institutionnalisé, estiment de leur droit de sortir du droit[9]. Le philosophe américain David Thoreau sert ici d'emblème, puisqu'il fut le premier à théoriser ce principe en 1849 en marquant son refus de payer l'impôt destiné à financer la guerre contre le Mexique et afin de protester contre un État qui maintenait l'esclavage (*Résistance au gouvernement civil*). Cette *objection de conscience*, qui s'exprime *en* démocratie, n'est pas du même ordre que la résistance à la tyrannie *au nom* de la démocratie. D'abord elle se fait à moindre risque : les « désobéisseurs » de l'Éducation nationale n'ont toujours pas perdu leur statut de fonctionnaire ; les faucheurs d'OGM, certes condamnés, sont encensés par les médias ; les anti-IVG semblent des chevaliers de la foi. Ensuite, elle pose la redoutable question de ses limites : à partir de quand un simple désaccord sur une politique publique peut-il justifier une entrée en résistance alors qu'il existe de nombreuses voies de contestation légales et publiques ? Il y a, sur l'évaluation de ce phénomène, matière à hésiter. On peut, au choix, se scandaliser contre ces révolutionnaires subventionnés, tolérés par la loi qu'ils entendent subvertir ; ou, au contraire, se réjouir de voir une démocratie parvenir à neutraliser en douceur des conflits marginaux (en institutionnalisant sa propre contestation). D'un côté, on verra l'affaiblissement d'une démocratie incapable d'imposer ses règles ; de l'autre, la ruse suprême d'un régime qui réussit à absorber sa propre contestation sans la nier. Difficile de trancher entre ces deux lectures, dans la mesure où le contenu général de ces résistances demeure en fait très pacifié ; et qu'elles relèvent davantage de la posture médiatique que d'un vrai désir de subversion politique. Disons pourtant que là où la politique fonctionne, la violence recule. Mais là où elle ne fonctionne pas, voire recule, les problèmes deviennent redoutables...

C'est là qu'intervient la police, qui désigne les forces de l'ordre de la Cité. Or celles-ci sont confrontées à deux types de difficultés. On assiste d'abord à une puissante délégitimation de cette expression de la « violence légitime » (Max Weber) vers laquelle convergent deux reproches contradictoires : en faire toujours trop et n'en faire jamais assez. Quand la police agit, elle agit mal ; et quand elle n'agit pas… que fait la police ? Cette institution condense ainsi en son sein les exigences contradictoires que le citoyen contemporain adresse à l'État démocratique en lui demandant toujours plus de protection et toujours plus de liberté. Cette double contrainte rend la tâche policière proprement impossible. La seconde difficulté est l'augmentation impressionnante et alarmante des zones de non-droit dans l'espace français (mais aussi européen). Car il ne s'agit pas seulement de zones d'exclusion ou autres ghettos sociaux, mais de lieux où se développe un véritable contre-modèle de société. La réussite par la délinquance s'y affirme contre celle par l'école et le travail ; la cité s'y oppose à la Cité ; un système financé par l'argent de la drogue s'y met en place contre le régime des lois ; une contre-culture (langue, gestes, vêtements, idéologie…) se diffuse qui prend explicitement le contre-pied de la culture de la civilité ; des contre-valeurs (racisme, machisme, intégrisme…) s'y imposent en contradiction avec les valeurs démocratiques… et, bien sûr, la loi du plus fort y détrône la force du droit. L'interprétation de ces îlots de contre-civilité dans le contexte de pacification des mœurs n'est pas aisée à établir. Dans la pire des hypothèses, leur développement est à mettre sur le compte d'un mélange coupable d'indifférence et de complaisance de la part de la République. Si c'est le cas, on ne peut être que très pessimiste sur les perspectives d'une quelconque reconquête territoriale de ces lieux perdus. Car celle-ci ne pourra être que douloureuse et déterminée, ce qui n'est compatible ni avec l'indifférence ni avec la complaisance.

La violence de la déception démocratique

Le troisième scénario n'est pas, à proprement parler, la recherche d'une motion de synthèse des deux premiers. À la promesse d'un adoucissement général des mœurs (scénario 1) et au constat d'un regain de la dureté de certains territoires (scénario 2), il ajoute une tentative de compréhension de cette ambivalence. Celle-ci résiderait au plus profond dans les frustrations qu'inévitablement l'univers démocratique suscite. D'un côté, des promesses infinies de liberté, d'égalité, de fraternité, de bonheur ; de l'autre, des réalisations toujours partielles, imparfaites, inéquitables. Les meilleurs observateurs de la modernité ont pointé cette tendance déceptive de la démocratie. Tocqueville notait déjà que dans les sociétés d'égalité « les espérances et les désirs sont plus souvent déçus, les âmes plus émues et plus inquiètes et les soucis plus cuisants ». Durkheim pour sa part remarquait, dans *Le Suicide*, que « ce sont sans cesse des espérances nouvelles qui s'éveillent et qui sont déçues, laissant derrière elles une impression de fatigue et de désenchantement ». Et l'on pourrait multiplier les exemples[10]. La vie démocratique, plus que toute autre, produit l'« envie ». Si, en effet, « les hommes naissent libres et égaux en droit », à quoi faut-il imputer la persistance des petites et grandes hiérarchies, qui perdurent et se récréent sans cesse dans les sociétés modernes ? De deux choses l'une : soit la société est injuste ; soit l'individu mérite sa place. Dans un cas, il y a du ressentiment à l'égard d'une démocratie aussi hypocrite que mensongère ; dans l'autre, c'est le spectacle terrible et désespérant qui présente la réussite des autres comme preuve de son propre échec. Dans les deux cas de figure, on peut trouver des germes puissants de ressentiment et, le cas échéant, de violence. Machiavel le notait déjà : « Les hommes n'éprouvent aucun sentiment de haine qui ne soit fondé ou sur la crainte naturelle ou sur l'envie[11]. » En égalisant les conditions, la démocratie accroît les motifs de frustration et d'envie de manière quasi infinie. Et c'est sans doute un des manques les plus importants de John Rawls dans sa *Théorie de la justice* que d'avoir négligé ce point en affirmant qu'« un individu rationnel n'est pas sujet à l'envie » (*Théorie de la justice*, § 80[12]). Si celle-ci n'est guère raisonnable sans doute, elle est pourtant dans l'univers démocratique une passion, si l'on peut dire, parfaitement rationnelle et, en tout cas, inéliminable. Il se pourrait qu'elle offre pour ce qui nous concerne le chaînon manquant entre l'adoucissement généralisé et le réensauvagement que l'on peut voir à l'œuvre dans certaines zones obscures de la vie démocratique.

Là encore, il convient de garder une certaine mesure. Si l'envie est sans doute inéliminable dans une société d'égalité de droit, où les hiérarchies de fait non seulement subsistent, mais se reconstruisent sournoisement à l'infini, il faut se convaincre aussi que sa puissance de nuisance reste assez largement neutralisée. Souvent présente mais moins violente, elle suscite de nos jours plus d'injures que de massacres, plus d'agacements que de tueries, plus de bons mots que de sales morts[13]. La démocratie produit sans doute plus d'envie, mais aussi moins de moyens de l'exprimer violemment.

Notre société est-elle plus violente ? Non. Et il faut avoir perdu la mémoire pour soutenir une telle idée. Notre société aurait-elle aboli toute violence ? Pas davantage, et le maintien de la simple agressivité ou de la barbarie dans notre quotidien frappe d'autant plus que nous en avons pour ainsi dire perdu l'habitude. En outre, la paix est un état toujours fragile qui se brise avec une facilité déconcertante. Une foultitude d'exemples historiques nous montrent que les coups de tonnerre peuvent éclater dans les cieux les plus sereins. Notre société a-t-elle inventé de nouvelles formes de violence ? Sans doute, mais ni plus ni moins que celles du passé, car l'imagination humaine en la matière ne connaît aucune borne dès lors qu'il s'agit d'être malveillant, égoïste ou simplement indifférent. La seule vraie bonne nouvelle est que notre seuil de tolérance tend à s'abaisser.

À partir de ce triple constat, la tâche consiste, dans notre société relativement pacifiée, à trouver les bonnes idées permettant à l'agressivité naturelle de l'homme de se discipliner, de se canaliser et de se sublimer. Mais, là aussi, nulle solution magique. On n'a encore rien trouvé de mieux pour y parvenir que ces deux antiques solutions que sont la culture et l'éducation. Elles sont bien plus efficaces que la chimie du cerveau (qui, sans doute, peut aussi rendre service) ; car elles, au moins, n'envisagent pas de jeter l'humain avec l'eau sale de son agressivité. Il nous faut simplement penser, après les rêves des Lumières, et vivre avec cette idée, à la fois décourageante et grandiose, que l'éducation et la culture sont des tâches infinies.

Aux racines du pessimisme français

À ceux qui s'interrogent, comme moi, sur les racines du pessimisme « français » qui fait de notre beau pays la voiture-balai du peloton européen en matière de bonheur et confiance en l'avenir, je ne saurais trop conseiller de lire et de méditer le très beau livre de l'historien Stéphane Audoin-Rouzeau (*Quelle histoire. Un récit de filiation [1914-2014]*, EHESS/Gallimard/Seuil, 2013). Ce spécialiste de la Grande Guerre raconte la manière dont sa propre famille a été prise dans l'événement et dans ses effets retards. Il montre comment son grand-père, décoré de la Croix de guerre 14-18, puis prisonnier en 1940, a été brisé par ces expériences, incapable de revenir à la vie et au monde de la paix ; comment il a fini sous la tutelle exaspérée et sadique de l'arrière-grand-père, Eugène ; comment son propre fils, Philippe (le père de Stéphane Audoin-Rouzeau), a lui-même rejeté la compréhension de cette brisure en dénonçant, avec le mouvement surréaliste dont il fut membre et interprète, ces guerres absurdes et sans héroïsme. Et comment Stéphane Audoin-Rouzeau, qui analyse aussi sa propre vocation d'historien, entend désormais clore cette histoire (familiale ?) : « La Grande Guerre : pour ma part, si près du centenaire de son sanglant avènement, le moment est peut-être venu de lui dire *adieu.* »

Au fond, ce récit met en scène une longue série de défaites et même de débâcles qui n'ont jamais su ou pu dire leur nom. D'abord, celle de 1918 qui, sous l'image du triomphe d'une nation, cachait le traumatisme épouvantable d'un pays. Puis celle de 1940, qui, par la grâce de la geste gaullienne, s'est muée en 1945 en apothéose patriotique. On pourrait ajouter aussi celle de la décolonisation (absente de ce livre), mais qui porta l'estocade à l'idée napoléonienne d'un Empire français. Celle, enfin, de 1968, qui voit les derniers soubresauts de l'idée révolutionnaire se fondre dans l'avènement consumériste de la vie moderne. À chacune de ces étapes, les générations des Audoin-Rouzeau crurent, pratiquèrent et déchantèrent, brisées dans leur chair spirituelle. Jamais ils ne purent avouer leurs douleurs ni leurs blessures, puisque, à chaque fois, la défaite prenait l'aspect d'une victoire.

Il y a dans cette histoire, si bien racontée, quelque chose comme l'emblème de ce qui nourrit le pessimisme français. C'est le destin de ceux qui croyant faire l'histoire se retrouvent défaits par elle. Et cette suite de traumatismes continue d'alimenter la défiance réciproque de nos chers concitoyens : les électeurs contre les élus, les salariés contre les patrons, les « mondialisés » contre les « enracinés », le privé contre les fonctionnaires (et *vice versa*), les parents contre l'école, les profs contre les élèves… Il y a au cœur de tout cela un véritable problème d'identité collective ou « nationale », que la commémoration de la Grande Guerre aurait pu permettre d'interroger. On verra après le 11 novembre 2018 si la Grande Guerre est enfin terminée…

CHAPITRE 8

Pourquoi travailler ?

Moins le travail occupe notre temps, plus il nous prend la tête. Voilà, en résumé, le grand paradoxe du travail à l'âge contemporain. D'un côté, en effet, le labeur ne représente plus désormais qu'une part infime de nos existences : il commence plus tard (vers 23 ans en moyenne pour les jeunes Français) ; il finit plus tôt (la retraite arrive vers 65 ans), avec une durée hebdomadaire moindre (35 heures), alors même que nous vivons plus longtemps que jadis (environ 80 ans). Le calcul est simple : cela fait environ 10 à 12 % de notre temps de vie, autrement dit : pas grand-chose. D'un autre côté, jamais il n'a été autant l'objet de nos soucis et de nos préoccupations. C'est la grande angoisse de ceux qui n'en ont pas encore (les jeunes) ou qui n'en ont plus (les chômeurs) ; et c'est la grande souffrance de ceux qui en ont mais trouvent toujours qu'ils en ont trop. La pression, le stress, le harcèlement moral tendent à se substituer à la pénibilité et à l'usure physique d'autrefois. À quoi il faut ajouter que tout le monde rêve d'un job idéal, qui serait à la fois épanouissant et rémunérateur, passionnant sans être exténuant, créatif sans être précaire. C'est là une perle bien rare à trouver. Faut-il dès lors se résoudre à cette double contrainte : sans travail, la vie est vouée à l'ennui, à la pauvreté, à l'exclusion, à la solitude ; mais, avec le travail, c'est le train-train ou le surmenage, la pénibilité, la fatigue, le stress, et souvent la cohabitation forcée avec des gens (collègues, supérieurs, subalternes…) que l'on n'apprécie guère ?

Tout cela nous montre qu'on n'aime guère le travail pour lui-même – faut-il rappeler que son étymologie le relie à un instrument de torture : le *trepalium*, inspiré du joug forçant les bêtes de somme à labourer ? On l'estime davantage pour ce qu'il nous apporte. Qu'est-ce à dire ? L'argent, bien sûr, mais aussi l'occupation, la reconnaissance, du lien social, une identité, un agenda… Travaillerait-on si l'on pouvait accéder à tout cela par des moyens moins pénibles ?

Travail contre loisir

C'est ce qui nous fait rêver à une vie de loisir, consacrée aux activités qui nous plaisent vraiment sans nous forcer ; celles qui contribuent à donner ce sens qui, bien souvent, dans la frénésie professionnelle, semble faire défaut à nos vies. Les Grecs anciens appelaient cela *skholè* (qui donnera « école ») ; les Romains *otium* (avec son opposé *neg-otium*, à l'origine de notre « négoce » : aujourd'hui le « business ») ; les Juifs le *shabbat*. Nos contemporains le nomment parfois *retraite*. À condition de percevoir que ce loisir-là n'a pas grand-chose à voir avec la distraction, le sport ou le divertissement – c'est-à-dire avec le repos nécessaire à la reconstruction des forces de travail. Non, si le loisir philosophique désigne le temps libre, ce n'est pas parce qu'il est vacant (comme dans les grandes vacances), mais parce qu'on parvient à s'y rendre plus libre. C'est la grande thèse que défendait jadis Sénèque (4 av. J.-C.-65 apr. J.-C.) dans son traité *De la brièveté de la vie*[1].

L'homme, dit-il en substance, possède une impressionnante capacité à se gâcher la seule vie qu'il possède : il ne cesse de regretter le passé et de craindre l'avenir. Quand il est seul, il ne pense qu'aux autres, et lorsqu'il est avec les autres il ne pense qu'à lui. Il remplit son existence d'activités inutiles qui tournent en rond sans autres finalités qu'elles-mêmes : les *affaires*... Chaque ligne de l'agenda peut avoir un sens en elle-même : se lever pour aller au lycée ou au bureau ; sortir avec des amis pour se reposer du labeur ; travailler pour pouvoir consommer ; et consommer pour se reposer du travail... Mais quel est le sens de l'agenda lui-même ? À quoi bon cette préoccupation quotidienne ? Au fond, nous dit Sénèque, l'existence n'est qu'une succession frénétique de temps morts qui repoussent à plus tard la vraie vie. Mais celle-ci s'arrête toujours avant que nous ne soyons prêts. C'est pourquoi, à la vie laborieuse et vaine, Sénèque oppose la voie du sage qui, grâce à la pratique du loisir studieux (l'*otium*), l'étude des sagesses et des merveilles du monde, veille à se préparer à la mort pour mieux profiter de la vie. L'homme affairé se croyant immortel ne vit pas tandis que le sage se sachant mortel peut prétendre à une forme d'immortalité. « Regarde l'abeille, disait déjà Démocrite, elle travaille comme si elle était immortelle ! »

Sénèque reprend ici un grand thème de la pensée grecque antique que Hannah Arendt a présenté de manière lumineuse dans son livre *La Condition de l'homme moderne*[2]. Elle distingue chez les penseurs grecs trois ordres de l'existence humaine. Le premier est celui de l'« économique » (*oikonomikos*), c'est-à-dire pour les Grecs tout ce qui relève de la maison (*oikia* en grec). Celle-ci ne désigne alors pas seulement le foyer, mais toute l'entreprise familiale. Elle rassemble les parents, les enfants, mais aussi les esclaves, les serviteurs et tous ceux qui travaillent ou dépendent de l'autorité du chef de famille (le *despote*). La vie de la maison est consacrée à la satisfaction des besoins les plus élémentaires – la reproduction et la production –, car il faut que la famille grandisse et que ses membres se nourrissent. La vie humaine est ici quasi « animale », focalisée sur les instincts les plus bas : le ventre et le bas-ventre. Or ce qui les définit, c'est qu'ils sont sans fin : à peine satisfaits, ils renaissent et exigent une nouvelle satisfaction. D'où la vie de frénésie qui caractérise la « maison ». Le chef de famille est toujours très occupé. Constamment pris par les soucis de gestion, d'approvisionnement, il ne sait plus où donner de la tête. Certes, grâce à son travail, la famille, le nom, le clan peuvent espérer atteindre une forme de pérennité, mais la vie des membres de la famille est toujours « mortelle » au sens de Sénèque : c'est-à-dire fugace, vaine, terre à terre.

Pour pouvoir dépasser cette vie animale, l'homme doit parvenir à dégager du temps libre pour un autre ordre : celui de la Cité (*Polis* en grec), l'ordre « politique ». C'est en s'arrachant à ses soucis quotidiens que le chef de famille peut devenir citoyen et accéder à une visée plus haute : celle qui concerne le bien commun de la cité. La défense, la prospérité et la renommée de celle-ci deviennent le centre de sa vie. Cela demande de sa part des qualités plus élevées que celles des bas instincts (*epithumia*) : il doit faire preuve d'intelligence pour délibérer avec les autres et de courage (*thumos*) s'il faut partir faire la guerre. Il peut ainsi espérer dépasser son existence de simple mortel par cette contribution rhétorique et héroïque au bien commun.

Mais la vie politique a, elle aussi, ses vanités : gloriole, goût du pouvoir, machinations sordides, passion des honneurs. Aussi, pour qui veut dépasser cette vie politique, qui risque à tout moment de devenir futile et vaine, il faut accéder au niveau supérieur. C'est celui de la sagesse : en dégageant, au-delà de l'économie (la maison) et de la politique (la Cité), du temps pour la réflexion et la pratique philosophiques, l'homme accédera à la compréhension profonde du monde, il arrivera à vaincre toutes les peurs qui l'empêchent de vivre, il réussira à ajuster sa personnalité avec le cosmos immuable ; et il pourra espérer, du même coup, se faire aussi éternel que lui.

Cela exige bien sûr un immense effort à la fois intellectuel et pratique, ce que Pierre Hadot a identifié comme étant des « exercices spirituels[3] ». Une belle image utilisée par le philosophe Plotin (204-270) permet d'en saisir l'esprit. Le sage, écrivait Plotin (*Ennéades*, I, 6, 9), doit apprendre à sculpter sa propre statue. Nul éloge du *body-building* dans cette formule, mais cette idée très profonde : de même que la sculpture est un art qui enlève le superflu d'un bloc de marbre pour en faire apparaître une forme cachée déjà présente, de même la philosophie doit aider l'apprenti sage à faire disparaître tout le superficiel qui l'empêche de vivre. C'est ce travail d'épuration qui rend tout autre travail superflu et vain. Personne, au terme de son existence, ne dira : « Ah, hélas, que n'ai-je pas davantage travaillé ! » ; on entendra plutôt : « Pourquoi ai-je gaspillé tant d'heures en activités futiles ! Que n'ai-je passé plus de temps à comprendre ma vie et à profiter de ceux que j'aime ? »

C'est ce que redira, plusieurs siècles plus tard, Jean-Jacques Rousseau dans l'*Émile* : « Que nous passons rapidement sur cette terre ! Le premier quart de la vie est écoulé avant qu'on en connaisse l'usage ; le dernier quart s'écoule encore après qu'on a cessé d'en jouir. D'abord nous ne savons pas vivre ; bientôt nous ne le pouvons plus ; et, dans l'intervalle qui sépare ces deux extrémités inutiles, les trois quarts du temps qui nous restent sont consumés par le sommeil, par le travail, par la douleur, par la contrainte, par les peines de toutes espèces. La vie est courte, moins par le peu de temps qu'elle dure, que parce que de ce temps, nous n'en avons presque point pour la goûter. L'instant de la mort a beau être éloigné de celui de la naissance, la vie est toujours trop courte quand cet espace est mal rempli[4]. »

Par où l'on comprend que la vie de loisir (philosophique) n'a rien à voir avec une vie de plaisir ou de relâchement : c'est une vie qui s'efforce de porter l'humanité au maximum de son intensité, loin de la condition animale, au seuil de l'éternité divine. C'est au nom de cet effort que le travail vulgaire et quotidien est dévalorisé par la plupart des sagesses antiques. Ce par quoi elles s'accordaient avec l'idéal aristocratique qui exigeait, lui aussi, du noble qu'il ne travaillât pas sous peine de « déroger », c'est-à-dire de perdre sa noblesse. La division grecque se retrouve d'ailleurs, nous dit Georges Dumézil[5], dans la plupart des sociétés indo-européennes : le *laboratores* (« travailleur ») est en bas de l'échelle ; puis vient le *bellatores* (« guerrier ») ; et enfin, au sommet, l'« *oratores* », celui qui prie, pour qui la seule activité digne est de contempler les splendeurs sublimes du divin.

On perçoit ainsi toute la puissance et toute la cohérence d'une telle dévalorisation antique du travail. Au fond, elle considère que le travail tue l'humanité en l'homme en le rabaissant à sa condition animale.

Travail et salut

Comment, à partir de cette critique du travail, en est-on arrivé à notre conception contemporaine, qui paraît l'exact contraire de l'antique ? De nos jours, le travail est au centre de la vie ; c'est le signe de la « réussite » individuelle, familiale et sociale. Le loisir, loin de fournir le sens de la vie, ne se conçoit que comme un temps de vacance, de repos ou de consommation, permettant aux travailleurs de reconstituer leurs forces productives… afin de mieux travailler ensuite.

Il convient ici d'éviter toute espèce de caricature : les Anciens n'ont pas tous détesté le travail et les Modernes sont loin de l'adorer unanimement. Hésiode, Xénophon, Virgile et tous les agronomes latins ont fait l'éloge de la vie des champs et du labeur paysan ; Marx, Lafargue, Heidegger et Arendt ont montré combien le travail moderne, industriel et mécanisé abrutissait les individus, voire les transformait en choses soumises.

Il s'est pourtant passé quelque chose qui a permis au travail de se métamorphoser et d'accéder au rang de « valeur » : la malédiction originelle est devenue la condition d'une possible bénédiction.

Dans cette transformation, le christianisme a joué un rôle décisif. Certes, on retrouve chez les premiers Pères de l'Église un goût très prononcé pour la contemplation et une méfiance à l'égard de l'action qui rejoint les sagesses antiques, mais cet éloge coexiste avec une méfiance profonde à l'égard de la spéculation philosophique. Le philosophe, qui croit qu'un « simple travail sur lui » suffira à son salut, apparaît pour les chrétiens comme le comble de l'illusion et de l'hérésie. Nul ne peut se sauver lui-même et il y a grand danger à errer seul dans les fausses clartés de la raison humaine. L'ermite est considéré avec méfiance : c'est une excellente proie pour le Malin ! D'où la préférence pour une vie en communauté, que ce soit dans l'Église ou au sein du monastère. D'où aussi le conseil de partager scrupuleusement son temps entre des tâches intellectuelles et manuelles, celles-ci venant limiter les pièges de celles-là. C'est là tout l'esprit de la règle de saint Benoît (mort en 547) qui va imposer sa marque au monachisme médiéval : « L'oisiveté est ennemie de l'âme. Les frères doivent donc à certains moments s'occuper au travail des mains, et à d'autres heures fixes s'appliquer à la lecture des choses de Dieu. C'est pourquoi nous croyons devoir régler comme il suit ce double partage de la journée. [Suit la description de la succession des tâches dans la journée.] Car c'est alors qu'ils sont véritablement moines, s'ils vivent du travail de leurs mains, comme nos pères et les apôtres » (*Règle de saint Benoît*, chapitre 48, *in Règles des moines*, Seuil, 1982).

Cette réhabilitation du travail par les bénédictins (d'où l'expression) ne vise pas seulement à distraire les moines des tentations subtiles de la philosophie ou à éviter les dangers d'une réflexion trop solitaire ; elle repose aussi sur l'image d'un Dieu créateur, qui Lui-même a « travaillé » pour créer le monde et s'est « reposé » le septième jour, une fois Son œuvre accomplie. Ainsi le labeur humain, s'il est pour une part le signe du péché originel (l'homme, dit la Bible, doit travailler pour « gagner son pain à la sueur de son front » et la femme en « enfantant dans la douleur »), représente pour une autre part la condition du salut. Ce que rappelle le *Catéchisme de l'Église catholique* : « Le travail humain procède immédiatement des personnes créées à l'image de Dieu, et appelées à prolonger, les unes avec et pour les autres, l'œuvre de la création en dominant la terre. Le travail est donc un devoir : "si quelqu'un ne veut pas travailler, qu'il ne mange pas non plus" (2 Th 3, 10). Le travail honore les dons du Créateur et les talents reçus. Il peut aussi être rédempteur » (Pocket, 1998, articles 2427-2428).

Cette fonction rédemptrice du travail va peu à peu se « laïciser » et se généraliser à l'âge moderne. La Réforme protestante représente une étape capitale de ce processus. En effet, alors que le catholicisme traditionnel assurait à l'individu un cheminement vers Dieu (et vers le salut) scandé par toute une série de médiations bien identifiées : la hiérarchie de l'Église, les dogmes, les sacrements, la charité..., le geste luthérien vient mettre en doute ces bornes rassurantes. Pour Luther, entre Dieu et l'homme, il n'y a plus qu'un livre – la Bible, qu'il s'efforce de rendre accessible à tous en la traduisant en langue vulgaire – et la foi. D'où la grande question : comment vivre en sachant que le salut n'est pas assuré, et surtout qu'il ne dépend en rien de nos actions (de nos « œuvres ») mais de la « foi seule » (*sola fides*) ? Loin de produire l'incitation à une paresse coupable (à quoi bon se fatiguer puisque notre salut dépend si peu de nous ?), cette rupture protestante va promouvoir un investissement dans les activités terrestres. C'est ce que montre fort bien Max Weber dans son analyse célèbre *L'Éthique protestante et l'Esprit du capitalisme* (1920)[6]. Pour le protestantisme, écrit Weber : « L'unique moyen de vivre d'une manière agréable à Dieu n'est pas de dépasser la morale de la vie séculière par l'ascèse monastique, mais exclusivement d'accomplir dans le monde les devoirs correspondant à la place que l'existence assigne à l'individu dans la société, devoirs qui deviennent ainsi sa "vocation" [*Beruf*] » (p. 90-91). Bref, il faut travailler, et de préférence durement, tout en cultivant la vertu ascétique, mais tout cela « hors des cloîtres ». C'est ainsi que l'on peut et doit attendre le plus sereinement son salut, chacun à sa place, chacun dans son métier quel qu'il soit, car tous ont une égale dignité au regard de la « vocation ». Pour Weber, la seule valorisation par Luther du labeur terrestre ne suffit pas encore à expliquer le déploiement du capitalisme. Il faut aussi comprendre les origines de la valorisation de la réussite et de la richesse. Elle se trouve selon lui dans la doctrine de la prédestination de Calvin, qui ajoute l'idée que la réussite professionnelle et le succès dans les affaires peuvent constituer – ainsi que la parabole des Talents (Matthieu 25, 14-30) autorise à le penser – un indice, et peut-être même une confirmation de la grâce divine : « Ici, écrit Weber, le *summum bonum* [le souverain bien] peut s'exprimer ainsi : gagner de l'argent, toujours plus d'argent, tout en se gardant strictement des jouissances spontanées de la vie » (p. 49-50).

Même si elle a été débattue et critiquée, l'analyse de Weber reste précieuse pour comprendre comment, à l'âge moderne, le travail est devenu une « valeur », c'est-à-dire ce qui fait qu'une vie « vaut » la peine d'être vécue[7]. Et toute la nouveauté des temps modernes tient à ce que le sens du labeur cesse peu à peu d'être indexé à une transcendance divine, pour se justifier à l'aune de la seule humanité. On parvient ainsi à cette idée que le travail est ce qui permet à l'humanité de progresser, d'améliorer sa condition, d'envisager son propre salut. Le travail devient le propre de l'homme, c'est-à-dire ce qui le définit et le fait devenir lui-même.

C'est cette idée que John Locke inaugure dans son *Second traité du gouvernement civil* (1690)[8], lorsqu'il s'interroge sur l'origine de la propriété : « Un homme qui se nourrit de glands qu'il ramasse sous un chêne, ou de pommes qu'il cueille sur des arbres, dans un bois, se les approprie certainement par-là. On ne saurait contester que ce dont il se nourrit, en cette occasion, ne lui appartienne légitimement. Je demande donc : *Quand est-ce que ces choses qu'il mange commencent à lui appartenir en propre ?* Lorsqu'il les digère, ou lorsqu'il les mange, ou lorsqu'il les cuit, ou lorsqu'il les porte chez lui, ou lorsqu'il les cueille ? Il est visible qu'il n'y a rien qui puisse les rendre siennes que le soin et la peine qu'il prend de les cueillir et de les amasser. Son travail distingue et sépare alors ces fruits des autres biens qui sont communs ; il y ajoute quelque chose de plus que la *nature,* la mère commune de tous, n'y a mis ; et, par ce moyen, ils deviennent son bien particulier » (§ 28, trad. citée, p. 163-164) ; d'où cette conclusion : « C'est bien le travail qui donne à toute chose sa valeur propre » (§ 40, p. 173). Et c'est bien le travail qui justifie la propriété, à condition, ajoute Locke, qu'il est en reste assez, en quantité et en qualité, pour la subsistance de tous les autres habitants de la terre (§ 27).

Mais Locke va plus loin : non seulement le travail donne sa valeur à toute chose, mais il désigne le propre de l'humain, à savoir cette capacité « naturelle » que possède cette créature de s'écarter de la nature et de la modifier selon son dessein. C'est là un thème que reprendront de nombreux philosophes contemporains après Locke, notamment Hegel, qui le déploie dans le passage célèbre de *Phénoménologie de l'esprit* (1807) sur la « dialectique du maître et de l'esclave ». Hegel y analyse la relation entre un maître et son esclave. Au départ, la hiérarchie dominant/soumis semble stable et bien établie, mais, au fil de la relation, on comprend qu'une dynamique s'enclenche. D'un côté, le maître, confronté à sa propre inertie, enfermé dans sa paresse, va se déshumaniser ; tandis que l'esclave, forcé de travailler pour autrui, va s'animer et finalement devenir plus libre et humain que celui qu'il est censé servir. La thèse est claire : c'est par le travail que l'homme peut espérer dépasser ses penchants et sa « nature immédiate » ; et cet effort, loin de lui être préjudiciable, est la condition pour qu'il devienne lui-même. L'arrachement à soi est le seul moyen d'accéder à une authenticité supérieure ; de même que, bien souvent, ce sont les séjours à l'étranger qui permettent de comprendre vraiment sa culture d'origine.

C'est donc bien cette mise à distance de la nature qui caractérise le travail humain. Marx le formulera dans un passage fameux du *Capital* (1867, I, 3e section, chapitre 7) : « Une araignée fait des opérations qui ressemblent à celles du tisserand, et l'abeille confond par la structure de ses cellules de cire l'habileté de plus d'un architecte. Mais ce qui distingue dès l'abord le plus mauvais architecte de l'abeille la plus experte, c'est qu'il a construit la cellule dans sa tête avant de la construire dans la ruche. Le résultat auquel le travail aboutit préexiste idéalement dans l'imagination du travailleur. Ce n'est pas qu'il opère seulement un changement de forme dans les matières naturelles : il y réalise du même coup son propre but dont il a conscience, qui détermine comme loi son mode d'action, et auquel il doit subordonner sa volonté. » La thèse est puissante : elle consiste à montrer que le travail est le mode propre d'être-au-monde de l'homme. Encore faut-il percevoir que cette manière humaine d'être au monde par le travail peut présenter plusieurs formes historiques différentes.

Le travail qui libère ; le travail qui aliène

Pour s'en convaincre, il suffit de se souvenir que sur la porte d'entrée du camp d'Auschwitz figurait cette formule : « *Arbeit macht frei* », « le travail rend libre ». Atroce ironie pour un lieu entièrement voué à l'enfermement, à l'extermination et à la réification des personnes ! Mais elle montre toute l'ambivalence du travail, qui apparaît pour l'homme à la fois comme le principe de son humanisation et la cause possible de sa déshumanisation.

C'est le danger de cette dérive qui a suscité les deux plus grandes critiques contemporaines du travail : celle de Marx et celle de Heidegger. Pour le premier, loin de libérer, le travail (sous certaines conditions) aliène et opprime ; pour le second, loin de conférer du sens, le labeur voue la vie humaine au non-sens absolu.

Le type de travail sur lequel Marx concentre sa critique est le salariat, qui accompagne l'installation historique du capitalisme. Dans le monde industriel moderne, le travail cesse, selon lui, de correspondre à son concept essentiel. Son but devient le salaire, qui permettra au travailleur de se procurer les marchandises requises pour sa survie physique. De fin, le travail devient ainsi simple moyen. C'est la rémunération et la reproduction des forces de survie qui devient le but et non plus l'activité elle-même : « On aboutit donc à ce résultat, écrit Marx, que l'homme (le travailleur) ne se sent agir librement que dans ses fonctions animales : se nourrir, boire, se reproduire, ou encore, au plus, dans son habitation, dans la façon de s'habiller, etc. Au contraire, dans ses fonctions purement humaines, il se sent animal. Ce qui est animal devient humain, ce qui est humain devient animal » (*Manuscrits de 1844*, Flammarion « GF », 1996). Et c'est cet abaissement de l'homme par le travail salarié qui rend possible le système d'oppression capitaliste dans lequel le travailleur se trouve réduit au rang de simple machine, voire de marchandise.

Cette critique du salariat, inspirée du spectacle effroyable de la condition ouvrière de cette époque, doit toutefois être nuancée ainsi que Marx le suggère lui-même dans d'autres textes. Le salariat, s'il rend possible l'« aliénation », a aussi permis à l'individu de sortir du carcan de la vie communautaire d'Ancien Régime. En effet, avant la révolution industrielle, le travail était encadré par les corporations et des codes ancestraux qui ne permettaient pas à l'individu de choisir son destin en dehors de la collectivité. Le salariat, qui permet de vendre sa force de travail où que ce soit, fait éclater cet ordre traditionnel. L'individu – et notamment la femme – peut trouver ici l'occasion de s'émanciper du contrôle familial tout en courant le risque, aussi, de se couper de toute espèce de solidarité.

Comme celle de Marx, la critique heideggérienne du travail contemporain renoue avec des thèmes antiques. Elle se déploie néanmoins dans un contexte plus vaste, que Heidegger nomme « la technique[9] ». Ce terme ne désigne pas seulement l'ensemble des innovations technologiques, mais une vision du monde qui s'est imposée à l'époque moderne. Cette vision consiste à oublier les fins pour ne regarder que les moyens. Aux yeux de Heidegger, c'est toute notre époque qui est désormais dominée par cet oubli. Ainsi la guerre de 1914-1918 a-t-elle été le théâtre d'un déchaînement de forces et d'innovations technologiques sans précédent, entraînant le massacre mutuel de populations européennes réputées civilisées : mais pour quoi ? Jamais les buts de guerre ne furent clarifiés. Ainsi les États sont-ils devenus des machines bureaucratiques d'une incroyable complexité sans que, pour autant, la condition des individus s'en trouve améliorée. Ainsi la ville est-elle devenue immense, tentaculaire, imposant à l'homme, noyé dans la masse, un nouveau mode de vie totalement artificiel, solitaire et anonyme. Ainsi le travail est-il devenu plus exigeant, plus dur, plus divisé, éloignant toujours plus l'individu de la contemplation satisfaite de son fruit. L'impératif d'augmenter le chiffre, la production, le rendement est devenu tellement catégorique qu'on a cessé de s'interroger sur le « à quoi bon ? ». Bref, le monde contemporain apparaît comme une spirale infernale où tout converge pour exiger du « plus », du « neuf », sans que les résultats de cette frénésie aveugle soient jamais questionnés. Heidegger fut loin d'être le seul de son temps à dresser un tel diagnostic, mais il en proposait une généalogie philosophique à la fois ample, originale et profonde.

Il n'en reste pas moins qu'on peut s'interroger sur le caractère univoque de sa lecture. Si, à n'en pas douter, elle révèle de manière particulièrement frappante certains traits du temps présent – le culte de la croissance, l'adoration de l'innovation, la frénésie consumériste –, elle laisse, comme celle de Marx d'ailleurs, un certain nombre de traits plus positifs de côté. L'amélioration de la condition salariale, grâce au droit et à la technologie ; l'éradication progressive dans les sociétés occidentales de la misère (ce qui ne veut pas dire de la pauvreté) grâce à l'État-providence ; l'ouverture de l'éducation à l'ensemble des classes de la société : tous ces éléments invitent à nuancer le sombre diagnostic sans pour autant en nier la puissance explicative.

Métamorphoses du travail à l'âge hypermoderne

On pourrait donc se dire, à l'issue de cette rapide histoire de l'idée de travail, que nous n'avons guère avancé. Celui-ci est bien, aujourd'hui comme hier, une réalité ambivalente, comportant une face lumineuse par laquelle l'homme peut espérer à la fois se libérer et s'humaniser ; et une face obscure à travers laquelle il risque à tout instant de se déshumaniser et de s'aliéner. D'où cette ultime question : pouvons-nous nous passer du travail ? Pourrions-nous envisager une vie sans travail ?

C'est ce que se demandait Paul Lafargue, le gendre de Marx, dans un texte au titre explicite : *Le Droit à la paresse*. « Il faut, écrivait-il, que le prolétariat [...] retourne à ses instincts naturels, qu'il proclame les *Droits de la paresse*, mille et mille fois plus nobles et plus sacrés que les phtisiques *Droits de l'homme*, concoctés par les avocats métaphysiciens de la révolution bourgeoise, qu'il se contraigne à ne travailler que trois heures par jour, à fainéanter et bombancer le reste de la journée et de la nuit. [...] le travail ne deviendra un condiment de plaisir de la paresse, une passion utile à l'organisme social que lorsqu'il sera sagement réglementé et limité à un maximum de trois heures par jour [...]. Si, déracinant de son cœur le vice qui la domine et avilit sa nature, la classe ouvrière se levait dans sa force terrible, non pour réclamer "le Droit au travail" qui n'est que le droit à la misère, mais pour forger une loi d'airain, défendant à tout homme de travailler plus de trois heures par jour, la Terre, la vieille Terre, frémissant d'allégresse, sentirait bondir en elle un nouvel univers[10]. » Lafargue apparaît ici animé à la fois par la nostalgie d'un âge d'or, celui d'une vie primitive et naturelle de loisirs, et par la perspective radieuse d'une fin du travail, rendue possible par les progrès technologiques.

Ce type de thèse a retrouvé aujourd'hui toute son actualité, nourrie à la fois par les appels à la « décroissance » qu'imposeraient les contraintes liées à l'environnement (thématique que Marx n'aborde jamais), le constat d'une raréfaction de l'offre de travail du fait des progrès technologiques et une forme de désinvestissement des individus contemporains désireux de trouver, hors du travail, dans la sphère privée, le lieu de leur épanouissement. Ce scénario a été défendu avec autant de brio que de provocation par l'économiste américain Jeremy Rifkin dans son ouvrage *La Fin du travail* (La Découverte, 1996).

Malgré toute sa séduction, il semble peu plausible, car il suffit de regarder autour de soi pour percevoir que la recherche ou la perte d'un travail signifie bien davantage que celles d'un simple « gagne-pain ». Les individus y cherchent une identité, une reconnaissance et le socle indispensable de l'« estime de soi ». D'où la difficulté d'en choisir un « qui nous corresponde » et le drame personnel d'en être brutalement privé. Tout cela ne plaide guère pour une disparition, même si, à l'évidence, ce n'est plus le « salut » qui s'y joue. Et de ce point de vue, il faut admettre que le désenchantement (au sens de la laïcisation) du travail a fini de s'accomplir dans la seconde modernité. Nous sommes aujourd'hui bien éloignés de l'entreprise industrielle paternaliste qui prenait en charge la totalité de l'existence du berceau à la tombe, famille comprise. Au contraire, le travail hypermoderne s'attache à combiner la motivation, l'épanouissement, la rémunération et le temps laissé à d'autres activités perçues comme davantage porteuses de sens. L'idée même de sacrifier sa vie privée pour son travail paraît désormais suspecte, voire pathologique.

Il faut aussi noter qu'à la faveur du développement de l'économie de service et des nouvelles technologies, les frontières du travail sont devenues plus floues. Si le travailleur est de moins en moins présent au bureau, le travail s'invite (ou plutôt s'impose) de plus en plus dans le temps dit « libre ». Et si une apparence de liberté est souvent laissée, les exigences d'autonomie, de réactivité, de prise de risque, de performance... des salariés se sont considérablement accrues. De même la claire tripartition qui caractérisait l'existence laborieuse de la première modernité distinguant formation, activité et retraite tend de plus en plus à se complexifier. Car, dans un monde où savoirs et compétences ne cessent de se renouveler, la formation se fait « continue » et « tout au long de la vie ». Par ailleurs, entre jobs, stages, emplois précaires, emplois stables, activités bénévoles, services à la personne, les modalités du travail tendent à se diversifier considérablement. C'est donc plutôt à une reconfiguration qu'à une fin du travail qu'il faut être attentif de nos jours en pariant sur le fait que l'hésitation entre le « travail maudit », qui aliène, et le « travail béni », qui libère, n'est pas près de disparaître. Simplement le critère a cessé d'être transcendant et évident : nous devons le chercher en nous, ce qui est une exigence supplémentaire qui pèse sur nos petites personnes. Notre labeur quotidien nous fait-il grandir ou régresser ?

Élargit-il notre horizon ou le rétrécit-il ? Ce sont là les deux questions clés. D'un côté, la vie professionnelle continue envers et contre tout d'être considérée comme un des éléments essentiels de la vie d'adulte : l'entrée dans le travail en marque d'ailleurs un seuil décisif. D'un autre côté, ce labeur doit être, comme on dit aujourd'hui, « épanouissant », en ce qu'il nous permet d'élargir notre rapport au monde, aux autres et à nous-mêmes. C'est sans doute là beaucoup exiger de ce qui n'est d'abord qu'un gagne-pain, mais comment faire autrement quand les perspectives de salut se sont restreintes ? C'est probablement la raison pour laquelle les Français, interrogés par sondage, se déclarent à peu près dans la même proportion (70 %) à la fois « heureux au travail » et « impatients de la retraite » !

CHAPITRE 9

Vieillir : pour ou contre ?

653,66 ans : telle est l'espérance de vie moyenne quand on est un des quinze premiers patriarches de la Bible. Mathusalem, avec ses 969 ans, détient le record et le minimum revient à Péleg, fils de Eber (430 ans), qui atteint péniblement les 239 ans. Après lui, les choses vont se gâter… jusqu'à ce que, tout récemment, le processus du développement durable de la personne soit relancé. Tout cela, bien sûr, est mythique, mais suffit à indiquer que la longévité comme question (si ce n'est comme fait) est loin d'être récente. C'est peut-être même une des plus anciennes questions que l'humanité se soit posée : pourquoi vieillir ? Et pourquoi ne pas vieillir plus longtemps ?

Aujourd'hui, elle semble renaître, à la recherche d'un nouveau grand récit, sous une forme qui pourrait sembler aussi insolente que paradoxale : vieillir, pour quoi faire ? Et, surtout, à quoi bon ? Car si désormais on vieillit de mieux en mieux – c'est la bonne nouvelle –, on sait de moins en moins pourquoi – et c'est tout le problème. D'un côté, la vieillesse est plus sûre, plus durable, plus confortable que jamais, grâce à l'augmentation de l'espérance de vie (même sans incapacité) et aux progrès de la médecine ; mais d'un autre côté, le temps social semble aller au rebours de cet âge de la vie : les changements permanents, le culte du nouveau, les impératifs de l'urgence… tout cela semble vouer la lente et terne vieillesse au rebut. Alors oui, la question se pose : vieillir pour quoi faire, si l'on ne peut plus rien faire ? Vieillir à quoi bon, si l'on n'est plus bon à rien ? Autrefois, dans les sociétés traditionnelles, parce que le passé était la valeur suprême, la vieillesse était un accomplissement, le signe d'une vie réussie. À l'ère de la performance, de l'urgence et de l'innovation frénétique, comment serait-elle autre chose qu'un « naufrage » ? D'où la tentation de la retarder ; d'où la tentative d'en cacher les effets ; d'où l'espoir d'en taire jusqu'à l'existence. Mais peut-on vraiment « oublier la vieillesse » ?

C'est là où l'on rencontre un second paradoxe : notre époque, qui est réputée détester la vieillesse, déploie pour la penser, pour la consoler, pour la faire durer une énergie et une inventivité sans précédent. On regarde souvent avec nostalgie les sociétés traditionnelles qui, dit-on, adoraient les vieux, mais on oublie aussi un peu vite un détail troublant : la sanctification du *grand âge* se faisait souvent au détriment de la *personne* âgée. Voici, pour s'en convaincre, le récit que fait l'ethnologue Pierre Clastres du traitement réservé aux vieux chez les Indiens guayaki du Paraguay. La scène se déroule lors d'un retour de chasse : « Kybwyragi [le chef de la tribu], fort occupé à scruter de toutes parts le terrain, ne s'inquiétait pas de ce qui se passait à l'arrière. Sa mère était une *waimi* (vieille), certes, mais il l'avait toujours vue marcher sans difficulté. Peut-être cela ne durerait-il plus très longtemps ; quelqu'un alors dirait : *wata kwa ia*, elle ne peut plus marcher. Chacun comprendrait ce que cela signifiait. […] Il n'ignorait pas que, tôt ou tard, il faudrait la tuer : dès qu'elle ne pourrait plus marcher. Un jeune homme, désigné par le reste des Aché [autre nom des Guayaki], s'approcherait d'elle par-derrière et lui briserait le crâne d'un coup de hache de pierre. Après quoi, conformément aux enseignements des ancêtres, on procéderait aux funérailles[1]. » Mais il devait en aller autrement pour la mère du chef de la tribu. S'étant laissé distancer par le groupe, elle fut attaquée et dévorée par un jaguar. Ce fut, conclut Clastres, un grand soulagement pour l'ensemble de la tribu, car le rôle de tueur des-vieux-qui-ne-peuvent-plus-marcher n'était, on s'en doute, guère apprécié ! Lorsque le vieux a cessé d'incarner la vieillesse idéale pour devenir un poids, son destin est scellé.

On pourrait dire que nos sociétés ont des pratiques similaires quoique détournées, plus douces, voire plus « hypocrites », mais ce serait, je crois, se tromper lourdement. Car la vieillesse détestée, abhorrée, honnie n'en fait pas moins l'objet d'un investissement social sans équivalent dans l'histoire : investissement financier avec les retraites, investissement scientifique avec les recherches pour une augmentation de l'espérance de vie sans handicap, investissement associatif pour pallier la désolation des vieillards, investissement intellectuel avec la multiplication de colloques sur le sujet. Ainsi, lorsque le génial Dino Buzzati tente de transposer dans une fameuse nouvelle, « Chasseurs de vieux[2] », le projet de mise à mort des vieux par des jeunes impatients de prendre leur place, son récit se heurte à la difficulté quasi logique de l'entreprise : car les jeunes sont des vieux en puissance. C'est ainsi que le héros de la nouvelle, Regora, réputé pour être le plus fameux chasseur de vieux de cette époque fictive, l'apprend à ses dépens. Après une chasse particulièrement éprouvante, il se regarde dans le reflet d'une vitrine et se voit les cheveux blancs d'un quinquagénaire, « les yeux et les joues flasques, les paupières flétries, un cou comme celui des pélicans », un sourire ébréché. Au même moment derrière lui retentit un coup de sifflet strident. Son tour était venu : le chasseur devenait chassé.

Bref, notre vieillesse contemporaine est doublement paradoxale : d'un côté, plus durable, elle semble dénuée de sens ; d'un autre, l'âge est abhorré, mais la personne (même âgée) est valorisée comme jamais. Comment comprendre ces deux étrangetés de notre monde hypermoderne ?

La querelle de la vieillesse

Prenons un peu de recul. Après tout, cela fait bien longtemps que l'on discourt doctement des avantages et des inconvénients de l'âge quand il devient grand. C'est même là l'objet d'une des toutes premières querelles de la philosophie occidentale. Elle débute avec ce vers du grand sage athénien, Solon, écrit au début du ve siècle avant J.-C. : « Je deviens vieux en continuant d'apprendre. » Il entendait par là répondre à un des plus célèbres poètes élégiaques du moment, Mimnerme de Colophon, qui avait repris, dans une de ses odes, l'histoire de la déesse Aurore. Aurore était une magnifique déesse, quoique secondaire dans la hiérarchie des dieux. Elle rencontre un beau jour un jeune et beau mortel, Tithon, dont elle tombe éperdument amoureuse. Voyant bien l'inconvénient d'une telle union, elle demande à Zeus d'accorder l'immortalité à son bien-aimé. Zeus accomplit son vœu, mais Aurore réalise, horrifiée, qu'elle a oublié de lui demander un complément indispensable : l'éternelle jeunesse. De sorte qu'assez vite (à l'échelle de l'immortalité divine), Tithon se décrépit et se dessèche au point de finir sa carrière comme aromate pour la cuisine. Ainsi, écrit Mimnerme, à Tithon « Zeus fit don d'un mal éternel : la vieillesse, plus glaciale que la mort ». Car, ajoute-t-il, « elle est fugitive comme un songe, la précieuse jeunesse ; et la pénible, l'informe vieillesse est, sans tarder, suspendue sur notre tête ; elle est odieuse et méprisable à la fois, elle qui rend l'homme méconnaissable, qui trouble les yeux et voile l'esprit. Puissé-je, sans maladies et sans pénibles soucis, rencontrer, à 60 ans, le lot de la mort[3] ».

C'est en réponse à ce poème que Solon entreprend une défense de la vieillesse. Non seulement, rétorque-t-il, une vie de 80 ans ne lui fait pas peur, mais il peut espérer, même en mourant à cet âge, qu'on le regrettera et qu'on le pleurera, preuve qu'il n'aura pas atteint alors le fond de la décrépitude. Il propose donc à Mimnerme de modifier son poème : « Je deviens vieux en apprenant toujours. »

Non seulement la vieillesse n'est pas qu'un déclin, puisqu'on pleure les vieux morts, mais elle est aussi un progrès, puisqu'on ne cesse jamais d'apprendre à vivre.

La querelle était lancée. Platon, Aristote, Plutarque, Épicure, Cicéron, Montaigne, Rousseau et bien d'autres s'en feront l'écho. On en suit la trace jusqu'à nos jours. *Grosso modo*, et comme il se doit, deux camps s'opposent : les pour et les contre.

Contre

Les « antivieillesse » se focalisent sur le processus d'usure du vivant qui diminue les performances physiques et intellectuelles en le rapprochant de la mort. Il y aurait un point culminant de la vie à partir duquel les forces vitales commencent à se dégrader et à diminuer : 35 ans pour le corps et 49 ans pour l'esprit, affirme Aristote. Au-delà de ces limites, « votre ticket n'est plus valable », pourrait-on dire, en reprenant le titre de Romain Gary. Certes, notent les procureurs, il nous arrive d'admirer de sages, d'énergiques, voire de beaux vieillards. Ce que nous admirons en eux, ce n'est pas la vieillesse, mais la sagesse, l'énergie ou la beauté qu'ils conservent *en dépit de leur grand âge*. La vieillesse, elle, n'est jamais admirable.

Pour

La vieillesse n'est pas un déclin, objecte la défense, elle est une libération des passions qui permet, enfin, la sagesse. Parmi les éloges de la vieillesse, celui de Cicéron est resté le plus célèbre[4]. La vieillesse, dit-il, n'est détestable que lorsqu'elle est le terme d'une vie dénuée de vertu et de raison. Ce n'est donc pas la vieillesse que l'on abhorre, mais la vie déréglée. Si, en revanche, l'existence est bien conduite, la vieillesse devient une récompense. La perte d'énergie est largement compensée par la lucidité et l'expérience. Nulle aspiration futile ou fugace ne vient plus nous détourner de l'essentiel : alors, la vieillesse « fait plus et mieux ». Comme le dira Sénèque (*Lettres à Lucilius*, 26) : « La vieillesse a pour jouissance de n'en désirer aucune. Qu'il est doux d'avoir lassé les passions, de les avoir laissées en route. » Bref, de même que la vieillesse favorise la sagesse (en libérant l'esprit), la sagesse favorise la vieillesse (en contrecarrant le déclin grâce à l'activité de l'esprit). Plotin utilisait une image puissante pour exprimer cette idée : le sage, disait-il (*Ennéades*, I, 6, 9), est celui qui parvient à sculpter sa propre statue. Or, pour les Grecs, la sculpture est un art qui enlève (contrairement à la peinture qui ajoute) et surtout qui fait apparaître la forme déjà présente dans le bloc de marbre en ôtant la matière superflue. C'est en ce sens que la vieillesse favorise la sagesse comme une sorte d'épuration laissant apparaître la quintessence spirituelle de la personne. Le grand âge et la sagesse pouvaient paraître ainsi à nouveau réunis, ce qui n'allait plus de soi, depuis au moins le livre de Job (30,1 *sq*).

À nouveau, contre

Faux, rétorque Nietzsche : la philosophie n'est qu'une cosmétique de plus pour une vieillesse qui se ment à elle-même et refuse de voir sa déchéance. Toute la philosophie n'aurait-elle été inventée que pour consoler le vieillard ? Pour le convaincre que son impuissance était mérite, que son naufrage était port, que son manque d'appétit était ascèse, que sa fatigue était sérénité, que son égoïsme était recueillement ? Derrière la prétendue sagesse du vieux philosophe, proclame Nietzsche, rien d'autre qu'une immense lassitude. Pour le penseur lucide, qui n'est pas dupe de « la piété que nous témoignons au vieillard » et des masques qu'il se donne, la vieillesse n'est rien d'autre que l'extinction progressive et tragique de la vie : quand les forces cessent de résister à la mort. « Je méprise de tout mon cœur cette sorte de sagesse à laquelle on ne parvient que par refroidissement ou lassitude », écrira Gide dans cet esprit[5].

Pour, derechef

Mais pourquoi renoncer à cette consolation ? Après tout, on peut être lucide sur son déclin tout en s'efforçant de le vivre le mieux possible. Tant que la vie résiste à la mort, l'existence peut avoir un projet et un sens. Sans doute ne faut-il plus espérer, passé un certain âge, pouvoir changer du tout au tout ou devenir autre que l'on est, mais on peut se réconcilier un peu avec soi, avec les autres et avec le monde. C'est ce qu'écrivit Rousseau, quelques mois avant sa mort, quand il répondit à son tour au vers de Solon : « Je n'ai pas, comme Solon, le bonheur de pouvoir m'instruire chaque jour en vieillissant, et je dois même me garantir du dangereux orgueil de vouloir apprendre ce que je suis désormais hors d'état de bien savoir ; mais s'il me reste peu d'acquisition à espérer du côté des Lumières utiles, il m'en reste de bien importantes à faire du côté des vertus nécessaires à mon état [...]. C'est à cette unique et utile étude que je consacre le reste de ma vieillesse. Heureux si par mes progrès sur moi-même, j'apprends à sortir de la vie, non meilleur, car cela n'est pas possible, mais plus vertueux que je n'y suis entré[6]. »

Impossible, sans doute, de dépasser ce conflit, qui se rejoue depuis que la philosophie existe. Chaque partie prétendra être la plus lucide, et à un Rousseau en quête de sérénité, un Aristote ou un Nietzsche pourront rétorquer qu'une idée utile ne fait pas une idée vraie. Ce qu'on peut en revanche affirmer, c'est que nous avons dans ces quatre arguments les quatre attitudes possibles de l'être humain quand il réfléchit à son vieillissement. Et il est très probable que nous adopterons ces quatre registres selon que l'âge nous apparaîtra comme une perte ou comme un gain, comme un déclin sans intérêt ou comme une expérience nouvelle à explorer. La vérité de la vieillesse n'est donc pas dans l'une de ces positions, mais dans les quatre ensemble, en dépit de leur contradiction. Cela n'empêche en rien de vieillir, mais nous permet au moins de comprendre comment.

Par où l'on voit que la révolution de la longévité ne change d'un point de vue existentiel pas grand-chose à la donne : même si elle arrive plus tard, même si elle est plus confortable qu'auparavant, la vieillesse arrive pourtant et il faut bien qu'elle se passe. Est-ce à dire qu'il n'y a rien de nouveau sous le soleil de l'âge ? Certainement pas.

Les défis philosophiques de la longévité

Si la question philosophique de la vieillesse demeure identique, le contexte dans lequel elle se pose a considérablement varié. Pour le dire d'une formule, la vieillesse d'aujourd'hui s'inscrit dans un brouillage général des âges et se caractérise à la fois par l'indétermination de son commencement et la pluralité de ses visages.

Longévité et brouillage des âges

Plus longue, l'existence est aussi moins scandée que jadis. Les étapes qui en rythmaient le cours sont devenues plus confuses. Les enfants sortent de l'enfance de plus en plus tôt tandis que les jeunes entrent dans l'âge adulte de plus en plus tard… certains disent même : jamais ! Les adultes désirent ne pas vieillir tandis que les vieux entendent rester jeunes. Personne ne veut plus faire son âge, alors qu'autrefois c'était l'âge qui nous faisait. Il était comme un uniforme qu'on endossait lorsque la collectivité en avait décidé ainsi. C'était l'époque pas si lointaine des rites de passage où l'identité basculait du jour au lendemain dans des fonctions et des rôles prédéfinis. Je me souviens ainsi d'un ami de mon grand-père qui, arrivé à la retraite, s'était acheté une canne et une pipe. Il marchait très bien et n'avait jamais fumé, mais il estimait de son devoir de prendre l'uniforme du « retraité » et le rôle qui allait avec. Allez aujourd'hui offrir ces cadeaux de départ à un néoretraité et vous ressentirez clairement le changement d'époque ! Plus de rôles prédéfinis ; des « uniformes » (des « looks ») moins clairement distincts ; la liberté (ou, du moins, l'illusion de liberté) de pouvoir, à chaque âge, faire ou ne pas faire son âge : voilà la situation nouvelle de la vieillesse d'aujourd'hui. À vrai dire, l'allongement de la vie y est sans doute moins en cause que l'individualisation et la désinstitutionnalisation des existences, car les parcours de vie ont cessé d'être de courts fleuves tranquilles pour devenir de longs torrents tumultueux.

Cette indétermination des bornes de l'existence pose en tout cas la redoutable question de l'usage de la longévité : qu'allons-nous faire de ce temps gagné sur la mort ? Travailler, étudier, se reposer ? Prolonger la jeunesse, savourer la vieillesse, élargir la maturité, retourner en enfance ou en adolescence ? « L'instant de la mort a beau être éloigné de celui de la naissance, la vie est toujours trop courte quand cet espace est mal rempli[7]. »

À quel âge devient-on vieux ?

Conséquence de ce brouillage : l'incertitude qui pèse sur le début de la vieillesse tandis que son terme, quoique plus tardif, reste toujours parfaitement clair. À quel âge est-on vieux ? Les Français, interrogés par sondage, s'accordent sur 75 ans environ[8], mais ajoutent aussitôt – ce qu'ignorent les sondages – que ce n'est pas une question d'âge ; que les artères comptent moins que le cœur ; et que peu importent les ans pourvu que l'on reste « jeune d'esprit ». L'âge de la vieillesse est donc très relatif de nos jours comme il l'était jadis. Face à un Caton toujours fringant à 80 ans, Montaigne se voyait vieux à 40 (pourtant loin d'être sénile !) et, à l'époque de Balzac, *Une femme de trente ans* avait sa vie derrière elle. Aujourd'hui que les technologies médicales et cosmétiques nous permettent de réparer l'irréparable outrage des ans, le seuil semble être pourtant plus brouillé que jamais. Il se joue davantage dans la trame des existences que dans le calcul du nombre de saisons.

Partons donc d'une autobiographie : le début des *Cool Memories* du philosophe Jean Baudrillard[9]. Il y raconte comment, un matin d'octobre 1980, il eut le sentiment de vivre « le premier jour du reste de sa vie ». Jusqu'ici il avait grandi, progressé, espéré des expériences nouvelles et toujours plus intenses ; et puis un jour il sentit que cela était derrière lui : le grand amour, son meilleur livre, ses enthousiasmes les plus forts. « C'est fait, c'est comme ça… C'est ici que commence le reste de la vie. » C'est là une belle, et peut-être même grandiose, définition de la vieillesse. Car elle respecte son ambivalence profonde. On peut, en effet, se désespérer d'un tel constat comme l'on peut s'en nourrir. De ce choix dépend que la vieillesse soit une tragédie ou une nouvelle aventure. « Le reste est ce qui vous est donné par surcroît, et il y a un charme et une liberté particulière à laisser se dérouler n'importe quoi avec la grâce, ou l'ennui, d'un destin ultérieur. »

Pensons aux sportifs de haut niveau, qui sont vieux très jeunes, puisque « le reste de leur vie » leur arrive de manière précoce, presque en même temps que l'âge adulte. Cela n'empêche pas certains de figurer, une fois retraités, en tête des classements des personnes les plus admirées des Français (en compagnie d'autres « vieux », comme le furent l'abbé Pierre ou sœur Emmanuelle). Pourquoi ? Sans doute parce qu'ils nous montrent que la compétition n'est pas tout et qu'il peut y avoir une vie après la concurrence et la performance. Voilà qui peut rassurer : notre époque ne déteste pas tant la vieillesse que ce qu'elle implique d'étroitesse ou de solitude ; elle apprécie au contraire le recul et la hauteur de vue. Ainsi, arrêter de grandir ne signifie pas forcément décliner et mourir ; on peut aussi élargir sa pensée et approfondir son être. Et il y a tant à faire pour se réconcilier avec le monde, avec les autres et avec soi qu'une vie, même plus durable, y suffit rarement.

Admettons-le, vivre le reste de sa vie est une chose ; vivre la fin de sa vie en est une autre. Si la première vieillesse, celle des retraités, peut s'épanouir dans notre époque « jeuniste », une autre vieillesse risque fort de s'y répandre aussi – celle du très grand âge, de la dépendance et d'Alzheimer. Et chacun d'entre nous voudrait bien profiter de la première en évitant la seconde. Du coup, l'espérance de vie « sans handicap » est devenue le nouveau défi du développement durable de la personne. Ce qui conduit à distinguer de nos jours plusieurs vieillesses dans la vieillesse.

La vieillesse plurielle

La vieillesse était autrefois courte, subie et statutaire ; elle est devenue longue, négociable et indéterminée. Jadis identifiée à un rôle, à un habit, à un ensemble d'attitudes codifiées (l'ancêtre, l'aïeul, le vieillard, la vieille, etc.), la vieillesse s'est aujourd'hui considérablement diversifiée. L'augmentation de l'espérance de vie mais aussi l'individualisation des existences ont entraîné une fragmentation considérable de la dernière phase de l'existence comme d'ailleurs de chacun des autres âges de la vie. À la triade traditionnelle – enfance, maturité, vieillesse – se sont substituées une multiplication et une complexification des étapes de l'existence : prime enfance, préadolescence, adolescence, jeunesse, senior, troisième âge, quatrième âge, etc. La vieillesse n'est pas épargnée par ce phénomène et l'on peut aujourd'hui distinguer en son sein trois étapes ou plutôt trois processus/problématiques différents.

Il y a d'abord l'âge où l'on est « âgé sans être vieux ». Il désigne l'âge de la retraite, mais aussi de la grand-parentalité (54 ans en moyenne aujourd'hui en France). C'est une phase inédite, qui ne marque pas un terme, mais l'amorce d'une nouvelle trajectoire, active et dynamique. Une phrase la résume : « Depuis que je suis à la retraite, je n'ai jamais été aussi occupé. » Bon pied, bon œil, on est bon pour les voyages, la vie associative, la reprise d'études, l'engagement civique, etc. Cette période est vécue comme une nouvelle chance et une forme de rattrapage des projets bloqués par les exigences de l'activité professionnelle. Mais elle peut aussi être douloureusement et difficilement vécue lorsque la profession constituait un vecteur exclusif de l'identité personnelle.

Inventée pour être un « secours » contre l'indigence sénile et un (bref) repos après une (longue) vie de labeur, la retraite est devenue, dans le giron de l'État-providence et en dépit de tous ses problèmes de financement, une sorte de droit à l'épanouissement personnel. Elle renoue ainsi avec le sens originel du terme, ou plutôt avec les deux sens ; car, depuis la fin de l'Antiquité, deux modèles de retraite sont en concurrence.

Il y a, d'un côté, la retraite cicéronienne, défendue et illustrée dans le traité *De la vieillesse,* qui présente un vieillard énergique, débordant d'activités, sage et dynamique à la fois. Car le vieillard, dit Cicéron, s'il possède une bonne nature (et de bons revenus), sait se débarrasser des passions inutiles : il « fait plus et mieux » que le jeune. De l'autre côté, nous avons la retraite augustinienne, qui s'envisage au contraire comme un retrait du monde et de ses vanités. Loin de continuer la vie normale, elle marque l'amorce d'une nouvelle carrière, en laquelle le chrétien doit dépasser l'homme, et dont la finalité exclusive est de travailler à son salut.

Notre idéal contemporain de la retraite représente une sorte de motion de synthèse de ces deux traditions. De Cicéron, nous reprendrions volontiers l'image du retraité actif « plus occupé que lorsqu'il travaillait », mais sans toutefois la conception aristocratique qu'elle véhiculait, celle d'une élite éloignée des soucis de la vie laborieuse. De saint Augustin, nous garderions sans doute l'idéal du retrait d'un univers focalisé sur la productivité, la performance et la consommation, mais sans forcément connecter la quête du salut à la foi chrétienne. Un Cicéron démocrate, doublé d'un Augustin laïc : telle serait la figure rêvée du retraité d'aujourd'hui. Elle conforte l'idée qu'après avoir fini de grandir, le temps est venu de s'élargir… Le corps d'ailleurs fonctionne ainsi. Pourquoi pas l'âme ?

Un second processus commence avec le grand âge. Cette phase démarre peu à peu au moment où les soucis de santé et le poids des ans limitent le dynamisme d'élargissement de la phase précédente.

C'est aussi le moment où la solidarité familiale commence à s'inverser : d'aidantes (finances, quotidiens…), les personnes âgées deviennent de plus en plus aidées, avec le sentiment d'une perte d'utilité et de sens. Le grand danger encouru dans cette phase est le « syndrome du glissement », c'est-à-dire la plus grande difficulté qu'éprouvent les individus, après un accident, une maladie, même bénigne, de « remonter la pente ». C'est aussi une période particulièrement marquée par la solitude : les enfants et les petits-enfants sont pris par leur vie quotidienne tandis que les relations amicales se font de plus en plus rares. Bref, le monde tend à devenir plus étroit et borné dans un contexte où l'individualisme fait des ravages. Chateaubriand notait dans ses *Mémoires d'outre-tombe* que « les vieillards d'autrefois étaient moins malheureux et moins isolés que ceux d'aujourd'hui ». « Si, en demeurant sur la terre, écrivait-il, ils avaient perdu leurs amis, peu de chose du reste avait changé autour d'eux ; étrangers à la jeunesse, ils ne l'étaient pas à la société. Maintenant, un traînard dans le monde a non seulement vu mourir les hommes, mais vu mourir les idées : principes, mœurs, faits, plaisirs, peines, sentiments, rien ne ressemble à ce qu'il a connu. Il est d'une race différente de l'espèce humaine au milieu de laquelle il achève ses jours » (I, VII). La description ne manque pas de vigueur, mais elle n'avait pas envisagé que nos vieillards hypermodernes aient toujours vécu dans l'idéologie du changement et de l'innovation.

L'âge de la perte d'autonomie ou de la dépendance fournit le troisième visage de la vieillesse. Cette période ne concerne pas toutes les personnes, mais le risque d'y accéder augmente avec l'âge. Au cours de cette période, qui est un processus et non un état, le principal défi est de lutter contre la perte du lien. Sans même parler de l'éloignement inexorable causé par la maladie d'Alzheimer, les contraintes de la dépendance limitent les rapports interpersonnels et peuvent (mais ce n'est nullement une fatalité) les appauvrir. La personne âgée dépendante, prise dans la logique des soins médicaux et d'une réduction matérialiste de sa personne, encourt le risque d'être de plus en plus coupée de son histoire et de son identité singulière. La question se pose parfois. Est-on encore adulte à cet âge lorsque semble se détricoter tout ce qui constitue l'idéal de l'individu contemporain : le rapport au monde ou l'expérience, le rapport aux autres ou la responsabilité, le rapport à soi ou l'autonomie[10] ? Et pourtant, il faut s'en convaincre : même diminué, même mutique, même dépendant, le vieux reste existentiellement adulte, en dépit des tutelles ou des curatelles. Car, de même que l'enfant doit être éduqué en pensant à la grande personne qu'il sera demain, même s'il en semble bien éloigné ; de même le vieillard sénile doit être soigné et considéré (*care*) en pensant à la grande personne qu'il fut hier, même si lui-même semble l'avoir oublié. À tout âge, la maturité est présente soit comme horizon, soit comme histoire, mais toujours comme le socle irréfragable de l'humanité. C'est cette idée qui constitue le principe fondateur de l'humanisme démocratique[11].

À quoi bon vieillir ? Pour vivre le « reste de sa vie » qui le mérite d'ailleurs tout autant que le début. Mais aussi parce que ni l'expérience, ni la responsabilité, ni l'authenticité, apanages de l'âge adulte, n'ont de terme ni de fond. L'approfondissement de ces tâches infinies peut occuper une partie de la vieillesse, même longue… et heureusement plus longue. Par où l'on pourrait se convaincre que la véritable sagesse n'est pas tant d'apprendre à mourir (en la matière, le pire des cancres y parviendra sans aucune difficulté), mais plutôt d'apprendre à vieillir. Les sagesses du passé avaient pour cela des discours efficaces et puissants. Notre hypermodernité, en dépit de ses apparences jeunistes, n'est pas aussi dépourvue de ressources qu'on le pense, mais il faudra un gros travail pour les mettre au jour et les expliciter. Deux pistes pour tenter de les formuler.

Spontanément, le « bien vieillir » est associé à la « bonne santé » et au « rester jeune ». D'où les deux traits principaux de l'accompagnement de la vieillesse : l'omniprésence du médical, d'une part, et le déni du vieillissement, de l'autre. D'un côté, on tente de guérir du grand âge comme si c'était une maladie ; de l'autre, on tente de l'oublier, comme s'il n'y avait qu'un seul âge de la vie – la jeunesse – qui vaille d'être vécu. C'est sur ces points-là qu'il nous faut peut-être infléchir notre regard et les modalités de notre accompagnement. Le drame de la vieillesse consiste sans doute moins dans la maladie que dans la solitude ; et ce dont il convient de prendre soin est tout autant le *lien* et *les relations humaines* que le corps. Certes, on dit souvent que l'essentiel est la santé ; mais, on oublie qu'elle n'est jamais une fin en soi. La santé n'est pas le salut et n'est même pas le bonheur. Que vaut la pleine santé sans l'entourage ?

Ensuite, l'idéal de jeunesse éternelle est, en dépit de toutes les promesses transhumanistes, une vaine illusion, car le vrai défi de l'âge n'est pas tant de rester jeune que de rester adulte, c'est-à-dire de conserver les attributs durement conquis de la personne autonome et responsable.

Protéger le lien tout autant que le corps et préserver l'adulte plutôt que la jeunesse : tels seraient, ce me semble, les deux premiers jalons fondateurs d'une sagesse contemporaine de l'âge. C'est, à leur manière, ce que suggéraient et Victor Hugo et François Mauriac. Le premier écrivait : « L'un des privilèges de la vieillesse, c'est d'avoir, outre son âge, tous les âges », par quoi il se posait en digne continuateur de Solon. Et le second ajoutait : « Ce n'est pas parce qu'on a un pied dans la tombe qu'il faut se laisser marcher sur l'autre. »

CHAPITRE 10

Le féminin après le féminisme

Je voudrais d'emblée éviter un malentendu à propos de ce titre : la formule « après le féminisme » ne signifie pas pour moi que le féminisme serait une forme dépassée de revendication, et qu'il conviendrait désormais de passer à autre chose, voire le cas échéant de revenir au *statu quo ante*. Il s'agit même, dans mon esprit, exactement du contraire. Le féminisme – quoi qu'on puisse dire des lenteurs et des résistances de notre société – est passé dans les mœurs. Il est devenu un phénomène historique, social et politique que l'on peut donc désormais penser, évaluer et réfléchir. Parler de « postféminisme » signifie que nous commençons à disposer d'assez de recul pour penser et interpréter cette transformation qui, sans doute, n'a eu que très peu d'équivalents dans l'histoire humaine. Si le terme de révolution n'était pas aussi galvaudé ni malaisé d'usage, il aurait toute sa place pour désigner ce qui s'est passé depuis une centaine d'années, voire une cinquantaine d'années. Durant cette période la condition de la femme a davantage changé en Occident qu'au cours des millénaires antérieurs. Affranchies des servitudes immémoriales liées à la procréation, exerçant toutes les activités professionnelles, les femmes battent en brèche les citadelles masculines. Les deux principaux moteurs de ce changement furent, outre bien sûr le militantisme de quelques grandes figures et l'accompagnement souvent tardif des lois, l'accès des femmes à l'emploi salarié et la montée en puissance de l'État-providence. Le premier a permis aux femmes de se rendre indépendantes des structures familiales traditionnelles ; le second les a rendues moins vulnérables face à des trajectoires de vie qu'elles peuvent désormais concevoir et maîtriser, en individus autonomes, de manière plus assurée. Émancipée par le salariat et protégée par l'État-providence, la femme dispose de la pleine maîtrise de son destin, hors des dispositifs communautaires et familiaux.

Aujourd'hui où en sommes-nous ? À l'évidence, les changements les plus spectaculaires sont derrière nous, ce qui nourrit le sentiment que le processus atteint une sorte de palier. D'un côté, on notera un certain ralentissement, voire, selon certains, un arrêt du mouvement d'égalisation des conditions : c'est le fameux « plafond de verre », sorte de barrière inconsciente, qui serait inhérente à notre société patriarcale, et le frein de l'égalisation des conditions. D'un autre côté, on remarquera la persistance têtue de certaines situations d'inégalités, d'autant plus troublantes qu'elles ne font pas (ou plus) l'objet de revendications particulières de la part de celles qui en seraient les « victimes ». C'est ainsi, par exemple, que la répartition des tâches ménagères, aidantes ou éducatives, dans les familles comme dans la société, demeure très inégale en défaveur de la femme, alors même que celle-ci a une vie professionnelle équivalente à celle de son conjoint[1]. C'est ainsi que les fonctions de la vie politique nationale ou les responsabilités économiques de direction restent assez largement monopolisées par ce qu'on appelait jadis le sexe fort et que, si celui-ci laisse aujourd'hui quelques places à l'ancien « beau sexe faible », il n'en demeure pas moins très majoritairement dominant.

Face à ce palier « postféministe », un débat d'interprétations concurrentes s'est mis en place dont je me contenterai ici de rappeler la logique idéal-typique, car elle est au fond parfaitement prévisible. Comme pour toute analyse d'un phénomène « révolutionnaire », une ligne de front s'établit nettement entre deux positions.

Il y a d'abord ceux qui considèrent que « la révolution n'a pas eu lieu » ou en tout cas pas assez. De même qu'un Saint-Just ou qu'un Lepeletier de Saint-Fargeau espéraient grâce aux réformes éducatives éradiquer des esprits les idées et les mœurs de l'Ancien Régime pour former « une race renouvelée, forte, laborieuse, réglée, disciplinée... qu'une barrière impénétrable aura séparée du contact impur des préjugés de notre espèce vieillie » (séance du 13 juillet 1793), de même faudrait-il aujourd'hui extirper des mentalités les restes d'une oppression millénaire. Tâche d'autant plus difficile que, en dépit des apparences libératrices, ces reliquats sont profondément ancrés et cachés jusque dans les tréfonds des âmes féminines elles-mêmes. Pour certains, c'est la différence des genres en soi qui serait la véritable matrice de l'inégalité immémoriale, raison pour laquelle il conviendrait de la déconstruire (Judith Butler[2]). La véritable révolution, celle des mentalités, serait donc encore devant nous, après que les victimes auront désappris à idolâtrer leurs propres chaînes.

Dans l'autre camp, on trouve les réactionnaires ou, à tout le moins, les conservateurs, qui considèrent que le processus est allé trop loin et qu'il convient de « terminer la révolution ». Il faudrait, selon eux, retrouver raison dans un usage pondéré et rééquilibré de la différence des genres, en synthétisant la modernité avec la tradition. Ce camp s'appuie à la fois sur l'image des « excès de 68 », sur le retour en grâce de la notion d'autorité, sur l'urgente nécessité de restructurer les familles et l'éducation que la libération féminine aurait mises en péril[3]. Désertant le foyer conjugal et familial au profit de la vie professionnelle et publique, les femmes auraient, une nouvelle fois, ouvert la boîte de Pandore du désordre et du chaos domestiques et sociaux[4].

Personne, je pense, ne sera surpris qu'entre la logique terroriste appelant à la transformation radicale de la société et la logique réactionnaire désireuse de siffler la fin de la récréation libérale, je sois tenté d'envisager une autre voie. Il est vrai que j'ai suffisamment caricaturé les deux positions pour me permettre de les rejeter sans autre forme de procès. C'est que l'essentiel à mes yeux n'est pas là. Il réside dans la compréhension de la révolution féminine que j'ai souhaité résumer par cette formule : celle-là désigne le processus au cours duquel les femmes, de moindres mâles, sont devenues « des adultes comme les autres[5] ».

De la minoration à la majoration

En effet, la révolution féminine ne tombe pas plus du ciel qu'elle n'est le fruit d'un progrès inéluctable de l'espèce humaine. Elle s'inscrit dans un processus relevant de la dynamique de l'Occident, processus dont on peut retrouver les germes dans d'autres civilisations[6], mais qui prend en Occident une portée historico-mondiale. Repartons de ce que Tocqueville appelle la démocratie ou l'« égalisation des conditions ». Dans son esprit, il ne s'agit pas seulement de constater qu'à l'âge moderne l'altérité cesse d'être considérée comme radicale et que les êtres humains se perçoivent de plus en plus comme des semblables (des « alter égaux », si je puis dire), il s'agit aussi et peut-être surtout de considérer que « chaque homme, étant présumé avoir reçu de la nature les lumières nécessaires pour se conduire, apporte en naissant un droit égal et imprescriptible à vivre indépendant de ses semblables, en tout ce qui n'a rapport qu'à lui-même, et à régler comme il l'entend sa propre destinée[7] ». Autrement dit, chaque être humain est considéré comme effectivement ou virtuellement un « majeur ».

La notion de majorité est complexe, car elle recouvre de nombreuses dimensions – matrimoniale, civile, pénale, civique... – posant chaque fois des seuils différenciés et des degrés. On peut noter que dans l'histoire deux grandes conceptions de la majorité se sont opposées. Chez les Romains, qui incarnent parfaitement la conception traditionnelle, trois conditions sont requises pour être majeur : il faut être libre (*status libertatis*), citoyen (*status civitatis*) et surtout chef de famille (*status familiae*). D'où le fait que des adolescents assez âgés végétaient longtemps en attendant que la mort du père leur permette d'accéder au statut suprême de *major*. Dans ce contexte, la majorité est l'exception et la minorité la règle, car les *grands* ce sont les *vieux*, les *chefs de famille*.

La Révolution française produit une inversion complète du schéma. Dès lors que « tous les hommes naissent libres et égaux en droit », chacun devient majeur par essence, même s'il peut être mineur par « accident ». Deux types d'exception empêchent alors la majorité : d'abord le déficit mental ou culturel (l'illettrisme), qui ne permet pas à l'individu d'être autonome ; ensuite toutes les situations de soumission, qu'elles soient liées à l'âge (soumission aux parents), au sexe (soumission au mari ou à l'Église), aux revenus ou à l'activité professionnelle. C'est ainsi que, jusqu'à une date récente, les domestiques, les moines, les militaires, les pauvres seront exclus de la citoyenneté au même titre, et pour les mêmes raisons, que les enfants et les femmes : en tant que « mineurs ».

Ce sont ces exceptions qui vont progressivement être combattues, dans ce qui apparaît comme une extension du domaine de l'adulte[8]. Extension, d'abord, à toutes les classes d'une population, au-delà des distinctions fondées sur l'honneur (nobles/peuple), sur l'argent (riches/pauvres) ou sur le savoir (cultivés/incultes). Extension, ensuite à toutes les races et cultures, au-delà des distinctions fondées sur le degré de civilisation (sauvages/barbares/civilisés). Extension, également, sinon à tous les âges, ce qui serait paradoxal, à tout le moins à une plus grande amplitude des étapes de la vie en amont comme en aval de l'adulte traditionnel (jeunes/vieux). Extension, enfin, à tous les sexes et à toutes les sexualités (homme/femme/homosexuels).

Prenons ce simple repère : lorsqu'en 1894, le grand républicain Léon Bourgeois commence à réfléchir sur l'enseignement secondaire, prélude à la réforme de 1902, il entend poser clairement les objectifs de cet enseignement. Il faut, dit-il, que la République, après avoir réussi l'enseignement élémentaire, relève le défi de produire des adultes à part entière. Or qu'est-ce qu'un adulte ? demande-t-il. « C'est un père de famille, un soldat, un citoyen. » La femme alors n'est pas adulte. Sans doute peut-elle parvenir à une espèce d'accomplissement à travers la conjugalité ou la maternité, mais celles-ci ne la désignent jamais comme adulte de plein exercice. D'ailleurs, jusqu'à une date récente, le synonyme d'âge adulte fut toujours « âge viril » (*aetas virilis*). On mesure ainsi encore une fois combien la majoration de la femme est récente. Les femmes sont devenues des adultes comme les autres.

Féminisation de l'adulte

Devenant adultes – il faut ajouter immédiatement ce second terme –, les femmes ont aussi modifié la figure de l'adulte. Avec le droit de vote, l'invention du concept de parentalité, l'accès au travail, la femme possède désormais tous les attributs de l'« adultité ». En retour, elles ont contribué à en modifier la figure en la parant bien davantage qu'auparavant des traits de la responsabilité et de la sollicitude (ce que les Anglo-Saxons appellent le *care*) et qui étaient traditionnellement féminins. Ainsi, de même que les hommes ont cessé d'avoir le monopole du pouvoir, les femmes n'ont plus le monopole du *care*. Cette transformation est pour beaucoup dans le sentiment contemporain d'une crise de l'âge adulte. Sans revenir sur les éléments de cette crise[9], on peut indiquer la manière dont il convient, me semble-t-il, de l'interpréter. Il s'agit en fait d'une double crise de croissance. D'abord, parce que, avec les femmes, il existe désormais au moins deux fois plus d'adultes qu'auparavant ; ensuite, parce qu'à la faveur de cet accroissement l'idée d'adulte s'est elle-même élargie. Alors qu'il y avait jadis une claire distinction entre l'adulte ordinaire (père, soldat, citoyen, travailleur) et l'adulte extraordinaire (le héros, le sage, le saint…), entre la majorité et la surmaturité, cette distinction, à la faveur du processus démocratique, tend à s'effacer. C'est ainsi que l'« adultité » a cessé d'être identifiée à un rôle social pour se reconfigurer sous les traits d'un idéal de vie ou d'un horizon existentiel. Si les seuils d'entrée dans l'âge adulte demeurent assez stables (inauguration d'une vie professionnelle et d'une vie familiale autonome), ils marquent désormais l'entrée dans un processus de « maturescence » plutôt que l'acquisition d'un statut (ce que procuraient les rites de passage).

L'adulte en redéfinition

La détermination plus précise de cet horizon peut être tentée à partir de trois notions qui en dessinent un portrait plausible. Être adulte aujourd'hui signifie entrer dans les trois problématiques existentielles que sont l'expérience, la responsabilité et l'authenticité. Ces trois qualités font système, car elles concernent respectivement le rapport au monde (expérience), le rapport aux autres (responsabilité) et le rapport à soi (authenticité). On peut ici les évoquer rapidement.

Avoir de l'expérience, ce n'est pas avoir tout vu ou tout fait : c'est, au contraire, être capable de faire face à ce qu'on n'a jamais vu ni fait, aux situations nouvelles, voire exceptionnelles. Avoir de l'expérience, c'est, pour reprendre une formule de Hegel, regarder le monde « du point de vue de la fin de l'histoire », c'est-à-dire intégrer les événements dans une grille de lecture et de compréhension. C'est là ce qui différencie l'adulte du jeune : le premier connaît la fin de l'histoire, comme il sait, par ailleurs, que toutes les histoires ont une fin… Cette expérience-là constitue un seuil décisif qu'il est d'ailleurs difficile de transmettre autrement que par l'exemple.

Être responsable, ce n'est pas seulement être responsable de ses actes, c'est aussi être responsable pour autrui, c'est-à-dire se sentir des devoirs et des obligations, même envers ceux qui n'ont rien demandé ou revendiqué : les enfants, les élèves, les collaborateurs, les amis… Il y a toujours quelque chose du « parent » qui demeure dans l'adulte, même quand il n'a pas d'enfant : c'est la capacité à se décentrer, la faculté de déployer une forme de sollicitude à l'égard d'autrui. L'adulte est en ce sens celui qui est digne de confiance.

Être authentique, enfin, c'est, selon l'antique formule reprise maintes et maintes fois (de Pindare aux crocodiles Lacoste !),

« Devenir ce que l'on est ». Rien n'est plus difficile ; car nous menacent, d'un côté, la complaisance à l'égard de soi-même, la paresse, les fausses certitudes, le confort des rôles et, de l'autre, le manque de confiance en soi, l'angoisse, le sentiment de vide intérieur, l'ennui. L'authenticité doit se frayer un chemin entre ces deux écueils du trop-plein d'être (ou, comme dit Sartre, le « gros plein d'être ») et du vide existentiel pour dégager ce que les philosophes appellent une singularité[10]. En ce sens, l'individu authentique n'est pas l'individu de l'individualisme ou de l'égoïsme, mais l'être réconcilié avec le monde, avec les autres et avec soi-même.

Si cette caractérisation est juste, on peut en tirer deux conséquences : l'adulte n'est plus réductible à un sexe ou un genre ; plus généralement, il dépasse tout statut et toute figure prédéfinie. Pris en ce sens, il devient impossible d'être un adulte accompli ; même les grandes personnes sont vouées à être des adultes en devenir.

Des femmes devenues des adultes comme les autres ; une adultité qui s'est « féminisée » et qui s'impose comme un « idéal régulateur » exigeant : tels sont à mes yeux les trois éléments principaux de la révolution féminine (qui engagent aussi, comme on le perçoit, le masculin). Si cette analyse vous paraît judicieuse, il reste encore une étape à accomplir pour traiter du « féminin après le féminisme ». Peut-on caractériser aujourd'hui une manière « femme » d'incarner cet idéal adulte ? La même question vaudrait d'ailleurs pour les hommes : peut-on caractériser une manière « homme » d'incarner l'adulte en général ? Il s'agirait ici d'élaborer une phénoménologie des manières sexuées d'habiter l'âge adulte à l'âge contemporain. Il s'agirait non seulement de décrire, mais aussi d'interpréter ces traits distinctifs sans en faire des normes ou des déterminations (qu'elles soient naturelles ou culturelles), mais, pour reprendre les termes de Sartre, des « situations ». Pour le dire autrement, la femme, pour être devenue adulte, n'en reste pas moins femme. Ou encore : que reste-t-il du féminin dès lors que la femme est un adulte comme un autre ? Or, avant de décrire cette féminité persistante simplement comme un reliquat de domination (ce qui est la tentation *queer*) ou comme une dimension naturelle irréfragable (logique matérialiste), il faut vérifier qu'elle ne peut pas faire l'objet d'une présentation positive.

Phénoménologie de la femme contemporaine

La réalisation la plus convaincante à mes yeux de ce programme me semble être offerte par les travaux de Camille Froidevaux-Metterie. Elle en avait posé des jalons passionnants dans plusieurs articles et le livre complet est désormais paru : il s'agit, à mes yeux, de la meilleure contribution sur ce sujet[11].

La démarche de Camille Froidevaux-Metterie est résolument multidisciplinaire : historique, anthropologique, sociologique, psychologique… phénoménologique. Elle suit d'abord la révolution du féminin à travers la complexification moderne de la distinction privé/public en une triade : intime/privé ; social/public ; politique. Dans chacune de ces sphères, la femme occupe désormais un rôle, voire s'impose comme modèle. Mais loin d'avoir abandonné l'ancrage dans le privé, la femme continue de l'investir, comme en témoigne la fameuse « double journée » de celle qui, devenant contemporaine, n'a pas cessé d'être traditionnelle.

J'imagine un dessin de Plantu résumant la situation. Dans une première vignette intitulée « 1950 », on verrait un homme assis dans un fauteuil lisant son journal et lançant à sa femme invisible dans la cuisine : « Quand est-ce qu'on mange ? » ; dans une seconde vignette intitulée « 2020 », on verrait un homme assis dans un fauteuil lisant sa tablette et lançant à sa femme invisible dans la cuisine : « Je peux t'aider ? » L'ensemble s'appellerait : *Progrès de l'émancipation féminine.*

Camille Froidevaux-Metterie se refuse pourtant à interpréter cette dualité comme un retard ou comme un reliquat voué à être dépassé.

Elle tente de l'analyser à partir d'une condition psychique décrite (contre la lecture freudienne d'une identité féminine se construisant « par défaut ») par les femmes psychanalystes de la première moitié du XXe siècle – description qui posait les jalons interprétatifs des évolutions futures. « Ce que la théorie psychanalytique du féminin révèle, c'est que la femme est fondée à se conduire activement dans le monde en même temps qu'elle est dotée de la capacité de considérer sa féminité de façon positive et non débilitante[12]. »

Ce que l'auteur résume de la manière suivante : « La femme est à la fois *femme* et *sujet*[13]. » La femme traditionnelle voyait en effet le sujet se dissoudre dans la femme ; les revendications féministes contemporaines (à partir des années 1970) prônaient la dissolution de la femme dans le sujet (en appelant à quitter les carcans du féminin-intime pour s'épanouir dans les sphères privé-social et public-politique : maîtrise de la fécondité, libération du désir, extirpation du foyer et engagement dans la société). Camille Froidevaux-Metterie tente de décrire les phénomènes post-féministes à partir d'une troisième grille complémentaire et synthétique : « C'est *en tant que femme* que la femme devient *sujet.* »

C'est évidemment le « en tant que femme » qui fait ici question. Qu'est-ce à dire ? Camille Froidevaux-Metterie, qui n'a peur de rien, s'engage alors sur la voie aussi périlleuse que passionnante d'une phénoménologie du féminin (entendu que ce « féminin » ne désigne pas ici une essence, mais un type d'expérience ou de rapport au monde : un mode d'être au monde).

À ses yeux, cette expérience se caractérise par deux traits fondamentaux : l'incarnation, soit l'idée que la femme du féminin ne peut pas oublier son corps[14] ; l'altruisme, soit l'idée que la femme du féminin se construit dans l'expérience de la relation à autrui. « Notre postulat est le suivant : si les hommes peuvent tout à fait se vivre comme des êtres désincarnés et abstraits, chacun d'entre eux figurant à lui seul l'universalité de la condition masculine en tant que critère et mesure de toute chose, les femmes ne peuvent pas s'extraire d'une relation aux autres et à elles-mêmes qui passe par le corps[15]. »

Un corps qui est constamment indexé sur une temporalité à la fois linéaire (entrée et sortie de la condition maternelle) et cyclique. Ainsi, « précocement soucieuses d'autrui, dotées d'une prédisposition à se projeter hors d'elles-mêmes pour se préoccuper du nouveau-né, figuration de l'autre, de n'importe quel autre, elles se conduisent dans le monde selon une posture éminemment relationnelle. En un mot, les femmes sont des individus anti-individualistes[16] ».

Encore une fois, ces deux traits du type idéal féminin ne désignent ni une nature ni une essence (puisque l'individu féminin a désormais la possibilité de les nier plus ou moins ; tout comme il est possible à l'individu masculin de les adopter plus ou moins, et de temps à autre), mais ce qu'on pourrait qualifier avec Sartre de « situation ».

Pour illustrer cette thèse, l'auteur prend l'exemple de l'expérience la plus futile qui soit mais sans doute aussi la plus révélatrice de l'usage des cosmétiques (pour autant qu'elle met en jeu le rapport à soi, au corps et aux autres). À l'âge de la « femme sujet », cette préoccupation aurait dû disparaître ; mais c'est l'inverse qui s'est passé : « Si les femmes se préoccupent aussi massivement de leur apparence, et ce quel que soit leur âge, quel que soit leur statut social, quelles que soient leurs convictions féministes, c'est bien que la féminité est devenue problématique, qu'elle ne va plus de soi, qu'elle pose question[17]. »

Les explications habituelles de cette permanence font long feu : ni les diktats du désir masculin, ni les impératifs de l'économie de la mode ou de la réussite sociale ne suffisent à rendre compte du phénomène, sauf à considérer les femmes comme des jouets passifs d'injonctions extérieures. « Pour une femme, s'affirmer comme sujet, cela implique de *réfléchir sa féminité*, dans le sens d'une projection hors de soi de son image de femme, pour la voir du point de vue des autres et ensuite se la réapproprier dans une version qui soit en adéquation avec son identité[18]. »

Ce travail sur soi est un choix personnel qui dépend aussi des circonstances et des périodes de l'existence, dès lors que « l'éventail des choix de féminité [s']est très largement ouvert, de la minoration frôlant la masculinisation à l'ultraféminisation touchant à la caricature[19] ».

Je souscris entièrement à cette interprétation, dont je n'ai fait qu'effleurer la richesse, qui me semble à la fois juste et éclairante. Elle permet de comprendre la persistance des identités sexuées face aux tentations neutralisantes et l'enrichissement des registres permettant de les habiter. Cette liberté supplémentaire implique aussi une fragilité accrue des individus, qui, face au kaléidoscope identitaire possible, peuvent se retrouver *lost in relation,* incapables d'inventer le rapport à l'autre. Le féminin après le féminisme est donc tout à la fois réfléchi et inquiet, tout comme d'ailleurs sans doute le masculin, qui exigerait une analyse similaire[20].

Je formule, pour finir, les trois acquis du « féminin postféministe ». La femme est devenue un adulte comme un autre ; en devenant adulte, elle a modifié la figure de l'adulte en élargissant le spectre de l'« adultité » à des registres inédits ; il demeure néanmoins un mode femme d'être adulte (rapport au corps ; rapport aux autres ; rapport à soi) : une expérience du féminin qui n'est ni une essence, ni une nature, ni même une condition mais, indissolublement, à la fois une situation *et* une réflexion[21].

TROISIÈME PARTIE

Panne de civilisation ?

Supériorité de l'Occident ?

Aujourd'hui que tout s'évalue – des hôpitaux aux grandes écoles, des chercheurs aux ministres, des placements financiers aux budgets des États –, pourquoi n'aurait-on pas le droit d'évaluer les civilisations ? Après tout, on pourrait fort bien attribuer des AAA+ à certaines et dégrader la note d'autres au fil de l'histoire et en fonction de l'air du temps… C'est une boutade, bien sûr, mais qui vise à dédramatiser une polémique qui ne cesse de se rejouer dans nos espaces publics[1]. Car la question est délicate : est-il légitime ou non d'affirmer la supériorité de certaines civilisations, et notoirement de la nôtre ? Coincé entre, d'une part, la conviction des bénéfices de la démocratie et des droits de l'homme et, d'autre part, la mauvaise conscience de l'impérialisme colonial, on reste comme tétanisé par ce qui ressemble fort à une question piège. Et pourtant, une issue est possible pourvu que l'on distingue les différents registres, critères et sens du terme « civilisation » qui sont ici en jeu. En voici quatre possibles.

Le premier nous est légué par l'ethnologie. Une civilisation désigne selon elle un ensemble de créations humaines (œuvres, mœurs, règles, croyances, savoirs, savoir-faire…) qui témoignent d'un écart avec la nature. Le fait de cuisiner avant de manger ; le décalage entre la puberté physique et l'autorisation sociale de procréer ; la reconnaissance de la vieillesse ; les règles de parenté et les contraintes de la conjugalité, etc. : autant de traits qui désignent la civilisation comme une mise à distance du monde humain vis-à-vis du naturel brut. De ce point de vue, toutes les civilisations sont équivalentes. Aucune ne peut être décrétée plus puérile, plus naturelle, plus simple ou plus primitive que les autres, puisque toutes manifestent un degré analogue d'élaboration culturelle. Et même si la tentation est forte de considérer les tribus « sauvages » ou les peuples traditionnels comme étant plus proches de la nature (voire, dirait-on aujourd'hui, plus écologistes), les ethnologues nous ont convaincus que la complexité de leurs dispositifs culturels n'a rien à envier aux nôtres. Mais pour autant cela ne nous autorise pas à affirmer que toutes les civilisations se valent, car nous sommes ici dans le registre de la stricte description d'un fait (le fait de la culture) et non dans celui de la mesure d'une valeur.

Pour juger, il faut recourir à un autre critère. Celui qui permettra de parler comme on le fait si souvent de « hautes » ou de « grandes » civilisations. Il ne s'agit plus de décrire la seule différence entre nature et culture, mais de mesurer ce qu'une époque ou un peuple ont apporté à l'humanité et à son histoire. Une civilisation est dite « grande » lorsqu'elle produit des œuvres qui ne s'adressent pas seulement à elle-même mais concernent, touchent, parlent à l'ensemble de l'humanité. L'épopée de Gilgamesh, les pyramides égyptiennes, la sagesse de Confucius, les vestiges mayas, etc. : qu'ils soient de matière ou d'esprit, ces monuments révèlent la grandeur humaine dans son ensemble quand bien même ils demeurent enracinés en leur temps et en leur lieu. Ce critère est clair, mais il n'est pas tout à fait net, ne serait-ce que parce que la plupart des peuples se sont eux-mêmes conçus comme les représentants les plus éminents (voire exclusifs) de l'humanité. Or, aujourd'hui, nous avons appris à nous méfier de l'impression d'universel, qui n'est jamais très loin de l'impérialisme. La folie des grandeurs pour un individu, c'est se prendre pour Napoléon ; mais pour une civilisation, c'est se prendre elle-même pour l'universel, et rejeter dans la barbarie le reste du monde.

Nous touchons là le troisième critère qui nous permettra d'affirmer haut et fort la supériorité de la civilisation occidentale ! Elle est la seule à parvenir à aussi bien se détester. C'est ainsi que l'on peut trouver une issue à la polémique : la supériorité de l'Occident, ce serait au fond sinon le relativisme lui-même (car le terme est à manier avec prudence), du moins cette capacité de se décentrer, de s'autocritiquer, voire de se haïr[2]. Cela commence avec Homère – très oriental au demeurant –, qui dresse un portrait peu flatteur des Grecs dont il était pourtant censé raconter l'épopée : que valent Achille le colérique et Agamemnon le mesquin, à côté du bon et bel Hector ? Et cela n'a ensuite jamais cessé : critique chrétienne de Rome ; critique humaniste du christianisme ; critique « moderne » des humanités antiques ; critiques ultraconservatrice et hyperrévolutionnaire des droits de l'homme ; critiques occidentales de l'Occident colonial, etc. La liste est longue. L'Occident n'a jamais laissé aux autres le soin de le dénoncer. Et ce parcours fut balisé par la haine de soi, le sanglot de l'homme blanc, le débat sur la comparaison des civilisations, voire la culpabilité. Tels sont les traits caractéristiques de notre univers spirituel. Ils fonctionnent pour le meilleur comme pour le pire ! Le meilleur, c'est l'autoréflexion, la distance critique, le doute, l'intérêt aussi pour les autres civilisations qu'il s'agit de connaître, comprendre, préserver ; le pire, c'est quand la critique n'accepte plus la critique ; c'est quand le doute refuse d'être mis en doute ; c'est la mauvaise conscience postcoloniale qui n'en finit pas d'excuser les égarements coupables des ex-colonisés…

Il reste encore une dernière marche à franchir, qui ne concerne pas seulement la civilisation autocritique de l'Occident, mais ce qu'on pourrait appeler la *civilisation de la démocratie*. En quoi consiste sa supériorité ? Eh bien, dans l'affirmation que les civilisations importent moins que les individus qui les constituent ; dans l'idée que leur liberté, leur égalité et leur fraternité méritent notre attention plus que toute autre chose. Cette civilisation de l'individu démocratique, née en Occident, le dépasse désormais de beaucoup et a cessé de lui appartenir en propre. J'ai déjà cité ce passage de

Tocqueville qui définit la « notion démocratique de liberté[3] » comme celle où « chaque homme, étant présumé avoir reçu de la nature les lumières nécessaires pour se conduire, apporte en naissant un droit égal et imprescriptible à vivre indépendant de ses semblables, en tout ce qui n'a rapport qu'à lui-même, et à régler comme il l'entend sa propre destinée ». Voilà toute la grandeur de la civilisation démocratique : sans se restreindre à ses origines, elle étend la liberté à tous les êtres humains. Quels que soient leur classe, leur « race » ou leur sexe, ils sont considérés comme des adultes de plein exercice. Je vois dans cette largeur la meilleure preuve de sa grandeur. Sa formule est simple : extension du domaine de l'adulte.

Et c'est cette extension qui semble désormais en péril, voire en panne, si l'on ne l'alimente pas de carburant. Elle est confrontée à trois idéologies puissantes qui viennent la concurrencer. La première est le fondamentalisme qui, terrifié par cette émancipation humaine, entend remettre l'homme à sa place, c'est-à-dire à l'état de poussière. Singulier éloge de la Création que celui qui vise à la détruire ! Étrange forme d'humilité que celle de se prétendre l'exclusif dépositaire du message divin !

La deuxième est la démocratie « illibérale », qui se propose de réaliser le bonheur du peuple sans, voire contre, sa liberté. De la démocratie, elle conserve l'élection, mais renonce à toute forme de délibération ou de reddition de compte, car la démocratie n'est pas, selon elle, la fin, mais le moyen du bien-être. Ce régime a pour lui de spectaculaires réussites – comme l'émergence fulgurante de Singapour grâce à l'action de son président, Lee Kuan Yew, qui sera l'inspirateur de Deng Xiaoping –, mais vaut-il comme transition ou comme horizon à atteindre ? C'est la question qui se pose aujourd'hui aussi bien en Russie qu'en Hongrie ou en Pologne.

La troisième idéologie est celle du « posthumanisme », qui annonce que tous les problèmes humains (souffrir, vieillir, mourir, éduquer... mais aussi naître et vivre) seront prochainement résolus par les innovations technologiques. Elle veut augmenter l'homme, mais le réduit à son corps ; elle entend résoudre ses affres existentielles, mais finit par dissoudre son existence même ; elle aussi espère le salut éternel, mais croit l'avoir trouvé dans une santé sans fin.

Fondamentalisme, illibéralisme et posthumanisme : tels sont, je crois, les trois principaux défis de la civilisation humaine d'aujourd'hui. Rassurons-nous pourtant, celle-ci n'est pas dénuée d'armes efficaces et puissantes pour les relever.

CHAPITRE 11

Qu'est-ce que l'humanisme ?

« Remettre l'homme au centre ! » Qui pourrait être contre un tel programme ? On le trouve partout : dans l'entreprise, en politique, dans l'univers médical... partout où l'homme semble menacé par la nouvelle complexité du monde. Encore faut-il savoir de quel homme on parle... Et c'est bien ça le problème. Certes, ce retour en forme de l'humanisme ne peut que réjouir ceux qui se souviennent de l'époque pas si lointaine où l'antihumanisme était à la mode. C'était une mode que partageaient les scientistes réductionnistes (pour qui l'homme n'est rien que son corps), les intégrismes religieux (pour qui l'homme n'est rien face à Dieu qui est tout) et une part non négligeable des sciences humaines (pour qui l'homme n'est que rien que – barrez les mentions inutiles – le résultat d'une structure, le fruit de sa classe sociale, le rejeton de son histoire, le produit de la technique, etc.). Ces modes reviennent de temps à autre, drapées dans leur mépris des illusions du sens commun, mais surtout alimentées par le soupçon que l'humanisme est creux. Et, en effet, il se pourrait que son triomphe actuel ne soit qu'une façade et que la belle unanimité cache, au fond, une indétermination totale de son contenu. Il se pourrait aussi qu'il soit plus menacé que l'on pense quand revient la face hideuse des fondamentalismes et arrive le visage radieux du posthumanisme. Le soupçon antihumaniste, la régression préhumaniste, ajoutés aux défis posthumanistes : voilà deux bonnes raisons de reposer aujourd'hui cette question pourtant rebattue : « qu'est-ce que l'humanisme ? »

Trois sens d'« humanisme »

On peut distinguer trois sens du mot humanisme. Le premier, le plus courant de nos jours, désigne une attitude respectueuse et bienveillante à l'égard des autres hommes. Dans ce sens, humanisme est synonyme de philanthropie et touche ce qui relève aussi de l'« humanitaire ». C'est bien, sans conteste, mais c'est aussi bien vague. Le deuxième sens est technique et historique. Il remonte à la Renaissance, d'abord en Italie, puis en France, lorsque l'humaniste désignait le savant spécialisé dans les *studia humanitatis*, c'est-à-dire les études littéraires. Les humanités constituaient alors le premier niveau d'un enseignement qui, selon une classification datant de la fin de l'Antiquité, en comportait trois[1].

L'humaniste de ces humanités n'était pas forcément sage ni altruiste, c'était souvent un technicien d'une formation qui était soit directement orientée vers les « métiers du verbe » (la diplomatie, la politique...), soit le prélude à une orientation professionnelle (dans l'une des trois facultés de théologie, de droit ou de médecine).

Ce deuxième sens académique n'était toutefois pas séparable d'une signification plus profonde. En effet, si les études littéraires étaient dites *humanitatis* (de l'humanité), c'était, selon une formule de Cicéron, qu'elles sont dignes de l'homme et qu'elles rendent l'homme plus humain, et plus libre (d'où l'expression d'« arts libéraux »).

D'où un troisième sens, philosophique, du terme humaniste, qui apparaît au XVIIIe siècle et se développe jusqu'à nos jours. L'humanisme, dans cette perspective, est un dispositif intellectuel cohérent qui fait de l'homme sa référence suprême, tenant et aboutissant de la réflexion... au détriment même de Dieu.

Comment une telle idée, pour le moins sacrilège, voire blasphématoire, a-t-elle pu naître dans un univers dominé par la chrétienté ? Comment l'homme peut-il fixer son propre idéal de lui-même, par lui-même et en lui-même ? Sans prétendre apporter une réponse à cette question immense par son ampleur et sa complexité, on peut repérer trois jalons principaux.

Les trois vagues de l'humanisme

Bien des traits de l'humanisme émergent avant la Renaissance, dans les sagesses orientales, dans le judaïsme, dans la philosophie grecque, dans la pensée chrétienne qui reconnaît tous les hommes comme des fils de Dieu, mais, dans la configuration occidentale, quelque chose d'inédit se produit à partir de la Renaissance que l'on peut décrire schématiquement en trois étapes.

La « découverte de l'homme » à la Renaissance (XVe-XVIe siècle)

D'abord, contre la doctrine de saint Augustin qui, pour glorifier Dieu, entendait rappeler la petitesse, voire la médiocrité pécheresse de l'homme, les humanistes de la Renaissance proclament la dignité et la liberté humaines : ce n'est pas minimiser Dieu, pensent-ils, que d'affirmer la grandeur humaine, c'est, au contraire, magnifier sa gloire. Pic de La Mirandole (1463-1494) n'hésite pas à le dire : « Il n'est rien de plus grand sur terre que l'homme, rien de plus grand dans l'homme que son esprit et son âme. En t'élevant jusqu'à eux, tu t'élèves au-dessus du ciel[2]. » Ensuite, contre l'éloge grec et chrétien de la *vita contemplativa*, faite de loisirs élevés et de hautes méditations, les humanistes valorisent la *vita activa*, la vie de la cité, des affaires et des hommes. Le quotidien lui-même trouve grâce à leurs yeux, comme à ceux des peintres flamands qui s'attachent à percer dans les scènes de la vie ordinaire la vérité d'un sacré à visage humain. Arrive le moment où la Sainte Famille est peinte de moins en moins « sainte » et de plus en plus « famille ». La Renaissance marque bien en fin de compte cette « découverte du monde et de l'homme » (Jacob Burckhardt[3]).

Le triomphe de la « critique » à l'âge classique (XVIe-XVIIe siècle)

Sur cette première couche vient s'en poser une deuxième, qui, en plus de la reconnaissance de la dignité de l'homme et de son travail, apporte l'esprit de la critique. En effet, si la référence à l'Antiquité avait permis de s'émanciper du (prétendu) « sombre » Moyen Âge, c'est désormais la critique des anciens et de la tradition (notamment lors de la fameuse querelle des Anciens et des Modernes) qui va libérer des libérateurs eux-mêmes. Platon pourra paraître ennuyeux, Aristote obscur[4]... Même si les auteurs anciens sont immenses, les modernes les dépassent puisqu'ils peuvent les lire, les utiliser et les évaluer. La remise en cause luthérienne du dogme catholique, le doute cartésien, la dénonciation des erreurs et préjugés passés : autant d'éléments qui installent la critique en principe suprême de la pensée. Bref, à l'argument d'autorité se substitue l'autorité de l'argument, car tout devient, en principe au moins, discutable.

L'avènement d'une métaphysique de l'humain à l'époque des Lumières (XVIIIe siècle)

La troisième période correspond à l'humanisme des Lumières. Ce qui le caractérise, ce n'est pas seulement la reconnaissance de la dignité de l'homme, de son activité ou de la critique, c'est un profond bouleversement métaphysique, à savoir le renversement des rapports entre la finitude de l'homme (ignorant, méchant, impuissant et mortel) et la perfection absolue de Dieu (omniscient, infiniment bon, omnipotent et éternel). Jusqu'à présent l'imperfection humaine était conçue comme un défaut ou un manque par rapport à la perfection divine initiale. Avec les Lumières, la finitude humaine devient le point de départ et l'origine ; et c'est, au contraire, l'absolu qui devient, si l'on peut dire, relatif à cette finitude. Tous les domaines sont concernés : en religion, Dieu devient l'idée de dieu en moi, c'est-à-dire la foi que je lui porte (ou non) ; en morale, la vertu devient l'idée du bien en moi, c'est-à-dire la morale subjective de mes intentions ; en science, le Vrai devient l'idée de vérité en l'homme, c'est-à-dire la vérité discutée, critiquée et partagée (ou non) par l'ensemble des savants ; en art, le Beau devient l'idée de beau en moi, c'est-à-dire le goût. Bref, tout devient relatif à l'être imparfait qu'est l'homme, pour le meilleur et pour le pire…

La philosophie des Lumières représente donc ce pari fou d'un humanisme absolu, assimilant à l'homme tout ce qui lui semble extérieur ou supérieur. Est-ce seulement envisageable ? La réponse ne va pas de soi. D'ailleurs, à peine cet humanisme semble-t-il achevé philosophiquement – disons, *grosso modo*, avec la philosophie de Kant (1724-1804) – que, de toutes parts et sur tous les plans où il semblait s'imposer, des contestations profondes surgissent : de ce point de vue, la philosophie contemporaine apparaît comme une gigantesque querelle de l'humanisme. En sommes-nous sortis ?

Les quatre défis de l'humanisme

Pour répondre à cette question il faut distinguer les défis qu'un humanisme conséquent se doit de relever. Sous réserve d'inventaire, on peut en identifier quatre principaux. Proclamer la victoire de l'humanisme intégral supposerait : qu'on soit au clair avec la définition de l'humanité de l'homme ; qu'on s'accorde sur l'idée d'unité de l'humanité ; que l'on règle la question de la place de l'homme et de son action dans l'univers et dans la nature ; et, enfin, que l'on puisse donner un sens purement humain à la finitude humaine, c'est-à-dire à la souffrance, à l'erreur, au mal et, bien sûr, à la mort. La tâche, on le perçoit, n'a rien d'aisé. Il se pourrait même qu'au fil des réponses un humanisme pluriel se dessine. Mais, plus grave : si, sur un seul de ces points, le dispositif était défaillant, c'est l'humanisme tout entier qui aurait du plomb dans l'aile.

Comment définir l'homme ?

Avant l'humanisme, il existait en gros trois réponses disponibles. La première relève de la vision traditionnelle : l'homme se définit par son appartenance à une lignée, qu'elle soit clan, tribu ou nation. Pris en ce sens, l'homme est avant tout un « fils de » ; c'est la filiation qui dicte l'identité. La seconde définition correspond aux cosmologies antiques qui attribuent à l'homme une place définie dans l'univers, limitrophe de l'animalité et de la divinité : animal supérieur, rationnel et politique, l'homme peut aussi, dit Aristote, toucher au divin. Enfin, troisième réponse possible, la définition théologique voit en l'homme essentiellement une créature de Dieu : c'est le divin qui est le tenant et l'aboutissant de l'humain.

La caractéristique commune de ces trois réponses est que l'homme doit chercher ailleurs qu'en lui-même ce qui le désigne. Qu'arrive-t-il, comme c'est le cas à l'aube de la modernité, quand la tradition est controversée, quand le cosmos se brouille et que le religieux est en guerre intérieure ? Il devient nécessaire, pour tenter de sauver l'unité d'un monde qui se perd, de dégager une définition interne de l'homme. C'est cette tentative d'identifier une « nature humaine » qui débute avec l'école du droit naturel moderne et se prolonge avec les Lumières. Pierre Manent, dans son bel ouvrage *La Cité de l'homme*, a trouvé les mots justes pour décrire le mouvement : « Au commencement, le monde était informe et vide, sans lois, ni arts, ni sciences, et l'esprit de l'homme flottait au-dessus des ténèbres. Telles sont, en somme, les premières paroles que l'homme se dit à lui-même lorsque, rejetant la loi chrétienne comme la nature païenne, il décide de ne recevoir son humanité que de lui-même, qu'il entreprend d'être l'auteur de sa propre genèse[5]. »

« L'homme décide de ne recevoir son humanité que de lui-même » : à vrai dire, cette décision désigne davantage un problème qu'une solution, car, là encore, plusieurs voies sont possibles.

La première option consistera à penser que le propre de l'homme réside dans sa nature, c'est-à-dire dans son corps. Expliquer l'homme, en ce sens, c'est d'abord élucider son fonctionnement physique et biologique.

Une deuxième solution, dénonçant le caractère réducteur de cette première approche, insistera au contraire sur la dimension culturelle. Pour elle, le propre de l'homme se niche dans toutes les manifestations symboliques qui le séparent du monde physique et biologique et le rattache à *une* culture. Langue, art, mœurs, histoire personnelle, familiale, régionale ou nationale : ce sont là les meilleures expressions de la spécificité de l'homme.

Il existe enfin une troisième voie, qui refuse la réduction de l'homme aussi bien à une nature qu'à une culture particulière. Pour elle, c'est la liberté qui définit essentiellement l'homme, c'est-à-dire la capacité à s'arracher aux contraintes naturelles et aux déterminations culturelles.

Je me contente ici, à dessein, d'une caractérisation minimale de ces trois pistes qui vont alimenter, on s'en doute, de nombreux courants antagonistes. Car il s'agit surtout de faire ressortir qu'aucune de ces trois pistes ne saurait être, à elle seule, satisfaisante.

Si l'homme, sans doute, a un corps, il est pour le moins délicat d'en déduire qu'il est son corps ou que son essence se réduit à sa nature, ne serait-ce que parce qu'il est le seul animal à réfléchir sur ce corps et cette nature (et donc à les mettre à distance). De même, si l'homme naît dans une culture (ou une histoire) toujours particulière (familiale, régionale, nationale), peut-on en tirer la conséquence que cette culture le détermine de part en part ? Enfin, dire que l'homme est liberté, ce serait méconnaître que bien souvent, voire la plupart du temps, personne ne parvient guère à s'arracher aux contraintes d'une vie tracée. La définition « humaniste » de l'homme reste donc une question ouverte, qui exige de réconcilier les limites de la finitude (qui désignent, comme le dit Sartre, nos « situations ») et l'horizon de la liberté (qui laisse ouverte la faculté de s'y arracher).

Comment penser l'unité de l'humanité ?

Admettons que ce problème soit résolu. S'ouvrirait alors un deuxième chantier redoutable : celui de définir l'unité de la « communauté humaine ». La description par Alexis de Tocqueville est sans doute la plus impressionnante pour raconter cette histoire. Elle décrit comment on est passé d'une humanité fragmentée en castes, en ordres, voire en races distinctes, à la reconnaissance que l'autre homme est un *alter ego*, c'est-à-dire un être essentiellement semblable. Impossible de rappeler tous les jalons ce long processus de ressemblance : le stoïcisme et la philosophie des sceptiques, sans doute ; le christianisme, bien sûr, qui déclare tous les hommes fils d'un seul Dieu ; mais aussi la découverte de l'Amérique parce qu'elle confronte la chrétienté à l'altérité d'un nouveau monde placé « hors Révélation »… Cette longue séquence, remplie de rechutes, trouve juridiquement son terme dans la Déclaration des droits de l'homme. Son message, qui s'impose désormais, est le suivant : abstraction faite de toutes leurs différences quelles qu'elles soient, les hommes naissent libres et égaux.

Cette unification de la communauté humaine ne va pourtant pas sans poser problème. Car, en rassemblant les hommes, l'humanisme pose aussi des frontières entre ce qui est humain et ce qui ne l'est pas. Il établit tacitement des critères de ce qui serait *sous-*, *sur-* ou *extra-*humain. C'est évidemment périlleux, car poser des bornes, c'est toujours exclure. C'est être tenté de refuser l'humanité à telle ou telle nature (de peau ou de sexe, par exemple), à telle ou telle culture (barbare, primitive ou simplement étrangère), à telle ou telle incapacité d'exercer sa liberté (l'enfance, la vieillesse, la folie...). En même temps qu'il unifie, l'humanisme sépare et scinde. C'est dans sa lumière que l'ombre du racisme s'allonge. Et que s'ouvre du même coup un espace infini de revendications : les droits « à l'humanité » de tous les sexes et de toutes les sexualités, de toutes les races et de toutes les ethnies, de tous les âges, de toutes les folies, mais aussi – pourquoi pas ? – d'autres espèces animales... jusqu'à ceux de la nature elle-même. Où passe donc la barrière de l'humain et du non-humain ? À qui va-t-on refuser l'identité humaine et l'égalité des droits ? La question, qui est un passe-temps intellectuel, en temps de paix, se cristallise brutalement au premier avis de tempête. C'est alors l'inhumanité qui devient le « propre » de l'homme...

Comment évaluer la place et l'action de l'homme dans la nature ?

Admettons là encore que la question soit réglée et qu'une frontière non belliqueuse soit établie entre les ordres qui oblige l'homme à se sentir responsable de tout ce qui n'est pas lui. Se poserait alors la question du statut de l'action de l'homme dans l'univers. Tel est le troisième défi de l'humanisme. Sa meilleure formulation se trouve chez Descartes : « Grâce à la science, écrit le philosophe, l'homme pourra se faire comme maître et possesseur de la nature », c'est-à-dire prétendre occuper dans la Création une place analogue à celle de Dieu lui-même.

Il y a deux manières d'interpréter cette prétention.

La première consiste à l'identifier à ce que les Grecs appelaient l'*hubris*, la démesure, et qui était leur péché capital. Pour eux, animés par l'idée d'un cosmos ordonné, rien n'était pire que d'introduire le désordre, rien n'était plus dangereux que ne pas occuper sa place. Être à sa place : telle était la définition de la sagesse. Mais dans un univers infini, comme le nôtre, sans ordre préfixé, comment connaître sa place ? L'humanisme est donc cette folie : une philosophie qui, partant de l'homme, retourne à l'homme, dans une sorte d'autarcie délirante, sans altérité, sans finalité autre qu'elle-même. Toutes les grandes critiques de la modernité vont dénoncer la démesure de l'humanisme en rappelant qu'il y a une grandeur devant laquelle l'homme doit s'incliner s'il veut rester humain. Dieu est plus grand que toi, diront les religieux ; la nature est plus grande que toi, diront les écologistes ; l'inconscient est plus grand que toi, dira la psychanalyse ; l'infrastructure économique est plus grande que toi, dira le marxisme en plein accord avec les théoriciens du néolibéralisme ; la vie est plus grande que toi, dira Nietzsche ; la matière est plus grande que toi, diront les matérialistes… Contre la tentation de la démesure, il convient d'humilier l'homme en lui rappelant sa petitesse.

La seconde interprétation possible du défi cartésien plaide pour une grandeur humaine qui produise ses propres limites : cette grandeur sans démesure, c'est ce qu'on appelle depuis les Lumières la majorité. L'humanité adulte que les Lumières appellent de leurs vœux, c'est une humanité à la fois autonome (elle se donne ses propres lois) et responsable (elle ne dépasse pas les bornes qu'elle s'est fixées). En effet, l'adulte est celui qui sait à la fois résister à l'humiliation de l'enfant et à la démesure débridée de l'adolescent. Cela suppose une vertu cardinale qui est, par excellence, celle de l'adulte : l'autocritique. Grâce à l'autocritique, l'homme a son autre en lui-même ; il trouve en lui-même la raison de ne pas être content de lui. Ce trait est celui de notre époque, parfois jusqu'à l'excès : repentance, déception, mauvaise conscience, pessimisme, haine de soi. On peut aussi penser que c'est le signe plutôt encourageant que notre époque accède à une première forme de majorité. La seconde, peut-être la plus difficile à atteindre, ce serait de viser la réconciliation avec soi. Alors seulement la majorité se fera maturité.

Comment donner sens à la finitude ?

Supposons que nous ayons la solution, à savoir un concept clair d'une action humaine responsable de l'humanité, de son environnement et de leurs avenirs communs, une redoutable question resterait encore en suspens : comment l'homme peut-il justifier sa vie à lui tout seul ?

La plupart du temps, il faut le reconnaître, cette question ne se pose pas. Notre agenda pour les heures, les semaines et les mois à venir est en général bien (et souvent même trop bien) rempli. Chaque action sert à une autre, qui sert à son tour à une troisième, etc. Lorsque nous sommes pris, sans y penser, dans la chaîne de ces petits projets, tout fonctionne bien, tout tourne rond. La quotidienneté, comme le dit Heidegger, suffit à nous combler. Mais il arrive parfois que le « tourner rond » nous apparaisse comme « tourner en rond ». Un immense ennui se dessine alors qui confine à l'angoisse. À quoi bon tous ces petits projets dérisoires, pensons-nous soudain, au regard de la fugacité de notre vie ? La question du sens ultime de tous nos petits projets s'ouvre de manière béante, et, en effet, angoissante. Sartre appelait cela « la nausée » : « Tout est gratuit, ce jardin, cette ville et moi-même. Quand il arrive qu'on s'en rende compte, ça vous tourne le cœur et tout se met à flotter [...] : voilà la Nausée. » C'est au fond la source de ce mal du siècle qu'est la dépression.

Si, face à elle, nous semblons moins immunisés que jamais, c'est que, dans notre modernité désenchantée, les grands remèdes du passé sont moins efficaces. Jadis, il y avait la puissance de la tradition qui imposait de faire comme on avait toujours fait : bénéfique certitude. Il y avait aussi la confiance en l'ordre du monde, invitant le sage à s'élever au-dessus de tout ce qui est périssable et mortel : grandiose aspiration. Il y avait enfin la foi en une splendeur divine, assez grande pour accueillir notre petitesse : belle assurance-vie éternelle. Bref, autant de garanties possibles d'avoir une place réservée, même infime, dans le déroulement immuable des choses. Récemment encore la perspective d'un avenir radieux, national ou révolutionnaire, pouvait remplir cet office. Qu'est-ce qui aujourd'hui peut encore justifier nos vies aussi brèves que vaines quand le passé se perd, la nature se tait, le ciel se vide et les lendemains ne chantent plus, bref, quand il n'y a plus que l'homme pour consoler l'homme ?

Sous réserve d'inventaire, encore une fois, il semble qu'il reste au moins trois méthodes disponibles qui correspondent aux trois définitions concurrentes de l'humain que nous avons repérées.

La première méthode est médicale. Elle impute au corps le motif profond des crises existentielles. Elle agit quand le mal-être se transforme en dépression et que se manifestent des symptômes. La psychologie clinique peut alors les repérer (selon des nomenclatures telles que le *DSM* ou le *CIM*[6]) et en atténuer les effets par des médicaments, les psychotropes. Pourvu qu'on n'en abuse pas, c'est là un bienfait considérable. Mais, en même temps, comment se satisfaire d'un traitement exclusivement chimique du sens ?

Une deuxième méthode – celle de la psychanalyse – vise à relier la crise à l'histoire personnelle afin d'en faire ressortir les ruptures et les continuités. Il s'agit de renouer les fils d'un récit inachevé, mais porteur de cohérence.

La troisième voie est celle de la philosophie. Elle ne prétend pas guérir du mal d'exister, mais, en exerçant l'esprit à sortir de la quotidienneté (telle est sa liberté), elle permet d'atténuer, d'anticiper et peut-être de neutraliser quelque peu la souffrance et l'ennui, les maux de la vie et le mal de vivre.

Ces trois méthodes ne sont pas incompatibles. Après tout, en cas de dépression, un cocktail bien dosé de quelques médicaments, d'un brin de psychothérapie et d'un zeste de philosophie pourrait s'avérer aussi efficace que bénéfique. Simplement, il faut reconnaître que, si bien dosé qu'il soit, il n'aura rien d'une panacée. La question de la justification de l'existence n'est plus réglée *a priori* dans l'humanisme, même si l'humanisme n'est pas dénué de ressources pour y répondre *a posteriori*.

Que retirer du rapide survol de ces quatre défis ? Ce simple constat : l'humanisme n'est pas la philosophie molle d'un consensus mou. Il n'est pas davantage un support solide et définitif sur lequel notre monde en déficit de références certaines pourrait se fonder. L'humanisme demeure aujourd'hui un programme à réaliser, exigeant, difficile et complexe. D'autant plus exigeant, difficile et complexe que l'humanité se trouve face à des questions tout à fait inédites qu'elle ne cesse de se poser à elle-même du fait de ses propres innovations scientifiques et techniques. Ni le Passé, ni la Nature, ni le Divin ne fournissent plus de réponse toute faite. La seule ressource disponible est la réflexion. C'est pourquoi l'humanisme désigne davantage un horizon de sens qu'un édifice établi. Un horizon a cette vertu d'être, en général, devant nous, mais d'avoir la fâcheuse tendance de reculer au fur et à mesure qu'on s'en rapproche. Comment en serait-il autrement pour une humanité qui tente d'être à elle-même sa propre transcendance ?

CHAPITRE 12

Les idéologies après la fin des idéologies

1989, 2001 ou 2011 : que choisir ? Quelle année méritera de figurer le démarrage du XXIe siècle dans les futurs manuels d'histoire ? 1989 a de nombreuses vertus : la chute du mur, le basculement de l'Est dans l'Ouest, la dramatique débâcle de conflits jusqu'ici congelés, bref la fin d'une séquence inaugurée en 1914 qui fait du XXe siècle une tragédie sans équivalent, mais un siècle heureusement écourté : seulement soixante-quinze ans ! Mais 1989 a aussi l'inconvénient de clore sans rien inaugurer, ou alors seulement, comme le pronostiquait Francis Fukuyama, l'ère de la « fin de l'histoire », même si celle-ci peut paraître – après coup – bien mouvementée. Insatisfait, on se tournera alors vers 2001, qui semble s'imposer. L'année est très proche du commencement numérique ; elle est spectaculaire, dramatique et inédite avec la destruction des Twin Towers ; elle offre donc une inauguration pleine de sens et d'horizons tragiques. Mais voilà que 2011 vient lui faire une redoutable concurrence. Il y eut d'abord les révolutions arabes (Tunisie, Égypte, Yémen, Bahreïn, Libye, Syrie), qui, pour certaines, ont mis à bas des dictateurs avec un même slogan aussi rustique qu'efficace : « Dégage ! », prélude à une succession de chaos. Vinrent, ensuite, le tsunami japonais et la catastrophe de Fukushima, qui sonnent comme un prélude aux catastrophes environnementales à venir. Enfin, il faut compter avec la crise économique qui, avec la menace des dettes souveraines, semble plonger le capitalisme financier dans un gouffre sans fond ni fonds. Avec de tels événements, dont les prolongements sont incertains, la fin d'Ousama ben Laden pourrait presque paraître anecdotique, d'autant que quelques mois plus tard naissait l'État islamique en Irak et au Levant.

Ce ne sont là, bien sûr, que des conjectures ; et il faut accepter de laisser la question ouverte, tant nous manquons de recul pour y répondre. Mais dans cette incertitude sur les grandes césures du temps se niche aussi notre désarroi sur le cours des idées et des grands courants de pensée. Pour le dire d'un mot : 1989 semblait clore une époque, celle du règne sans partage des idéologies guerrières et totales. Vingt-huit ans plus tard, il faut reprendre la question : quelles sont les idéologies d'après « la fin des idéologies » ?

L'« idéologie » en trois sens

Pour neutraliser d'emblée le caractère paradoxal de cette question, il convient d'établir quelques distinctions élémentaires sur ce terme d'« idéologie » aussi confus que débattu. Je ne me risquerai pas, après les analyses savantes et puissantes d'Althusser, d'Aron, de Boudon ou, plus récemment, de M. Gauchet[1], à proposer des définitions définitives ou inédites. Il me semble cependant possible de s'entendre *a minima* sur le fait que, dans ce concept, au moins trois registres sont en jeu.

Le premier registre, le plus général et le plus neutre, utilise le terme idéologie comme synonyme de « vision du monde ». L'idéologie, en ce sens, est un ensemble d'idées, de croyances, de valeurs ou de principes, propre à une époque (l'idéologie moderne), à un espace géographique (l'idéologie européenne ou américaine, française ou allemande) ou encore à tel ou tel aspect de la société (l'idéologie libérale, écologique, sanitaire, féministe, élitiste…). Ce sens courant peut faire l'objet d'un usage rigoureux et éclairant comme l'ont montré, par exemple, les travaux de Louis Dumont sur l'idéologie moderne ou sur l'idéologie allemande[2]. Il faut aussi rappeler que ce premier sens se situe à l'exact opposé du sens originel du terme, qui apparaît sous la plume de Destutt de Tracy (1754-1836) pour désigner la « science des idées ». Ce disciple de Condillac et du sensualisme entendait désigner par là non pas l'« esprit du temps », mais, au contraire, son étude génétique, systématique et critique dans le but de faire émerger une science exacte et définitive, épurée qu'elle serait de toute espèce de préjugés et d'illusions.

C'est face à l'ambition sans doute démesurée d'un tel projet que le terme a pris la dimension péjorative qui l'accompagne désormais le plus souvent. C'est ainsi que, avec le marxisme notamment, l'idéologie devient l'exact contraire de la science. Pour Marx, elle désigne, certes, toujours un dispositif intellectuel, moral et spirituel, mais seulement en tant qu'il reflète plus ou moins consciemment les réalités de l'infrastructure économique et sociale. « L'idéologie, écrit Louis Althusser en fidèle disciple de Marx, est la représentation du rapport imaginaire des individus à leurs conditions réelles d'existence[3]. » L'idéologie n'a donc aucune espèce d'autonomie par rapport aux systèmes de production et aux modes de propriété ; elle offre l'image fidèle des intérêts déterminés d'une classe déterminée. D'où le fait qu'il existe une pluralité d'idéologies, dont les conflits, selon Marx et ses épigones, coïncident avec la lutte des classes. Chaque époque économique connaît ainsi son « idéologie dominante », défendue et renforcée par ce qu'Althusser appellera les appareils idéologiques d'État (l'Église, la famille, l'école, les médias…), dont la puissance permet d'assurer avec une relative douceur le pouvoir d'une classe sur une autre. Cette lecture n'empêche pas Marx d'envisager une « fin de l'idéologie ». Elle adviendra lorsque, grâce à la critique féroce de l'idéologie dominante, pourra émerger dans une société ayant dépassé la lutte des classes une science exacte et universelle enfin débarrassée de toute espèce d'intérêts souterrains. En dessinant cet horizon, Marx rejoint *in fine* le projet ultime des idéologues du début du XIXe siècle, à savoir l'élaboration d'une science achevée, parfaitement neutre et désintéressée : cela même que ceux-ci nommaient « idéologie ».

Mais l'histoire paradoxale du terme est loin d'être achevée, puisqu'il est devenu courant de voir dans le marxisme lui-même le modèle de l'idéologie, l'idéologie *par excellence*. Ce troisième registre a été thématisé de la manière la plus puissante par Hannah Arendt. Dans son exploration des *Origines du totalitarisme*, Arendt redéfinit les idéologies, sur les exemples du racisme, du nazisme, du communisme, comme des «-ismes », c'est-à-dire des pensées à vocation systématisante. En un sens, elles se rapprochent de la philosophie telle que Kant la définissait à travers ses fameuses trois questions. Comme la philosophie, les idéologies présentent une dimension théorique (« Que puis-je savoir ? »), une dimension pratique (« Que dois-je faire ? ») et une dimension religieuse ou sotériologique (« Que m'est-il permis d'espérer ? »). La différence est que, dans les idéologies, les questions deviennent des réponses définitives, absolues et incontestables. L'idéologie propose d'abord une interprétation achevée du monde, à partir d'une seule et unique clé censée ouvrir toutes les portes de la connaissance du réel (la « lutte des classes » chez Staline ou la « lutte des races » chez Hitler). Elle offre ensuite un programme complet d'actions qui donne du sens à tous les gestes, même à ceux qui paraissent les plus insignifiants ou futiles (vendre un journal ou faire l'amour de telle ou telle manière). Elle apporte enfin la promesse d'un salut, dont le point focus n'est pas un au-delà incertain, mais la certitude d'un progrès d'ores et déjà visible de l'histoire humaine dans son ensemble. Les idéologies sont, en ce sens, des métaphysiques achevées, des éthiques complètes et des religions séculières. Ainsi, pour Arendt, leur pouvoir de séduction et d'attraction ne s'explique pas par des intérêts socio-économiques, comme le pensait Marx, mais il trouve ses ressorts dans les intérêts de la raison humaine elle-même, c'est-à-dire dans l'appétit insatiable de comprendre et dans le rêve effréné d'abolir sa propre finitude.

Cette lecture puissante permet de comprendre que les intellectuels soient les premières « victimes » des idéologies en même temps que leurs principaux vecteurs. Elles leur apportent en effet une forme extraordinaire de *dopage* dans l'exercice de leur métier d'expliquer et dans leur perpétuelle tentation de prescrire, voire de sauver. D'où aussi l'énergie considérable qu'ils déploient à les défendre (qui n'a d'égal que le déni des coureurs du Tour de France) en tentant aussi bien de les immuniser contre toute espèce de critique que d'esthétiser les contradictions qui leur sont inhérentes. D'un côté, la doctrine tend à devenir « infalsifiable », sourde à toute espèce de fait contrariant ; de l'autre, les incohérences se font « fécondes », « audacieuses » et forcément sublimes.

Les idéologies du XXe siècle

L'intérêt considérable de ce troisième sens du mot « idéologie » est qu'il est parfaitement adapté à la description de l'histoire du XXe siècle, dominé par ces formes inédites de systèmes de pensée. Le communisme, mais aussi le fascisme, le racisme, le nationalisme en ont été les protagonistes principaux, ce qui permet en effet de qualifier ce siècle de « siècle des idéologies ». C'est ce que montre avec une acuité particulière François Furet dans son grand livre *Le Passé d'une illusion. Essai sur l'idée communiste au XXe siècle*[4]. Pour résumer succinctement son analyse, on pourrait dire que ces idéologies-là furent le fruit de trois phénomènes. Elles naissent d'abord du « désenchantement du monde » qui, vidant le ciel de toute espèce de révélation et de providence, laisse l'être humain dans le désarroi le plus total face aux abîmes de la finitude. Confrontée à ce manque, l'idéologie va demander à la science, produit moderne par excellence, de fournir des réponses à toutes les grandes questions : la vie, la mort, le vivre-ensemble, le sens de l'histoire. D'où le vernis scientifique de ces idéologies qui sont en fait, selon la belle formule d'Aron, des « religions de salut terrestre ». Le second terreau d'où sortent les idéologies du XXe siècle est la déception démocratique. Alors que l'avènement de l'esprit démocratique (au sens de Tocqueville) laissait espérer une complète maîtrise de la nature et de l'histoire au profit du bonheur humain, la démocratie – bourgeoise – paraissait sombrer dans une profonde et médiocre impuissance. Certes, elle avait détruit les carcans de la tradition et les chaînes des préjugés, mais sans pour autant reconstruire quoi que ce soit, sinon de nouvelles chaînes et de nouveaux préjugés. Les idéologies du XXe siècle s'installent sur ces promesses non tenues. D'un côté, elles se nichent sur un déficit du particulier, puisqu'elles promettent de renouer les fils et les liens communautaires, familiaux... que la démocratie a détruits (fascisme). D'un autre côté, elles habitent le déficit de l'universel, en annonçant la réalisation prochaine de l'égalité et du bonheur pour l'humanité tout entière (communisme). Bref, les idéologies entendent achever la démocratie au double sens du terme, c'est-à-dire à la fois l'éliminer et l'accomplir. C'est peut-être dans cette double contrainte que réside le cœur de la tragédie.

Il y a encore une troisième racine qui permet d'expliquer leur puissance négative : c'est la guerre de 1914-1918. En effet, ce traumatisme sans équivalent dans l'histoire européenne a habitué des populations entières à la violence, à la vengeance, à la haine ; elle les a aussi formatées à l'obéissance aveugle et à l'esprit de sacrifice ; elle les a accoutumées enfin à la recherche collective du bouc émissaire (le Boche, le bourgeois, le juif...). Les idéologies sont les filles de la guerre : celle-ci leur donne une puissance maléfique. « Bolchevisme et fascisme, écrit ainsi Furet, se suivent, s'engendrent, s'imitent et se combattent, mais auparavant ils naissent du même sol, la guerre ; ils sont les enfants de la même histoire » (p. 197).

Or c'est cette configuration particulière de l'idéologie qui semble s'épuiser dans l'immédiat après-guerre. La paix s'installe à l'Ouest ; la guerre se congèle à l'Est et la démocratie, partout, redevient peu à peu l'horizon indépassable, même si c'est au prix de bien des malentendus. C'est d'ailleurs à cette époque que le thème de la fin des idéologies commence à apparaître dans les débats intellectuels occidentaux. Selon le sociologue américain Daniel Bell, auteur lui-même d'un fameux livre qui porte ce titre[5], la première occurrence de l'expression apparaît en 1947 sous la plume d'Albert Camus[6]. Si les socialistes français, écrit Camus, renoncent au marxisme en tant que philosophie absolue et n'en gardent que son aspect critique, « ils démontreront que ce temps marque la fin des idéologies, c'est-à-dire des utopies absolues qui se détruisent elles-mêmes, dans l'histoire, par le prix qu'elles finissent par coûter ». C'est en 1955 que la formule devient une appellation contrôlée. Aron conclut son livre *L'Opium des intellectuels*[7] par un chapitre intitulé « Fin de l'âge idéologique ». La même année se tient à Milan une conférence internationale sur le sujet qui rassemble, outre Raymond Aron et Daniel Bell, Karl Polanyi, Edward Shils, Charles Anthony R. Crosland, Seymour Martin Lipset, etc. Voilà ce qu'écrivait Daniel Bell à ce propos en 1960 : « Aujourd'hui, ces idéologies sont exsangues. Les événements qui se cachent derrière ce changement sociologique d'importance sont complexes et divers. Des catastrophes comme les procès de Moscou, le pacte germano-soviétique, les camps de concentration, l'écrasement des ouvriers hongrois, forment une première chaîne de causes ; des changements sociaux comme la modification du capitalisme, le développement de l'État-providence, en sont une autre. En philosophie, on peut suivre à la trace le déclin des croyances simplistes, rationalisantes [...]. De toute cette longue histoire, un fait simple apparaît : pour l'intelligentsia radicale, les vieilles idéologies ont perdu de leur “vérité” et de leur pouvoir de séduction [...]. Dans le monde occidental, il y a donc aujourd'hui un quasi-consensus parmi les intellectuels autour des enjeux politiques : acceptation de l'État-providence, avantage d'un pouvoir décentralisé, système mixte en économie et pluralisme politique. En ce sens, l'âge idéologique appartient au passé[8]. » À suivre cette lecture, on pourrait dire que les idéologies (au sens d'Arendt) sont mortes en 1945. 1989 apparaît ainsi comme un simple élargissement de la fin des idéologies ou, comme l'écrivait Francis Fukuyama dans le courant de cette même année, de la « fin de l'histoire[9] ». Aucun « autre monde » ne semble possible que celui de la démocratie libérale de marché.

Deux scénarios erronés : mort de l'idéologie et retour du religieux

Ce rappel était indispensable pour tenter de mieux cerner la question. Nous savons à peu près d'où nous sommes sortis, mais comment comprendre ce dans quoi nous entrons ? Autrement dit, puisque les idéologies (du XXe siècle) sont mortes, quelles seront les formes idéologiques du futur ? Pour tenter de répondre à cette question difficile, il me semble qu'il faut d'abord résister à la tentation de deux scénarios fort séduisants, mais, je crois, erronés.

Le premier consiste à croire qu'on aurait, après 1989, « jeté le bébé avec l'eau du bain ». Autrement dit que toute forme d'idéologie serait morte avec la fin des idéologies (communisme, fascisme). Notre époque, définitivement vaccinée contre les « grands récits », se serait, après les tragédies du XXe siècle, convertie au réalisme, à l'intérêt bien entendu et, surtout, à la recherche exclusive du bien-être. La preuve ? La rapidité du basculement de l'Est communiste dans un Ouest néolibéral et l'aspiration unanime des pays émergents à la prospérité. Il y a une puissante illusion dans ce diagnostic que l'on peut identifier *grosso modo* aux versions les moins élaborées du néolibéralisme, pour au moins deux raisons. D'abord, l'idée de fin des idéologies prise en ce sens (qui – j'y insiste – n'a rien à voir avec les auteurs cités précédemment) relève clairement d'une lecture idéologique, puisqu'elle prétend elle aussi expliquer le monde (par l'économie), construire un programme (laisser-faire) et fournir un sens (l'harmonisation mécanique des intérêts individuels, soit : la main invisible). Ensuite parce que – ironie de l'histoire – elle constitue une revanche posthume du sens marxiste, dont elle représente une sorte de validation *a posteriori*. Certes l'homme néolibéral, comme l'homme marxiste, est animé par le seul souci économique, mais il prétend naïvement posséder la pleine conscience des intérêts qui l'animent. L'idéologie néolibérale de la fin des idéologies est ainsi particulièrement vulnérable à la critique et au soupçon marxistes. Mais elle comporte d'autres inconvénients qui l'empêchent d'accéder à la puissance du communisme et, quoi qu'on dise, au statut d'idéologie dominante. Elle n'a d'abord aucune dimension messianique. Sa promesse de bonheur universel (prospérité) ne cesse d'être démentie par les faits têtus de la pauvreté et des inégalités qui, quels que soient les succès (réels) de l'économie de marché en la matière, ne seront jamais abolis. Par ailleurs, parce qu'elle est individualiste, elle n'offre pas de programme collectif et, parce qu'elle est fataliste sur la condition humaine, elle n'invite pas l'individu à se changer (à se convertir) du tout au tout. Simple parure de l'égoïsme particulier, elle est dépourvue des ressorts indispensables qui lui permettraient d'offrir la perspective d'un nouveau grand dessein, dont, au contraire, elle alimente la nostalgie… à mon sens quelque peu naïve.

Il existe un second scénario qui constitue un obstacle à l'appréhension de la reconfiguration idéologique de notre temps, c'est celui du « retour du religieux ». Sous sa forme la plus simple, il consiste à penser qu'après la fin des idéologies (en tant que religions de salut terrestre), le temps serait à nouveau venu des religions de salut céleste. Retour à un *statu quo ante*, en quelque sorte, dont le diagnostic est alimenté à la fois par les différentes montées en puissance des fondamentalismes religieux (notamment en terre d'Islam) et, plus généralement, par le retour en grâce du spirituel. La principale objection qu'on peut faire à cette lecture tient au fait qu'il est toujours délicat en histoire de parler de « retour en arrière ». En l'occurrence, le religieux qui est censé revenir n'a à peu près rien à voir avec le religieux d'avant le désenchantement du monde. C'est ce qu'ont montré pour l'islam les interprètes à mon sens les plus pertinents ; je pense, entre autres, à Olivier Roy et Gilles Kepel[10]. L'islamisme radical, disent-ils, combat en réalité à double front. Il s'oppose à la fois à la religion traditionnelle, qu'il juge conservatrice et inadaptée, et à la démocratie occidentale, qu'il trouve destructrice et impie. Il n'est donc à l'aise ni dans la tradition ni dans la modernité, mais promeut, à l'instar des fascismes des années 1930, une posture « révolutionnaire conservatrice ». Il ne s'agit donc pas d'un retour du religieux, mais au contraire d'une tentative – très problématique dans sa cohérence même – d'« idéologisation de la religion ». Alors que le bolchevisme cherchait à transformer l'idéologie en religion, le fondamentalisme tente de métamorphoser la religion en idéologie. Et là encore l'image du dopage semble pertinente, parce qu'il s'agit de gonfler quelques certitudes assez frustes en clés de lecture, programme et horizon incontestables. Analysé avec distance, le phénomène apparaît comme le symptôme pathologique d'une douloureuse transition des sociétés traditionnelles vers la modernité. Ce qu'il ne faut pas confondre avec le retour en grâce des questions spirituelles dans les sociétés modernes, qui correspond au refus démocratique d'une existence focalisée sur la seule dimension économique.

L'écologisme et l'indignationnisme

Une fois éliminés ces deux scénarios, qui permettent néanmoins de poser les deux premiers jalons du panorama des idéologies contemporaines, que peut-on encore repérer de neuf ? Je perçois deux phénomènes principaux. Le plus spectaculaire et sans doute le plus durable est la montée en puissance des préoccupations environnementales et écologiques. Avec le recul, on est même frappé de la rapidité avec laquelle ce sujet, de marginal qu'il était dans les agendas publics de la plupart des pays occidentaux et émergents, est passé dans le peloton de tête des soucis et des débats. Nous avons assisté depuis 1989 à une idéologisation croissante de l'écologie[11], mais qui n'atteint pourtant pas le degré de celles du XXe siècle. Même si nombre de déçus du communisme (ou, plus secrètement, du fascisme) ont trouvé là l'espoir et l'occasion d'une reconversion, il faut tenter de comprendre pourquoi cette « idéologisation » ne fonctionne pas à plein régime. Il me semble que cette limite tient au fait que plusieurs strates du phénomène se contrecarrent.

À un premier niveau, on trouve la prise de conscience, totalement absente dans le marxisme, de la finitude de la planète et de ses ressources. Le thème est loin d'être nouveau (on pense au rapport du Club de Rome de 1972, aux thèses de Hans Jonas ou à celles de Jacques Ellul), mais il a acquis une force de conviction générale. D'autant plus puissante d'ailleurs que le constat s'imposait que les populations des pays émergents pourront parvenir assez vite à des conditions de vie équivalentes de celles de l'Occident. Il est clair que la planète n'y suffira pas. Et ce, d'autant moins que la confiance à l'égard de l'innovation scientifique pour repousser, voire résoudre la finitude humaine, se trouve profondément ébranlée. Il est devenu moins évident que la science puisse, comme on le pensait jadis, trouver toujours les solutions aux problèmes qu'elle crée. La promesse d'une amélioration universelle des conditions de vie alimente paradoxalement une vision de plus en plus pessimiste.

D'où l'apparition, à un second niveau, d'une nouvelle peur de l'avenir dont la portée idéologique est indéniable. Car la peur, si je puis dire, a une fonction « rassurante ». C'est ce que disait Freud à propos des phobies : leur multiplication nous permet d'échapper à l'angoisse causée par des conflits psychiques insupportables. L'angoisse, qui ne porte sur rien, ne peut être combattue, tandis que les peurs, qui sont limitées, peuvent être apprivoisées. On préfère, donc, avoir peur de quelque chose, plutôt que d'être angoissé par rien, c'est-à-dire par tout. D'où cette *idéologie* de la peur si puissante aujourd'hui dans un monde pourtant sécurisé comme jamais. Elle est une idéologie, car elle offre, au fond, tout ce qui manque à nos sociétés désenchantées : elle fait sens (tout s'explique !), elle fait lien (tous ensemble !) et elle fait programme (agissons !). La perspective d'une menace (réchauffement climatique) ou d'une catastrophe (nucléaire) permet donc de mettre du sens dans un monde complexe qui semble ne plus en avoir. Il faut « sauver la planète » !

Mais cette idéologie – c'est le troisième étage – reste négative. Sa vision catastrophique échoue à dessiner un horizon positif. D'ailleurs, la référence à la *Nature* qui l'anime est en réalité très ambivalente.

Car si nous aspirons à une nature préservée, c'est aussi pour pouvoir en profiter pour les vacances, rapidement, et avec tout le confort moderne. Et personne (au presque) ne pousserait son éloge vibrant du naturel au refus des bonnes pratiques médicales ou à celui des technologies les plus innovantes. L'idéologisation de l'écologie se trouve donc limitée par une sorte de contradiction entre sa puissance négative (la peur) et sa faiblesse positive (la nature). Ce qui explique que, malgré quelques tentatives épisodiques, elle ne parvienne pas à fonctionner à pleine puissance.

L'écologisme est parfois perçu comme le dernier avatar ou ersatz des idéologies du XXe siècle, mais il ne faudrait pas pour autant, dans le panorama des idéologies d'aujourd'hui, négliger un autre phénomène tout à fait paradoxal que je me suis résolu à qualifier *cum grano salis* d'« indignationnisme ». Le succès planétaire du titre de Stéphane Hessel[12] est révélateur d'une idéologisation de ce qui apparaissait chez Marx comme l'antidote par excellence de l'idéologie, à savoir la *critique*. Or la critique tend de plus en plus à devenir une idéologie. Elle en présente les trois traits caractéristiques. Elle offre une puissante explication du monde, puisque tout cache forcément quelque chose, puisqu'il y a toujours des intérêts cachés à dénoncer, des complots ourdis dans l'ombre à révéler. Elle donne un programme d'action simple et lumineux : il faut s'indigner, résister, ensemble contre tout ce que qui ne va pas, et – bien sûr – la liste est longue. Elle est sans doute moins performante sur la troisième dimension du salut, mais comme chacun est persuadé que l'avenir ne sera pas radieux, l'« indignationnisme » retrouve dans l'absence de perspective une forme de perspective.

Ce qui est singulier, c'est que cette indignation structurée par la critique tend à s'immuniser elle-même contre toute espèce de critique, selon le processus que Karl Popper avait parfaitement décrit en parlant des « pseudosciences ». Ainsi, à partir du moment où l'on critique les « puissants » (entité ô combien abstraite !), toute critique adressée à cette critique ne peut que relever de la « résistance » (au sens psychanalytique du terme cette fois), c'est-à-dire de la réaction de défense de ces mêmes intérêts dominants. Ainsi, un humoriste qui dépasse les bornes est forcément dans le vrai dès lors qu'il est viré par sa rédaction. Cette réaction confirme *a posteriori* la justesse du diagnostic. L'indigné recherche d'ailleurs avec avidité les moindres signes de « répression », ce qui n'est (hélas ?) pas toujours aisé à trouver dans l'univers démocratique. « Nous avons besoin de grands complots et de grands salauds pour que notre vie continue d'avoir un sens et que nous sachions quoi faire : résister ! », voilà ce que pense en substance l'indigné. Ce qui rappelle l'extraordinaire discours de Brissot durant la Révolution française, au moment où doit se décider la guerre contre l'Europe des rois (1791) : « Je l'avouerai, Messieurs, je n'ai qu'une crainte, c'est que nous ne soyons pas trahis… Nous avons besoin de grandes trahisons : notre salut est là […]. Les grandes trahisons ne seront funestes qu'aux traîtres, elles seront utiles aux peuples[13]. » L'indigné aspire à la simplicité de la guerre dans la complexité désespérante d'un monde pacifié mais dénué de promesses. Il veut retrouver l'ivresse du combat mais sans la gueule de bois qui la suit souvent.

Néolibéralisme, fondamentalisme, écologisme, « indignationnisme » : nous aurions là, sous réserve d'un inventaire plus complet, le panorama des quatre idéologies du temps présent. Ou plutôt, faudrait-il dire plus justement, des quatre tentatives d'idéologie, car aucun de ces quatre courants ne parvient à s'imposer et à aller jusqu'au bout de son processus. Traversés par des contradictions insolubles qui bloquent leur développement, ils sont aussi dépourvus de l'horizon radieux qui bouclerait l'ensemble[14]. Peut-on le regretter ? Cela me paraît difficile, tout comme il me paraît difficile d'éprouver une quelconque nostalgie à l'égard des fameux débats intellectuels de jadis, à la lumière desquels on entend parfois dénoncer la médiocrité du temps présent. Mais cet échec salutaire des idéologies à se reconstituer en bloc tient au bout du compte à une ressource essentielle des démocraties tardives : la puissance de l'autocritique. Cela même qui entrave, énerve, bloque, mais qui permet aussi d'éviter de prendre des messies pour des lanternes. C'est sans doute avec cette idée que nous percevons le plus clairement que notre époque est celle de la fin des idéologies et que, ce faisant, elle a fait un pas de plus vers une maturité qui reste pourtant encore bien lointaine.

CHAPITRE 13

La philosophie politique de l'État islamique

Cet article a été écrit aux lendemains des attentats du 13 novembre 2015. Cette nuit-là, cent trente personnes sont tuées et plus de trois cent cinquante sont blessées au Stade de France, aux terrasses de cafés de Paris et surtout au Bataclan. C'était moins d'un an après les massacres de Charlie Hebdo *et de l'Hyper Cacher ; c'était après l'« esprit du 11 janvier », qui semblait désormais bien loin ; mais c'était surtout après de nombreux signes avant-coureurs que les plus lucides (et je n'en étais pas) regardaient avec un alarmisme qui suscitait contre eux la vindicte générale. Ils avaient pourtant raison : la France avait face à elle – et chez elle – de nouveaux ennemis, qui n'aspiraient pas seulement à combattre la civilisation démocratique, mais à la détruire.*

Quelques jours plus tard, je devais retrouver mes étudiants de la Sorbonne pour mon cours d'amphi de philosophie politique. Je ne me voyais pas continuer le programme comme si de rien n'était – Platon, Machiavel, Rousseau – après quelques paroles compassionnelles. Non ! face à la tragédie, il fallait montrer que la philosophie en général, et politique en particulier, n'est pas qu'un exercice scolaire ou de style, mais qu'elle sert à comprendre le réel même et surtout quand il est tragique. C'est ce qui a motivé cet article, qui d'abord fut un cours.

Je sais que certains étudiants ont été étonnés, d'autres, peut-être, agacés par le propos – mais je sais aussi que la plupart m'ont su gré de m'adresser à leur intelligence plutôt qu'à leurs sentiments et de partager avec eux mes interrogations et mes recherches imparfaites. Certains de leurs messages m'ont touché comme rarement. Le projet était simple : il s'agissait de définir la « philosophie politique de Daech », d'identifier l'ennemi qui venait de sonner le retour du tragique dans l'histoire française.

La doctrine

Le titre pourra choquer : peut-on attribuer la dignité d'une pensée philosophique aux monstrueux auteurs des attentats des 7 et 9 janvier et du 13 novembre 2015 ? Sous l'effet de la sidération, on préférera les qualificatifs de fous furieux ou de barbares archaïques. Mais, une fois l'émotion passée, il faut mesurer sa double erreur : décidément ces fous sont bien rationnels et ces barbares trop au fait des technologies les plus avancées. En outre, comme nous avons par le passé trop souvent sous-estimé cet adversaire redoutable, il est peut-être temps de saisir l'idéologie qui l'anime. Si elle peut séduire tant de personnes, y compris dans notre univers démocratique et au point qu'elles lui sacrifient leurs vies, il est urgent d'identifier les ressorts de son pouvoir d'attraction et donc, aussi, sa cohérence.

Je suivrai ici de près, mais librement, les analyses de plusieurs spécialistes, malgré leurs différences : Gilles Kepel et Olivier Roy, mais aussi et surtout Marcel Gauchet[1] dont l'interprétation présente l'intérêt extrême, pour nous qui restons collés au fil de l'actualité, de situer cette forme particulière de fondamentalisme dans le temps long de l'histoire humaine.

La transition moderne

SOCIÉTÉS RELIGIEUSES CONTRE SOCIÉTÉS MODERNES

Tout le mystère de l'histoire humaine peut se lire comme celui d'une transition, longue et sinueuse, entre deux types de sociétés : les sociétés religieuses et les sociétés modernes. Comment comprendre que de l'univers religieux des anciens ait pu naître notre univers laïque et démocratique ? Tout semble en effet opposer les sociétés traditionnelles et les sociétés modernes. Nous nous pensons individuellement et collectivement autonomes, maîtres et possesseurs de nos règles de vie et de nos lois, alors qu'elles s'affirmaient « hétéronomes », rejetant dans le passé ou le sacré la source ultime de toute norme. Nous apprécions plus que tout le progrès et l'innovation, alors qu'elles les regardaient comme les péchés par excellence, leur préférant la pérennité de la coutume et la valeur du passé. Nous faisons spontanément de l'individu la valeur cardinale de nos sociétés, alors qu'elles n'accordaient d'existence à l'être humain que comme membre d'une collectivité (holisme) qui l'englobe et la dépasse à tous égards. Nous pensons les humains comme des égaux quels que soient leur sexe, leur âge, leur ethnie ou leur position sociale, tandis qu'elles envisageaient d'emblée une multitude de degrés dans un continuum hiérarchique.

Autonomie, progrès, individualisme, égalité contre hétéronomie, tradition, holisme, hiérarchie : l'opposition est totale. L'histoire du passage d'une société religieuse à son contraire moderne est marquée d'innombrables accélérations et régressions. Son point d'aboutissement (non nécessaire) est la démocratie capitaliste occidentale, qui suscite dans le monde un double mouvement d'attraction et de répulsion. Attraction pour son mode de vie prospère et pacifique ; répulsion pour la puissance destructrice qu'elle recèle à l'égard du « monde d'avant ».

DESTRUCTION CRÉATRICE *VS* RÉVOLUTION CONSERVATRICE

Cette histoire de la transition moderne est marquée par deux types de forces qu'on pourrait appeler tragiques car ambivalentes. D'un côté, celles de la *destruction créatrice* propres au capitalisme, mais aussi à la démocratie ; de l'autre, celles de la *révolution conservatrice* caractéristiques des adversaires de la transition.

Exemples des premières : la destruction des solidarités traditionnelles oblige à créer des solidarités nouvelles (État-providence) ; la fin des paysans contraint à inventer l'écologie… Exemple des secondes : le désir de Luther de revenir contre les dérives « modernistes » de l'Église de son temps par rapport au message pur et originel du christianisme. Mais, ce faisant, Luther invente et accélère la modernité en promouvant l'« esprit critique » contre l'autorité. Conservateur dans son projet, il se révèle révolutionnaire dans sa méthode. Même chose pour Hobbes qui, aspirant à refonder une autorité politique légitime et solide, contribue paradoxalement à sa « démocratisation ». *Destruction créatrice* et *révolution conservatrice* sont les deux tempos qui rythment la grande transition moderne depuis qu'elle est enclenchée.

Au XXe siècle, tout s'accélère : la révolution industrielle achève de détruire l'ancestrale société paysanne (fondamentalement religieuse et traditionnelle dans son principe) sans que l'on puisse d'emblée percevoir le nouveau cadre de la « recréation ». Ce sentiment de fin du monde accélérée entraîne une réaction terrible : celle du totalitarisme.

LE TOTALITARISME

Le mot, rappelons-le, est utilisé pour la première fois (et de manière positive) par Mussolini en 1932 pour désigner l'État « totalitaire » qu'il appelle de ses vœux. Cet idéal se conçoit à partir de l'échec des démocraties libérales ou, plus exactement, des « gouvernements représentatifs ». Que leur reproche-t-il ? Tout simplement de n'être ni des gouvernements ni représentatifs. Ce ne sont pas des gouvernements car, englués dans les crises parlementaires, ils apparaissent tout à fait impuissants ; et ils ne sont pas représentatifs car leur pouvoir leur semble préempté par une caste bourgeoise égoïste et sectaire : les notables. C'est face à ce double échec que Mussolini forge l'idée d'un État totalitaire qui retrouverait le véritable sens de la communauté (holisme), la réalité du lien social (hiérarchie), une autorité incontestée (hétéronomie) et lutterait contre l'individualisme destructeur. Sans l'identifier lui-même, Mussolini aspire à la restauration d'une société religieuse ; mais, nourri de la philosophie moderne de l'histoire, il inscrit son projet dans le futur (révolution) plutôt que dans le passé, en mobilisant pour y parvenir tous les instruments modernes (technologies, propagande, gestion des masses), en cherchant à les « retourner » contre la modernité qui les a produits.

Le nazisme tout comme le marxisme-léninisme et le stalinisme entrent pleinement dans le cadre de ce projet, même si c'est selon des modalités et des stratégies différentes : le premier est aussi étroit que le second est universaliste ; le premier est plus conservateur que révolutionnaire alors que le second est plus révolutionnaire que conservateur. Cela justifie assez la validité (pourtant toujours contestée) du concept de totalitarisme. L'idée qu'ils sont des « religions séculières » (Aron) permet de rendre raison de leur structure contradictoire, mélange monstrueux d'ancien et de moderne ; d'hyper-traditionalisme et d'ultramodernisme.

À la place du contenu religieux, le totalitarisme a mis *la science*, soit l'autorité suprême de l'âge moderne. La théorie de la lutte des races, dans un cas, et celle de la lutte des classes, dans l'autre, permettent de rendre compte de la totalité du devenir historique, d'en prédire de manière certaine le cours et d'en déduire une politique vraie. Accessoirement, elle autorise à considérer ses opposants comme de simples erreurs de raisonnement ou bugs du logiciel qu'il convient d'effacer froidement, sans regrets ni scrupule – et même par devoir !

LE FONDAMENTALISME

Le totalitarisme est une maladie moderne intraeuropéenne. Le fondamentalisme, s'il émerge en Occident, se développe avec toute sa puissance dans l'espace non occidental. Celui-ci subit de plein fouet les destructions causées par la modernité ; et ce avec une ampleur et une rapidité sans commune mesure avec l'histoire européenne. Le terme de fondamentalisme apparaît dans le contexte du protestantisme américain du début du XXe siècle. Il aspire à replacer la religion au fondement de la société dans son ensemble. Pour ce faire, il conteste l'arme de la modernisation qui semble la plus incontestable : la science. C'est en effet celle qui est la plus massivement destructrice, puisqu'une fois qu'on y entre, elle oblige à renier la tradition, la Création, la hiérarchie, la communauté… bref, l'ensemble de la société religieuse. Le mouvement « créationniste » américain trouve ses racines dans ce mouvement antiscientifique.

Mais cette contestation de la vision scientifique du monde n'empêche nullement d'user de tous ses produits dérivés pour favoriser le projet d'un retour à la tradition encore plus pure et plus originelle que celle des Églises officielles. Telle est la contradiction essentielle du fondamentalisme : *il rejette la tradition qu'il prétend accomplir (en quête d'une religion plus pure) ; et il adopte la modernité qu'il entend abolir (utilisation des armes modernes).* Les « *infidèles* » sont à la fois les modernes occidentaux et les musulmans modérés (déjà trop contaminés par la modernité). Où l'on retrouve la structure « hypertraditionalisme et ultramodernisme » propre au totalitarisme.

Mais l'esprit fondamentaliste se distingue de l'esprit totalitaire par son refus de la vision scientifique au profit de la religion. Alors que le totalitarisme tentait de rendre religieuse la politique, le fondamentalisme (re)politise la religion : il transforme la religion en idéologie.

Le fondamentalisme islamique

Dans son article déjà cité, Marcel Gauchet éclaire de manière limpide le mécanisme de création et de diffusion du fondamentalisme musulman. Puisqu'on ne saurait mieux dire que lui, je me contente ici de résumer son analyse indispensable.

NAISSANCE

C'est chez le penseur pakistanais Mawdudi (1903-1979), créateur de Jamaat-e-Islami[2], que l'on trouve les fondements du fondamentalisme musulman. Le contexte est celui des années 1930 et des luttes de décolonisation de l'empire des Indes. Face aux Britanniques, Mawdudi ne se contente pas de revendiquer la création d'un « État des musulmans », mais il appelle un « État islamique », formule dont il semble être l'inventeur.

On trouve chez lui trois redéfinitions qui constituent les piliers du fondamentalisme : redéfinition de la religion, de la souveraineté et du djihad.

Pour Mawdudi, « l'islam n'est pas une *religion* dans le sens communément admis de ce mot. C'est un système comprenant tous les aspects de la vie ». La Charia qui en constitue le cœur embrasse l'organisation collective dans son ensemble. Elle définit aussi bien « les relations familiales, les affaires sociales et économiques, l'administration, les droits et les devoirs des citoyens, le système judiciaire, les lois de la guerre et de la paix et les relations internationales ». Bref, elle détermine un ordre social « où rien n'est superflu et où rien ne manque ».

En matière politique, Mawdudi prône une « théodémocratie », récusant la version occidentale de la démocratie qui transfère indûment la souveraineté qui n'appartient qu'à Dieu au peuple, mais reconnaissant à ce dernier le choix de ses dirigeants.

Il théorise le djihad dans une perspective radicalement universaliste, dont l'horizon est le califat conçu comme État islamique mondial – « L'islam revendique toute la terre et non une petite partie. »

Ces trois idées feront leur chemin tant chez les Frères musulmans d'Égypte qu'au sein du clergé de l'Iran chiite.

J'ajoute un point biographique : né en Inde, Mawdudi meurt aux États-Unis en 1979 dans l'État de New York. Il était venu y soigner une maladie rénale près de son fils médecin… L'Occident est honni, mais certains de ses progrès sont appréciés !

Ce premier germe du fondamentalisme musulman, suivi de quelques autres, reste assez marginal jusque dans les années 1970. Dans le monde arabe, la révolte contre les impérialismes prend jusqu'alors une forme socialiste et non encore islamiste. Le « socialisme arabe », celui par exemple du parti Baas, d'Irak et de Syrie, est laïc, scientifique, révolutionnaire, progressiste. Il utilise, pour aller vite, le langage « totalitaire » européen sans adopter encore sa voie propre.

CONDITIONS DE DIFFUSION

Ce sont trois facteurs principaux qui vont contribuer à la montée en puissance du fondamentalisme musulman.

Il y a d'abord un profond sentiment d'humiliation. Alors que l'islam se considère comme « le dernier mot » de Dieu, comme le monothéisme ultime, donc « le plus vrai », comme le « sceau de la prophétie », il se voit géopolitiquement soumis, historiquement dominé, spirituellement défait. Cette anomalie produit un ressentiment puissant, source d'une énergie à utiliser.

D'autant que l'islam a toujours à l'esprit l'épopée de sa fondation et de sa diffusion extraordinairement rapide. Cet « esprit de conquête », hérité des origines, donne à son universalisme (trait obligé de tout monothéisme, puisqu'un seul Dieu règne) sa dimension spécifique. En dépit de la division et de la soumission accidentelles, l'empire unifié reste l'horizon.

Cette perspective est nourrie par un troisième trait caractéristique : la surenchère littéraliste. Sans doute, toutes les religions du Livre sont-elles confrontées au mystère du message divin mis en mots. Mais, alors que le judaïsme et le christianisme intègrent le moment herméneutique comme un moment nécessaire de leur doctrine – pour eux, si l'esprit est divin, les mots sont humains, et ces humains sont plus ou moins inspirés (tables de la loi, prophètes, témoins évangélistes) –, l'islam tend à délégitimer toute espèce d'interprétation au nom d'une lettre elle-même considérée comme de part en part divine. C'est Dieu lui-même qui a dicté son message à un prophète jusqu'alors analphabète. Une telle lecture, qui méconnaît tout ce qu'on sait de l'établissement laborieux et tardif du texte coranique et des querelles internes à l'islam, conduit à ce qu'on pourrait appeler une « ontologie textuelle », soit l'idée que seul le Coran est réel, plus réel que le réel. Le salafisme, héritier du wahhabisme, représente une telle dérive littéraliste. En un premier sens, il peut être tout à fait inoffensif et déboucher sur une pratique religieuse focalisée sur la lecture du Coran et l'observance stricte de ses commandements, puisque le texte est la seule réalité qui vaille. Mais, en un second sens (takfirisme[3]), il peut aussi se scandaliser de voir que la réalité colle si peu au texte et en conclure qu'il convient de la forcer à changer ! La démarche est là beaucoup moins inoffensive, on s'en doute. Ce qui importe, c'est que rien dans la première tendance ne peut venir freiner la seconde. C'est pourquoi, d'ailleurs, les salafistes quiétistes se contentent aujourd'hui, face aux attentats et aux crimes, de dire « c'est pas nous ! » sans trouver aucune bonne raison d'affronter ces autres « eux-mêmes » devenus activistes.

Sentiment d'humiliation, esprit de conquête, rigorisme littéraliste : ces trois ferments vont arriver à maturation au moment même où l'idéologie totalitaire épuise ses derniers feux.

1979

Marcel Gauchet pointe, avec raison, l'année 1979 comme le basculement spectaculaire de l'esprit totalitaire à l'esprit fondamentaliste dans un contexte de triomphe de la modernité. 1979, c'est la révolution islamique d'Iran qui installe pour la première fois le fondamentalisme musulman au pouvoir. Cela se produit dans l'espace chiite qui, du fait de son clergé, facilite les prises d'autorité mais également dans le cadre de l'univers persan, au nom d'une identité nationale qui soutient très efficacement la « révolution conservatrice ». 1979 marque aussi la sortie de la Chine de l'ère maoïste. Deng Xiaoping reconnaît que le marxisme-léninisme ne marche pas pour conduire un pays sur le chemin du progrès : le capitalisme est plus efficace. 1979, c'est enfin l'invasion soviétique de l'Afghanistan et la montée en puissance de la résistance (soutenue par les Américains) au nom de l'islam sunnite à l'impérialisme devenu soviétique. Elle marque l'invention du djihadisme contemporain.

Ces trois événements révèlent *a posteriori* un passage de témoin. Dans un contexte où la démocratie libérale et capitaliste se fait de plus en plus triomphante (mondialisation marchande) se dessine discrètement la montée en puissance d'une nouvelle forme redoutable de contestation de la modernité et de l'Occident.

Sans doute ne faut-il pas trop exagérer. L'exemple iranien montre que si la révolution est belle, elle ne produit pas toujours les effets souhaités. Aujourd'hui, trente-six ans après l'instauration de la République islamique d'Iran, force est de constater qu'il n'y a pas eu de restauration d'une société religieuse au sens strict du terme. Bien au contraire, contre l'intention de ses chefs, l'Iran est entré dans la modernité et va y entrer toujours plus rapidement. La révolution conservatrice alimente la destruction créatrice...

Mais si l'on peut être raisonnablement optimiste sur l'Iran, il n'en va pas de même pour l'islam sunnite.

LA SECONDE GUERRE DU GOLFE

La seconde guerre du Golfe (2003) fait éclater l'équilibre de la terreur que Saddam Hussein imposait dans son propre pays entre les ethnies (musulmans/kurdes), entre les islams (sunnites/chiites), entre les tribus.

L'effondrement du pouvoir sunnite face à l'esprit de revanche chiite entraîne des alliances qui semblent contre nature : les anciens dignitaires du parti Baas (« résurrection arabe et socialiste »), spécialistes du terrorisme d'État, s'allient avec les terroristes anarchistes de la branche irakienne d'Al-Qaida, fondée par le Jordanien Abou Moussab Al-Zarkaoui. En vérité, rien n'est moins surprenant : l'esprit totalitaire et l'esprit fondamentaliste, animés d'une même haine fascinée de la modernité, se retrouvent sur l'essentiel, leurs ennemis et leur contradiction matricielle. Le cocktail est d'une efficacité redoutable : en 2005, le Syrien Al-Souri, en rupture de ban avec Al-Qaida, fait paraître en ligne *Appel à la résistance islamique mondiale*[4] ; le 13 octobre 2006, l'union de plusieurs groupes djihadistes annonce la création de l'État islamique d'Irak (EII) ; le 29 juin 2014, dans la foulée de la prise de Mossoul en Irak, Abou Bakr al-Baghdadi s'autoproclame chef de l'État islamique en Irak et au Levant (EIIL) en se référant aux califats ottoman (1517-1924), abbasside (750-1258) et omeyyade (661-750).

L'art politique de Daech

Aspirant à détruire à la fois la tradition et la modernité, tout en rêvant d'un passé pur et en usant des moyens les plus modernes, l'idéologie de l'EI repose donc sur une gigantesque contradiction. Pour cette raison, l'EI ne peut pas gagner : c'est la bonne nouvelle. La mauvaise, c'est que l'histoire nous apprend qu'une contradiction peut mettre très longtemps à se résoudre et faire, dans l'intervalle, énormément de dégâts. En fait, c'est tout le chemin de l'histoire qui est pavé de tragiques contradictions...

Je souhaiterais donc poursuivre cette réflexion de philosophie politique en passant de l'analyse de la théorie à celle de la pratique : quelle est la philosophie politique *appliquée* de Daech ? Quelles sont les règles de son art politique ?

Là encore, une fois l'émotion passée, il convient d'analyser la pratique non comme une dérive ou une exception, mais comme une méthode politique systématique, soigneusement conçue et rigoureusement établie. Il s'agit au fond de l'art politique totalitaire perfectionné et modernisé par le djihadisme. J'en perçois quatre dimensions principales qu'il faut un peu resituer dans l'histoire, car elles sont loin d'être toutes inédites.

La terreur comme politique

Le 5 septembre 1793, l'avocat Bertrand Barère, membre du Comité de salut public (le gouvernement républicain), demande à la Convention nationale de prendre toutes les mesures pour sauver les acquis de la Révolution. L'assemblée met « la Terreur à l'ordre du jour ». Ce qui, au départ, est défendu comme un moyen de défense, devient peu à peu dans le discours révolutionnaire une *fin en soi* : il ne s'agit pas seulement de sauver la Révolution *par* la Terreur, mais de définir la Révolution *comme* Terreur. De cette manière, la Révolution cesse d'être un chemin pour devenir le *but* lui-même. Robespierre pour la nommer usait de cette formule géniale : « Le despotisme de la liberté ! » Et Saint-Just : « Ce qui constitue la République, c'est la destruction totale de ce qui lui est opposé » (8 ventôse an II)... Et Billaud-Varenne (citant quasiment Rousseau) : « Il faut pour ainsi dire recréer le peuple qu'on veut rendre à la liberté » (1er floréal an II).

À ce premier stade du terrorisme, pratiqué par un État révolutionnaire, il faut ajouter un deuxième, initié à partir des années

1880 chez les populistes puis les anarchistes russes[5]. C'est cette fois-ci contre l'État que le terrorisme se conçoit par des groupuscules dont la puissance de nuisance est démultipliée du fait d'une innovation technologique majeure : la dynamite ! Avec peu de moyens matériels et humains, celle-ci réalise le maximum de dégâts. Ou plutôt, selon la définition de Raymond Aron, elle permet, sans atteindre en profondeur les forces armées de l'adversaire, de produire des effets psychologiques démesurés. Le terrorisme vise en effet à déstabiliser les esprits et à sidérer les volontés par une action dont l'impact matériel est dérisoire. Le terrorisme est l'arme non seulement du faible (comme la guérilla), mais du très faible…

C'est cette double logique (étatiste et anarchiste) qui est à l'œuvre dans l'idéologie de l'EI, manifestement instruite aux meilleures sources de l'histoire occidentale. En témoigne le contenu de l'opuscule attribué à Abou Bakr al-Naji intitulé *L'Administration de la sauvagerie. L'étape la plus critique à franchir par l'Oumma*[6], qui détaille la stratégie à mener pour la victoire.

Comme l'écrit Wladimir Glasman, « l'ouvrage soutient qu'en provoquant un déchaînement de violence dans les pays musulmans, les djihadistes contribueront à l'épuisement des structures étatiques et à l'instauration d'une situation de chaos ou de sauvagerie. Les populations perdront confiance en leurs gouvernants, qui, dépassés, ne sauront répondre à la violence que par une violence supérieure. Les djihadistes devront se saisir de la situation de chaos qu'ils auront provoquée et obtenir le soutien populaire en s'imposant comme la seule alternative. En rétablissant la sécurité, en remettant en route les services sociaux, en distribuant nourriture et médicaments, et en prenant en charge l'administration des territoires, ils géreront ce chaos, conformément à un schéma de construction étatique hobbesien. À mesure que les "territoires du chaos" s'étendront, les régions administrées par les djihadistes se multiplieront, formant le noyau de leur futur califat. Convaincues ou non, les populations accepteront cette gouvernance islamique[7] ».

On doit s'en convaincre : le terrorisme n'est pas un simple moyen, il est la fin même de l'EI. Et ceux qui disent qu'il ne faut pas provoquer les terroristes pour les « calmer » se trompent lourdement sur la nature de ce mouvement, dont l'idéologie est structurellement paranoïaque.

Le complot comme idéologie

C'est le deuxième instrument de l'art politique de l'EI : la rhétorique du complot. Comme pour les terroristes français, les fascistes et les staliniens, le « conspirationnisme » représente pour l'EI le moyen de créer une *contre-culture djihadiste* en se démarquant à la fois de l'islam canal historique et de la modernité laïque. Son fonctionnement est limpide[8] : rien n'arrive par accident ; tout ce qui arrive est le résultat d'intentions ou de volontés cachées ; rien n'est tel qu'il paraît être ; tout est lié mais de façon occulte.

Il y a d'abord dans cette méthode une vision du monde qui a l'avantage de la clarté et de la simplicité. Alors que l'époque contemporaine, dépourvue de « grand récit », semble incompréhensible pour tout un chacun (sauf à s'engager dans des études longues et se parer de nuances), la théorie du complot permet, avec peu de moyens (dans le conflit des idées : c'est aussi l'arme du faible), de donner sens à tout ce qui advient, même ce qui semble tout à fait anodin. La théorie du complot est une forme de dopage intellectuel, par lequel on augmente artificiellement ses capacités d'interprétation du monde pour parvenir au rêve de tout intellectuel : tout expliquer ! C'est aussi pour cela que la principale victime de cette « contre-culture » est l'adolescent ; celui qui, pour grandir, a besoin de s'arracher de la vision parentale (ou officielle) du monde.

Derrière tous les événements, on voit la main d'un groupe (par exemple, « franc-maçon-judéo-américano-illuminati-… ») qui tire les ficelles et tisse sa toile dans le plus grand secret. « La plus belle des ruses du diable, écrivait Baudelaire en 1869, est de vous persuader qu'il n'existe pas. » En effet, peu importent les preuves ou les évidences ! Si le complot est réel, il est puissant ; s'il est puissant, il est secret ; et s'il est secret, il n'est ni montrable ni démontrable. Donc, l'absence de preuves de complot atteste la réalité et la puissance du complot ! CQFD.

À partir de là, le délire paranoïaque fonctionne à plein régime : toutes les objections émises par les adversaires, loin de la réfuter, confirment la conspiration mondiale ; toutes les pseudo-« évidences » viennent accréditer la nécessité d'un combat à mort. Refuser le complot, c'est être soit naïf, soit complice.

Ce par quoi cette « théorie » débouche rapidement sur une pratique : il faut éveiller les naïfs et éliminer les complices. Fort de sa lucidité face aux masses abruties et serviles, l'adepte se convainc de sa supériorité, de son élection… et donc de l'importance de son engagement sacrificiel. Pour faire triompher le contre-monde, il doit détruire le monde.

La destruction comme horizon

La modernité a inventé deux méthodes pour se libérer de la tradition : la *table rase* et le *patrimoine*. La première consiste à tenter d'éradiquer le passé en le boutant hors du présent. Peu importe que ce soit pour créer un avenir radieux (marxisme-lénino-stalinisme) ou retrouver un âge d'or mythique (fascisme et fondamentalisme), il s'agit toujours du même projet adolescent qui estime que l'émancipation passe par la destruction des racines (voir Maurice Barrès, *Les Déracinés*). La seconde méthode est celle de la « patrimonialisation », qui consiste d'abord à « formoliser » le passé, pour le poser comme différent de soi (figé en musée), puis de se le réapproprier par l'analyse et la réflexion cultivées. L'Occident, après avoir goûté et initié la première méthode (« Du passé faisons table rase ! »), s'est lancé à corps perdu dans la seconde. Celle-ci s'est ensuite diffusée dans le monde entier : musées, *heritage villages*, sites archéologiques, festivals des cultures indigènes... L'invention du tourisme culturel incarne parfaitement cette forme subtile de l'impérialisme moderne, car c'est en mettant la tradition au musée qu'on parvient à la neutraliser comme tradition sans pour autant l'abolir.

Dans son conflit contre l'Occident et sa défense d'une tradition pure, il est donc tout naturel que l'EI renoue avec la première pratique moderne (celle inventée par Savonarole, prolongée par la Révolution française et démultipliée par tous les régimes totalitaires) de la *table rase*. La démolition des sites païens, la destruction des statues du musée de Mossoul (février 2015), l'attaque du musée du Bardo de Tunis (mars 2015), la mise à sac de Palmyre (été 2015) ne peuvent s'interpréter autrement. Accessoirement, cette destruction peut fort bien s'accommoder d'un trafic intense des œuvres dérobées. N'oublions pas que la destruction de la sublime basilique de Cluny après la Révolution s'est faite par la vente de ses pierres... car détruire est coûteux !

Le sacrifice narcissique de soi comme mode de recrutement

L'individualisme contemporain est pris entre deux tentations qui sont pour lui comme Charybde et Scylla. La première est la plus connue. C'est celle du narcissisme : quand l'ego se gonfle au point d'oublier l'altérité, celle de l'entourage, du temps, de l'espace, du monde, de la mort... Tout alors se ramène à soi dans un délire mégalomane et égocentrique. L'individu ne connaît plus de limites – transhumanisme, toute-puissance –, il ne se reconnaît plus de racines – *self-made-man* –, il aspire à ne se nourrir que de lui-même.

À l'opposé de cette première tentation et devant sa démesure, en survient une autre, tout aussi séduisante et sans doute tout aussi « démesurée » : celle du vide, du néant et de la soumission. L'individu dépressif, fatigué d'être lui-même (comme le dit Alain Ehrenberg), cherche à s'exténuer dans le rien, à s'effacer dans le neutre, à se dissiper dans le fade. Cet individu-là n'a pas de conviction (car tout est relatif), pas d'âge (car il faudrait « le faire »), pas de sexe (pardon : de genre), pas d'intérêt (pour ne pas risquer les « conflits » du même nom), pas d'identité (car elle est toujours trahison)…

« Entre l'amour de soi jusqu'à l'éviction du reste (narcissisme) et la volonté d'abolition de soi dans ses expressions les plus variées, entre l'absolu de l'être et l'être rien, peut-être n'aurons-nous jamais fini de balancer », écrivait déjà Marcel Gauchet dans *Le Désenchantement du monde*.

Ces deux tentations du Tout et du Rien constituent, quand elles sont radicales, une véritable antinomie. Ce qui signifie aussi qu'en dépit de leur opposition elles ont un point commun : celui d'espérer dépasser la finitude humaine. La première dans le rêve de *l'infini* ; la seconde dans le fantasme de *l'indéfini* ; la première dans l'idéal d'un devenir-dieu ; la seconde dans la nostalgie d'un redevenir-fœtus[9]. Oserai-je dire que Michel Houellebecq me semble aujourd'hui celui qui, avec le plus de profondeur et de constance, explore cette double tentation hypermoderne en même temps que leur possible convergence ? Car le désir fou d'une immortalité clonée et téléchargée dans *La Tentation d'une île* rejoint l'abandon assumé et réfléchi de l'exigeante autonomie dans *Soumission*.

L'extraordinaire génie maléfique de l'EI est de prétendre réconcilier ces deux tentations – ce qui, évidemment, est impossible ! Ce n'est pas pour rien que les cibles privilégiées de son recrutement sont les adolescents et jeunes adultes. Dounia Bouzar, présidente du CPDSI (Centre de prévention contre les dérives sectaires liées à l'islam), dans son livre impressionnant en démonte minutieusement le mécanisme[10].

« Le discours "djihadiste" donne l'illusion au jeune endoctriné que son malaise (vis-à-vis de ses amis, de ses résultats scolaires, de la société…) provient du fait qu'il est élu par Dieu comme un être supérieur qui détient la Vérité et qui a plus de discernement que les "autres". Le basculement dans l'embrigadement "djihadiste" correspond toujours à la rencontre entre un malaise, souvent passager (comme le ressent tout adolescent), et un discours qui prétend en dévoiler les causes. Les “djihadistes” transforment ainsi le sentiment de malaise en preuve de toute-puissance » (chapitre 2).

Un désir de soumission joint à l’espoir de toute-puissance ; un narcissisme de la contrition ; le culte du selfie associé à la détestation des images ; l’iconoclasme le plus radical combiné à l’esthétisme de *Call of Duty*, *Matrix*, *Le Seigneur des anneaux* et *Assassin’s Creed* réunis… Et l’on pourrait multiplier les oxymores à l’infini…

La mise au jour de cette mécanique permet d’expliquer l’âge cible, dont les données du CPDSI peuvent offrir une idée : « Le début du processus [d’embrigadement] a lieu fréquemment lors du passage à l’âge adulte : 30 % sont des mineurs (de plus en plus jeunes), 39 % sont des jeunes majeurs (18-21 ans) et 31 % sont des majeurs de 21 à 28 ans. Aucun parent ne nous appelle pour des adultes de plus de 30 ans, ce qui ne signifie pas qu’ils n’existent pas. »

Elle permet aussi de compléter la thèse du « malaise social ». Voici ce qu’écrit Dounia Bouzar : si le « discours de l’islam radical touchait au départ les jeunes “sans pères ni repères”, qui avaient grandi dans les foyers éducatifs, sans histoire familiale rassurante, sans appartenance territoriale, en échec scolaire, en manque d’amour, sans espoir social, victimes d’humiliations diverses… Avec le CPDSI, je découvris avec stupéfaction que les jeunes à qui nous avions affaire avaient grandi “avec une petite cuillère d’argent dans la bouche”… En effet, les parents qui appelaient étaient plutôt issus des classes moyennes et supérieures : des professeurs, des éducateurs, des artistes, des fonctionnaires, des avocats, des médecins… Leurs enfants avaient grandi dans un milieu sécurisant et épanouissant ; ils étaient souvent en pleine réussite scolaire » (introduction). Aucune raison de cibler les « seuls désaffiliés sociaux » puisque toute l’emprise djihadiste vise à couper tous les liens : avec les amis, avec les loisirs, avec les parents, avec la culture… avec soi[11].

L’idéologie perverse de l’EI vise ce désir du « suicide narcissique » qui constitue une des fragilités de l’adolescence (il faut mourir pour devenir quelqu’un), et auquel répondait jadis le « rite d’initiation ».

N'en tirons pas cette conclusion hâtive qu'il faudrait restaurer de tels rites (ou à défaut le service militaire) ! Ce serait tout à fait artificiel et d'ailleurs voué à l'échec. N'oublions pas que l'immense partie de la jeunesse européenne parvient à entrer dans l'âge adulte sans devenir djihadiste... La modernité dispose de nombreuses voies et moyens pour franchir cette étape, mais dans leur diversité moins évidente et plus complexe elles laissent quelques individus sur le bord du chemin : destruction créatrice encore...

La terreur comme politique, le complot comme idéologie, la destruction comme horizon, le sacrifice narcissique comme pouvoir de séduction : sous réserve d'inventaire nous avons là les quatre principaux instruments de l'art politique djihadiste, le dernier étant le plus original.

Comment lutter ?

Après avoir évoqué les principes de la philosophie politique de Daech, après les règles de son art politique, il reste à envisager les moyens de lutter : comment les démocraties peuvent-elles s'opposer sans se renier à cette puissance perverse de l'EI ?

L'idéologie de Daech promeut donc une *révolution conservatrice* nourrie par le ressentiment de l'islam face à la domination de l'Occident moderne[12]. Elle est plus révolutionnaire encore que le communisme (puisqu'elle entend rompre avec l'ensemble de la modernité, science comprise) et plus réactionnaire que le fascisme (puisqu'elle prétend à une origine divine) ; tout en défendant, comme ces deux grands systèmes de pensée totalitaires, un horizon impérialiste, puriste, sectaire, messianique et sacrificiel. Quand on se rappelle la difficulté de la lutte intellectuelle contre ceux-ci ; si on se souvient de la séduction qu'ils ont pu avoir sur les esprits, même les plus brillants (voir à ce propos le grand livre de François Furet, *Le Passé d'une illusion*, 1995), il ne faut pas mésestimer l'ampleur de la tâche.

Quelles sont les ressources de la philosophie politique démocratique pour lutter contre l'idéologie de l'EI ?

Le retour du tragique dans l'histoire de France

Il faut d'abord réapprendre à avoir un ennemi et ce sans renoncer à l'esprit démocratique. C'est nouveau, car, depuis 1989, la démocratie libérale n'a plus d'ennemi désigné, ce qui, passé l'euphorie de la chute du Mur, l'a fait tomber dans une sorte de « mélancolie démocratique » (Pascal Bruckner). Pour être plus précis, ce sont alors deux modèles qui s'affrontent pour penser le devenir du monde : celui de la *fin de l'histoire* et celui du *choc des civilisations*.

Ces deux formules, popularisées par deux politologues américains, d'ailleurs proches, Francis Fukuyama et Samuel Huntington, ont eu un destin qui a fonctionné très au-delà de la manière, en vérité nuancée et subtile, que leurs auteurs leur conféraient initialement.

L'idée de « fin de l'histoire » recèle deux dimensions : il y a non seulement l'idée que le capitalisme et la démocratie constituent « l'horizon indépassable de notre temps », mais aussi que la conversion du monde entier à ces deux modèles inséparables se fera en douceur du fait du double attrait irrépressible de la prospérité et de la liberté. Si la première idée me semble tout à fait défendable, la seconde est très discutable : elle oublie les « bugs » de l'histoire. Car la liberté peut faire peur quand elle révèle les fragilités ; et l'on peut rejeter le coût de la prospérité quand il est synonyme de destruction et de rétrécissement de la vie. La haine de l'Occident s'est nourrie à ces sources.

D'où la deuxième thèse : loin d'être un horizon indépassable, le capitalisme démocratique est spécifique à l'Occident et vient heurter de front les cultures non occidentales qui n'ont pas connu la même trajectoire de sortie du monde de la tradition ; d'où la perspective d'un affrontement massif inéluctable entre des entités culturelles closes sur elles-mêmes (Islam, Occident, Asie, Afrique...) qui, ne pouvant rien partager, ne pourront survivre que par la destruction de l'autre. Là encore, si la première idée me semble acceptable, la déduction de la seconde est incertaine. Car c'est oublier que les civilisations ne sont pas des organismes vivants, dotées d'une trajectoire biologique (comme dirait Oswald Spengler, l'inventeur de ce paradigme) et que, loin d'être closes, elles se sont largement coconstituées. Pour le dire d'un mot : l'Islam n'est pas le contraire de l'Occident moderne ; ni l'Occident moderne le contraire de l'Islam. La contradiction interne du djihadisme (à la fois hypertraditionnel et ultramoderne) le montre assez.

Entre ces deux thèses, et pour réconcilier leurs deux moments de « vérité » sans conserver leurs excès, on peut considérer un troisième modèle : celui d'un retour du tragique en histoire. Car nous nous (ré)apercevons enfin que la modernité n'est pas un long fleuve tranquille. On peut, d'un côté, reconnaître la supériorité (et je pèse mes mots) du capitalisme et de la démocratie sur tous les autres dispositifs existants sans pour autant envisager qu'il n'y ait qu'une seule voie pour y parvenir. Après tout, l'Europe a mis plus de cinq cents ans pour arriver, au prix d'innombrables guerres et crises, à un dispositif politique, économique et social enviable, qui attire, disons-le en passant, bien plus de candidats que tous les apprentis djihadistes réunis. Il n'est donc pas inconcevable que des zones culturelles contraintes à s'y convertir, à partir de l'extérieur et de manière incroyablement plus rapide, soient déstabilisées en profondeur par ce processus. Retenons donc de la « fin de l'histoire » que le capitalisme et la démocratie sont supérieurs (ce qui ne veut pas dire parfaits), tout en gardant du « *clash* des civilisations » le constat d'une inéluctable conflictualité.

Fin de l'histoire, en ce sens, ne signifie pas arrêt de l'histoire ; et guerre de civilisations ne veut pas dire triomphe de l'une et disparition de l'autre, car l'Islam, comme l'Occident, comme l'Asie, comme l'Afrique sont embarqués dans un processus implacable de modernisation qui nous promet le meilleur comme le pire.

Une réaction armée est nécessaire… mais non suffisante

Pourquoi cette conception tragique de l'histoire est-elle le préalable de la riposte ? Parce qu'elle permet de répondre aux voix qui considèrent que la France a tort de faire la guerre à l'EI, qu'elle entrerait ainsi dans son jeu et contribuerait même à le faire exister…

L'argument est subtil, mais il ne résiste pas à l'analyse. D'abord l'EI existe vraiment et dispose d'une puissance, financière notamment, impressionnante. Ensuite, de deux choses l'une en effet.

Soit la France ne réagit pas (par la violence), et cela confirme qu'elle est le ventre mou, société décadente efféminée, sur laquelle il convient donc d'accentuer son emprise pour accélérer sa dissolution : ce sera la troisième conquête de l'EI (Houellebecq).

Soit la France réagit (par la violence), et cela confirme que l'Occident est le véritable ennemi contre lequel il convient donc de lutter sans merci.

Aux échecs, cela s'appelle une fourchette : dans tous les cas, on perd une pièce.

Ceux qui nous disent que la guerre n'est pas une solution, car cela va « mettre de l'huile sur le feu » et « alimenter la violence de l'adversaire », sont dans la position de celui qui cherche à convaincre un paranoïaque qu'on ne lui veut pas de mal. Ils ne perçoivent pas que la terreur n'est pas un simple instrument de l'EI ; c'est son essence même.

Telle est la vraie nouveauté du moment : notre pays protégé, depuis cinquante ans, des affres de l'histoire a replongé dans le tragique, c'est-à-dire dans le constat d'une réconciliation impossible ; dans le constat que les dégâts seront importants et durables. Il ne s'agit pas de choisir entre le bien et le mal, mais entre le mal et le pire.

Contrainte d'entrer dans le rapport de forces, la France *doit* y entrer. Mais sans se faire d'illusion : donner des coups, c'est risquer d'en prendre ; lutter contre ses ennemis, c'est risquer de s'en faire d'autres. Et cela peut durer. Les blessures des guerres, même victorieuses, sont longues à cicatriser. La France, vainqueur de la Grande Guerre, est bien placée pour le savoir : la fleur ne reste pas longtemps dans le fusil. Et pourtant, il faut s'en convaincre : *Delenda est Daech*…

Le combat suppose aussi de réapprendre à réobéir ; de ne plus confondre les droits fondamentaux et les devoirs élémentaires, en exagérant les premiers et en s'exonérant des seconds. Ainsi, quand l'état d'urgence est décrété, il faut prendre conscience que cela modifie *vraiment* la vie quotidienne et que l'on va devoir (durant trois mois !) s'abstenir de clamer qu'on change le monde en allant manifester (« courageusement contre l'État policier » !). Ce petit ramadan protestataire ne devrait pas mettre la démocratie en péril…

Admettons que nous ayons franchi ces deux premières étapes : être parvenu à une vision plus tragique de la mondialisation et plus résolue du combat. Il nous faudra ensuite faire un autre pas : pour se défendre, l'Europe et la France doivent apprendre à s'aimer un peu plus, au lieu de promouvoir une simple identité négative : pas de frontière, pas de culture propre, pas de puissance, pas d'intérêts à défendre… Une identité qui a tellement peur d'être meurtrière qu'elle choisit d'être vide.

La modernité n'est pas un vide spirituel

Daech est-il le symptôme du vide spirituel de notre temps ? Révèle-t-il l'échec d'une modernité qui, dénuée de toute transcendance, s'avère incapable de fournir aux individus, au-delà du confort, un sens de l'existence, au-delà de l'espérance de vie, une vie d'espérance, au-delà des assurances, des justifications ?

Certains semblent le penser, et cela m'inquiète. Car si c'était le cas, nous n'aurions guère de raison de combattre cet adversaire, ni d'armes pour le faire. Pourtant, la réaction de notre pays après les attentats témoigne d'une forme de sursaut et de réinvestissement de symboles oubliés, voire honnis : *La Marseillaise*, le drapeau. Ramollie dans la paix qu'elle procure et à laquelle elle aspire, la démocratie se durcit dans l'adversité. Ses trésors – la sécurité, la liberté, l'égalité, la fraternité –, invisibles quand tout va bien (ou du moins pas trop mal), se révèlent quand ils sont menacés. Focalisé sur la crise économique, le citoyen français avait oublié combien il tenait à ce régime contre lequel il ne cessait de râler.

Cette réaction nous montre une chose : les religions n'ont pas le monopole de la spiritualité, ni du sens de la vie. Et l'on peut défendre, sans sanglots de l'homme blanc, l'idée que la démocratie est le régime supérieur de l'humanité : celui qui permet à l'homme de devenir le plus humain ; celui qui est le plus respectueux de la foi religieuse ; celui qui autorise la meilleure manière de combiner la sécurité, le bien-être et la quête de sens. Ce n'est pas parce qu'elle est pluraliste que la démocratie doit avoir honte de clamer sa supériorité ; mais c'est précisément parce qu'elle est pluraliste qu'elle est supérieure. Et une civilisation qui se pose la question du sens vaut davantage à mes yeux que celle qui ne se pose aucune question.

Simplement cette supériorité ne doit plus déboucher sur un impérialisme (l'impérialisme est un particulier qui se prend pour l'universel) ni sur une domination. La démocratie peut seulement compter sur son pouvoir d'attraction sans prétendre forcer les « autres » à adopter sa voie. Elle peut néanmoins exiger que, dans le cadre de ses frontières, le respect de ses principes soit *absolu*. Voilà les évidences sur lesquelles, à la faveur du retour du tragique, nos yeux devenus myopes se rouvrent quelque peu. Souvenez-vous, il y a quelques semaines, on appelait cela « amalgame », ou « stigmatisation », ou « racisme » !

Al-Qaida avait jadis lancé cette phrase fameuse : « Nous aimons la mort plus que vous n'aimez la vie »... Voici la réponse démocratique : « Nous craignons la mort moins que vous ne craignez la vie ! » Ce n'est pas rien.

La discorde chez l'ennemi

Retrouver de la confiance ne suffit pas ; il faut aussi affaiblir l'adversaire. Or le talent maléfique d'un pervers est de se montrer à la fois plus puissant et moins puissant qu'il n'est en vérité. Ce faisant, il parvient à occuper tout l'esprit avec un minimum de moyens. Et c'est en ce sens aussi qu'il est destructeur. Un des grands enjeux de la lutte contre l'EI est de mesurer la nature exacte de la menace. Son idéologie touche un point sensible de notre temps, c'est incontestable et, de ce point de vue, on l'a trop longtemps sous-estimé, comme on a trop sous-estimé son impact sur une partie de la jeunesse française. Mais il faut aussi être attentif à ne pas trop le surestimer au risque de le fétichiser.

La prudence est donc de mise et j'avoue mon hésitation. Je suis séduit par ceux qui disent que Daech a commis une erreur avec les attentats du 13 novembre, dont les cibles sont – *horresco referens* – moins bien choisies que celles du 7 janvier. Car s'il était « possible » d'argumenter sur le fait qu'on n'était pas Charlie (au nom du sacré) ou pas Hyper Cacher (au nom de la cause palestinienne) ou pas « forces de l'ordre » (au nom de l'anarchie), de telles subtilités perverses deviennent inexprimables à propos du Bataclan ou des terrasses du 10e arrondissement. Aucun argument, même de la pire « mauvaise foi », ne peut parvenir à les justifier, sauf à être sympathisant affiché de Daech (et il y en a). Bref, au lieu de diviser, ces attentats unissent ou en tout cas établissent clairement la ligne de front : tous ceux qui ne sont pas absolument contre sont, sans hésitation possible, des adversaires.

Je suis également séduit par ceux qui dévoilent la faiblesse inhérente aux mouvements radicaux, forcément soumis à une surenchère de radicalisation, à une fuite en avant et donc à une division interne. Rappelons-nous : les SS ont exterminé les SA à l'été 1934 lors de la Nuit des longs couteaux ; les purges ont rythmé le régime stalinien, la Révolution culturelle ou l'État khmer rouge… Manifestement

Daech, déjà opposé à Al-Qaida ou Al-Nosra, est aux prises à de telles divisions entre ceux qui entendent renforcer l'État territorial (stratégie interne) et ceux qui aspirent à l'exportation (stratégie externe).

Mais combien faudra-t-il d'erreurs stratégiques ou d'attentats mal ciblés, de purges ou de guerres fratricides avant que l'EI s'effondre et, plus généralement, avant que l'idéologie fondamentaliste reflue ? Je n'en sais rien. Comment produire « la discorde chez l'ennemi » sans jouer à l'apprenti sorcier, qui verra sa créature d'aujourd'hui lui échapper demain ?

En outre, il ne faut pas perdre de vue que, en dépit de l'ampleur de notre émotion, la France n'est certainement pas l'objectif le plus urgent de Daech. La Libye est pour ce mouvement une cible autrement importante et stratégique. Là-bas la situation de déliquescence avancée offre un domaine rêvé à l'extension de la lutte.

Bref, s'il ne faut pas sous-estimer l'ennemi, il ne faut pas non plus que sa surestimation soit contre-productive. C'est pourquoi je ne peux que me borner ici à signaler mon hésitation en laissant le dossier à plus compétent. La seule chose claire est que l'idéologie fondamentaliste n'est pas en déclin : « Ce n'est pas la fin. Ce n'est même pas le commencement de la fin. C'est peut-être la fin du commencement » (Churchill, le 10 novembre 1942).

Le manque d'Europe puissance

Retrouvant à la fois le sens du tragique et la confiance en soi, résolus de lutter frontalement, tout en veillant à utiliser les divisions de l'adversaire, il nous reste à renforcer notre coalition. Et c'est là que le bât blesse le plus. Nos alliés européens historiques (Allemagne, Italie) sont aussi les moins fiables et les moins performants, tandis que ceux qui sont les moins européens (Angleterre et Russie) paraissent les plus solides. L'Amérique qui renonce – et c'est heureux – à son hyperpuissance se pose en chef d'orchestre plutôt qu'en soliste. Les alliés arabes sunnites sont tiraillés et travaillés par des conflits internes ; l'Iran est chiite ; la Turquie est « Otan que possible », le Canada retourne à son rêve multiculturel politiquement correct… Tout cela est bien bancal.

Ce que la crise syrienne révèle brutalement, ce sont les manques mais aussi le besoin d'Europe : manques criants de l'Europe administrative ; besoin urgent de l'Europe politique. Après sa crise institutionnelle, puis financière, l'espace européen entre dans une crise géopolitique qui le replace dans l'urgence de ses origines. Pour ma part, je ne vois pas d'autre salut possible pour la France (y compris pour la lutte contre l'EI) que dans une *Europe puissance*, définie par des frontières extérieures hermétiques, animée d'une stratégie commune claire, dotée de règles intérieures (notamment fiscales) convergentes qui permettront la mise en place d'une solidarité régionale. L'UE est à l'évidence un espace trop vaste et hétérogène pour y parvenir et il faut d'urgence refonder une Europe des origines à 6 ou 8 : le « noyau dur » ou l'Europa, dont parle Giscard d'Estaing. Puisque la paix, à nouveau, est en jeu, c'est peut-être le moment ; mais soyons clair : je ne vois pas comment.

Tragique, confiance, esprit de combat, intelligence stratégique et sens de l'Europe : telles sont les armes intellectuelles qui me paraissent devoir être mobilisées dans cette lutte redoutable. Ces armes ne suffiront certes pas, mais on aurait tort de les négliger, car les guerres sont idéologiques avant d'être militaires.

CHAPITRE 14

Pour sauver l'Europe : une Europe de plus !

Les eurosceptiques ont raison : il y a trop d'Europe ; mais peut-être pas au sens où ils l'entendent, à savoir celui d'une Europe bureaucratique, tatillonne et intrusive dans la moindre de nos actions quotidiennes. Non, s'il y a trop d'Europe, c'est parce qu'il y a trop d'EuropeS, trop de formes de l'Europe ou de cercles européens. Qu'on en juge : en plus de la zone euro (à 19), de l'espace Schengen (à 26) et de l'Union européenne (à 28), il faut compter l'Espace économique européen (à 31), le Conseil de l'Europe (à 47), mais aussi l'Association européenne de libre-échange… Autant de sphères qui se coupent et se recoupent, s'excluent ou s'intègrent en une valse frénétique qui donne le vertige aux plus entraînés.

Si l'on veut, dans ce désordre, mettre un peu d'ordre, on peut distinguer trois niveaux et plaider, paradoxalement, pour une Europe… de plus[1] !

La première Europe est l'Europe du droit. C'est celle qui, par exemple, condamne la France pour n'avoir pas interdit la gifle et la fessée. C'est l'Europe du Conseil de l'Europe, de la Convention européenne des droits de l'homme et de la Cour européenne des droits de l'homme : elle n'a rien à voir avec l'Union européenne.

Héritage de la Seconde Guerre mondiale, née le 5 mai 1949, elle réunit 47 États membres pour 800 millions d'habitants, dont la Russie. Elle est une usine à produire du droit déconnectée d'ancrage territorial et démocratique, puisqu'elle permet à tout individu de se prévaloir des droits de l'homme contre son État, voire contre sa société. Formidable protection individuelle, elle tend aussi à être une créature ayant échappé à tout créateur : un pur gouvernement des juges sans lien avec aucune volonté générale. Elle marque le triomphe du positivisme juridique.

La deuxième Europe est celle de l'économie. C'est, au sens large, l'Union européenne (incluant 28 États, 507 millions d'habitants, dont la Grande-Bretagne pour quelque temps encore, le Danemark, la Pologne) et, au sens étroit, la zone euro (soit 19 pays, 334 millions d'habitants). Cette Europe, née d'un projet franco-allemand pour la paix, est devenue une réalité anglo-saxonne pour le libre-échange : toujours plus de liberté, toujours plus d'États membres, toujours pas de politique. Conçue pour devenir une confédération ou une fédération d'États-nations, elle ne vise désormais plus qu'à exister comme une zone de libre-échange permettant au maximum de personnes, de biens et d'argent de circuler sans frein. Cette Europe-là est aujourd'hui égarée dans une impasse sans perspective ni dynamique autre que celle de « sauver les dégâts ».

La troisième Europe n'existe pas. C'est un rêve ou un projet. Celui d'une Europe « puissance », voire « grande puissance » au niveau des États-Unis et de la Chine. Après avoir relevé avec succès le défi de la paix en Europe (1945-1989), il lui faut désormais affronter celui de la globalisation marquée par l'émergence de pays neufs ou d'anciennes nations endormies. Bien sûr, cette Europe-là doit être politique : elle doit maîtriser son destin, même juridiquement, et ne pas être ouverte aux quatre vents de la mondialisation. On peut assez aisément imaginer ce qu'elle pourrait être : un espace riche (le plus haut PIB du monde), culturellement et scientifiquement rayonnant, doté d'une qualité de vie exceptionnelle et d'une espérance de vie maximale, avec une protection sociale unique au monde, pourvu d'un poids géopolitique et diplomatique majeur, dans une société démocratique et égalitaire. Mais si cette Europe-là sera politique ou ne sera pas, il faudra aussi beaucoup de politique (et d'art politique) pour la réaliser. Et c'est évidemment là que les difficultés commencent, car, sans compter les égoïsmes nationaux, ni les États-Unis, ni la Chine, ni la Russie ne peuvent regarder d'un bon œil la constitution de cette Europe puissance.

L'ouvrage de Valéry Giscard d'Estaing, *Europa*[2], représente à mes yeux une contribution majeure pour envisager, de manière réaliste et pragmatique, le chemin qui nous sépare de l'idéal. Il a cette vertu, que confère l'expérience au plus haut niveau, de ne pas vouloir aller trop vite, mais d'enclencher des mécanismes à effets de chaîne… ce qui était d'ailleurs l'intention des pères fondateurs de l'Europe. Les choses peuvent aller vite en temps de guerre ; mais en période de paix (et c'était l'objectif même de l'Europe), il faut savoir prendre son temps… sans s'enliser pour autant !

Pour Giscard d'Estaing, dans la situation d'impasse actuelle, une seule stratégie est possible : il faut recentrer l'Europe sur un « noyau dur » de pays qui partagent un objectif commun et sont prêts à s'engager dans une trajectoire convergente bien au-delà de la seule zone de libre-échange. Aujourd'hui, la clé de cette convergence lui semble être la fiscalité : « Il s'agit de créer en Europe un territoire où toute personne et toute entreprise pourront travailler, produire et investir, en se déplaçant librement, en utilisant la même monnaie, en respectant les mêmes équilibres budgétaires, et en acquittant les mêmes impôts sur ses activités, et les revenus que celles-ci produisent. » L'idée est donc de produire une intégration monétaire et fiscale, complétée à terme par un Trésor public commun de la zone euro dans un délai fixé à quinze ans.

La zone concernée serait constituée des pays fondateurs de l'Europe : l'Allemagne, la France, l'Italie, les Pays-Bas, la Belgique et le Luxembourg ; auxquels s'ajouteraient l'Espagne, le Portugal, l'Autriche, la Pologne ; et éventuellement l'Irlande et la Finlande. Ces pays ont comme points communs d'avoir accepté de participer à la création de la monnaie européenne, de souhaiter politiquement davantage d'intégration, tout en ayant un niveau de développement économique et social comparable, ainsi que des institutions juridiques et politiques fiables. La Grèce n'est pas du lot. L'objectif de cette union Europa est clair : « Achever l'intégration économique et monétaire de la zone euro pour en faire une puissance du XXIe siècle. » Cette Europa contient cinq composantes :

- Une union monétaire, déjà largement réalisée par le traité de Maastricht, mais qui doit désormais cesser de s'élargir.
- Une union budgétaire, déjà prévue par le Pacte de stabilité de 2012, mais qui exige un échelon décisionnel supplémentaire. Giscard propose qu'un Conseil de la zone euro (réunissant les chefs de gouvernement des États) remplace la Commission pour le faire respecter.
- Une union fiscale, conçue comme un processus de convergence des taux et des assiettes des impôts nationaux des pays d'Europa assuré, en concertation, par les administrations fiscales.
- Une remise en ordre des finances publiques avec la création d'un Trésor public d'Europa qui pourrait émettre des emprunts publics communs de la zone euro (bons de la zone euro, puis bons du Trésor public d'Europa).
- À terme, la mise en place d'un mécanisme de solidarité financière interne sous la forme d'une péréquation et d'un transfert de ressources.

Valéry Giscard d'Estaing précise les étapes de son projet de manière détaillée, mais pas trop, car il sait combien les circonstances, les personnes et les configurations s'acharnent à ne jamais respecter les agendas trop rigides. C'est aussi ce qui rend son projet convaincant et même enthousiasmant, car, à tous ceux qui sont comme nous échaudés par les annonces de lendemains radieux, il ne promet que du travail et de la réflexion.

Néanmoins il me semble qu'il manque à ce projet Europa encore une dimension ou plutôt une clarification. Habituée à être le centre du monde, convaincue d'être *la* civilisation, l'Europe a oublié de se définir comme *une* civilisation. Même la *translatio imperii* vers l'hyperpuissance américaine n'a pas causé cette réflexion, puisque celle-ci était perçue comme un simple « rejeton ».

Or la globalisation change la donne. Le réveil de la Chine, la diffusion du fondamentalisme musulman, la montée en puissance des « démocraties illibérales[3] », y compris en Europe, oblige à un effort de définition. Celui-ci n'est pas considérable, mais demande à être exposé et assumé.

À mon sens, et sans prétention d'originalité, l'Europe comme civilisation se caractérise par trois traits. Sur le plan politique, c'est l'invention de l'État-nation, comme maîtrise par les peuples de leur destin à travers le droit et l'histoire. Sur le plan religieux, c'est la laïcité, c'est-à-dire l'idée que le sacré ne structure pas tous les aspects de la vie quotidienne. Sur le plan social et intellectuel, c'est l'extension du domaine de l'adulte, c'est-à-dire l'idée que tous les hommes et les femmes sont considérés comme *des majeurs,* maîtres de leurs destins et libres de leurs pensées. État-nation, laïcité et majorité individuelle : voilà ce qui, je crois, définit l'Europe et voilà ce qui permet d'envisager ses frontières spirituelles, conditions de son existence et de son influence géopolitiques. L'Europe institutionnelle et politique ne pourra se faire sans une idée claire de son rôle historico-mondial.

Conclusion

Au terme de ce parcours, j'aimerais réunir certaines des clés proposées au fil de cet ouvrage dans une sorte de trousseau. L'énumération paraîtra baroque, mais elle vient pondérer l'image habituelle du philosophe, virtuose du questionnement, mais handicapé pour ce qui est des réponses. Voici donc, en forme d'aphorismes, quelques acquis (?) pour penser notre époque ambivalente.

– *L'autorité propre à l'âge démocratique est de faire grandir à la fois celui qui s'y soumet et celui qui l'exerce : c'est une autorité de service et non de domination. Sa puissance n'a rien à envier à celles du passé.*
– *Si nous aimons tant les peurs, c'est qu'elles nous rassurent et nous protègent de l'angoisse… à condition, toutefois, qu'elles ne nous envahissent pas.*
– *La santé n'est pas le salut ; les confondre risque de nous rendre et malade et malheureux.*
– *La justice doit être remise à sa juste place, car, à voir de l'injustice partout, on risque d'oublier le tragique ; sa vengeance alors sera terrible…*
– *Avoir une bonne culture générale, c'est mesurer l'ampleur de son ignorance.*
– *La laïcité tolère tous ceux qui ne veulent pas la détruire.*

– *Qu'est-ce qu'une société d'individus ? Une société qui fabrique des individus capables de fabriquer une société.*
– *Pourquoi travailler ? Pour grandir encore.*
– *Pourquoi vieillir ? Pour continuer d'apprendre.*
– *Bien vieillir, ce n'est pas rester jeune ou en bonne santé, c'est rester adulte et en lien.*
– *La femme, devenue un adulte comme un autre, n'en reste pas moins féminine ; et l'homme, qui n'a plus le monopole de la majorité, a lui aussi le droit d'être masculin.*
– *La supériorité incontestable de la civilisation occidentale sur toutes les autres est sa capacité de se détester elle-même.*
– *Le grand défi de l'Europe est de se souvenir qu'elle n'est pas seulement un marché, un système juridique ou un patrimoine touristique : elle est une civilisation dont le monde a besoin.*
– *Vraiment tout fout le camp : il n'y a même plus de vieux cons !*

Alors, de mieux en mieux ou de pire en pire ? Faut-il vraiment répondre ? L'excès d'optimisme et l'excès de pessimisme ont ceci de commun qu'ils interdisent tous les deux et la pensée et l'action. En effet : aucune raison d'agir si tout est foutu ; aucune raison de penser quand tout baigne. Le premier mène au défaitisme, le second à l'abrutissement.

Certes le pessimiste est souvent plus profond, mais l'optimiste conserve pourtant à mes yeux l'avantage d'une plus grande cohérence. Car le pessimiste le plus désespéré, le plus sombre, le plus crépusculaire ne peut s'empêcher de croire que son discours catastrophiste aura un effet positif. Il persiste à penser, par-devers lui, que la lumière viendra de l'obscurité élucidée, que l'énergie d'un sursaut émergera de son diagnostic fatal, qu'un renouveau surgira de la pourriture du présent. Voilà pourquoi je plaide pour un optimisme modéré. Lui au moins parvient à penser son propre point de vue sur le monde. Comme disait Rousseau, qui n'était pas, il est vrai, d'un optimisme débordant : « J'en ai beaucoup vu qui philosophaient bien plus doctement que moi, mais leur philosophie leur est pour ainsi dire étrangère[1]. »

Cet optimisme modéré et conséquent s'incarne, selon moi, dans la figure de l'*adulte* : celle-là même que nous avons tant de mal à penser dans l'univers hypermoderne. Car, pris entre le culte de l'enfance, le jeunisme des esprits et l'âgisme des artères, nous avons presque renoncé à percevoir en positif cet âge de la vie. C'était jadis celui de l'accomplissement, alors qu'il faut, dit-on, nous épanouir sans fin ; c'était autrefois celui des rôles sociaux et des responsabilités, alors que nous devons, paraît-il, échapper à toutes les contraintes pour rester libres toujours.

Ces injonctions me semblent superficielles et je pense qu'au fond l'âge adulte n'a pas pris une ride. Il demeure envers et contre tout l'âge pivot de nos existences : celui que l'on veut être quand on est jeune et que l'on aspire à rester lorsqu'on devient vieux. En dépit de toutes les tentations puériles, juvéniles, voire séniles (si ! Il y en a aussi…) de notre temps, il est le seul qui nous permette, non pas sans doute de nous réconcilier avec le monde tel qu'il est (cette sagesse-là n'est pas humaine !), mais de l'apprivoiser suffisamment pour le comprendre et pour y vivre. Entre la prosternation devant le réel et le culte idéaliste du souhaitable, il y a l'examen adulte des possibles.

Autrement dit, on ne commence vraiment à être adulte que lorsqu'on pense que « tout va de mieux en mieux *et* de pire en pire »… L'êtes-vous ? Voulez-vous l'être ?

Notes

Avant-propos

1. Voir notamment *Les Temps hypermodernes*, Le Livre de Poche, 2006.
2. On peut ajouter cette autre raison à la séduction du pessimisme chez les philosophes. Pour qu'un individu consacre sa vie à la pensée, alors qu'il y a tant à faire dans ce bas monde, il doit être sacrément convaincu que la pensée peut sauver : sauver à la fois ce qui est pensé (le monde), mais aussi celui qui pense (lui-même). Et plus celui-là va mal, plus la philosophie remplit sa fonction salutaire pour celui-ci. D'où, parfois, cette tentation d'aggraver l'ampleur d'un désastre pour mieux justifier une vocation. Si tout allait bien, il n'y aurait rien à penser.
3. Voir le livre d'Angus Deaton (prix Nobel d'économie 2015), *La Grande Évasion*, PUF, 2016. Reprenant le titre du fameux film, il note que l'évasion de la prison de la pauvreté est le grand phénomène de l'histoire humaine contemporaine ; mais, comme dans le film, certains n'ont pas pu sortir et d'autres ont été rattrapés. « Près d'un milliard d'individus vivent encore dans une misère terrible ; ils sont nombreux à s'être évadés, mais les laissés-pour-compte sont nombreux eux aussi. »
4. Au regard des critères internationaux de l'extrême pauvreté (Banque mondiale et FMI), il n'y a aucun pauvre en France (voir Julien Damon, *Éliminer la pauvreté*, PUF, 2010).
5. Voir Gilles Lipovetsky, *La Société de déception*, Textuel, 2006.

PREMIÈRE PARTIE

Confusion de valeurs ?

Déclin des valeurs ?

1. Voir Olivier du Roy, *La Règle d'or. Histoire d'une maxime morale universelle*, Éditions du Cerf, 2012, 2 vol.
2. Si les deux derniers principes sont moins « en or » que le premier, c'est non seulement parce qu'ils sont plus difficiles à réaliser, mais aussi parce qu'ils sont moins clairs. C'est ce que montre cette objection de George Bernard Shaw (1856-1950) : « Ne faites pas à autrui ce que vous voudriez qu'ils vous fassent. Il se peut que leurs goûts ne soient pas les mêmes » (*Maximes pour révolutionnaires*, Édition des Cahiers libres, 1927).

CHAPITRE 1

Le crépuscule de l'autorité ?

1. Theodor Mommsen, *Le Droit public romain (1871-1888)*, De Broccard, 1985, t. III, p. 1034.
2. Hannah Arendt, « Qu'est-ce que l'autorité ? », *La Crise de la culture*, Gallimard, « Idées », 1972.
3. Voir Leo Strauss, *Droit naturel et histoire*, [1953], Flammarion, « Champs », 1986, p. 108 : « À l'origine, l'autorité s'enracinait dans la tradition ancestrale. La découverte de la notion de nature ruine le prestige de cette tradition ancestrale. La philosophie abandonne ce qui est ancestral pour ce qui est bon en soi, pour ce qui est bon par nature [...]. En ruinant l'autorité de la tradition ancestrale, la philosophie reconnaît que la nature est l'autorité suprême. Il serait plus exact toutefois de dire que, ce faisant, la philosophie reconnaît en la nature *l'*étalon. »
4. Hannah Arendt, « Vérité et politique », *La Crise de la culture*, *op. cit.*, p. 306.
5. Le lien entre le texte d'Augustin et l'autorité démocratique peut être établi à travers l'usage qu'en ont fait les « monarchomaques protestants » (Hotman, Languet, Théodore de Bèze). Pour eux, l'autorité du roi ne vient de Dieu que pour autant qu'il est le serviteur (ministre) de son peuple (voir *Vindicae contra tyrannos*, 1579).

CHAPITRE 2

Pourquoi tant de peurs ?

1. Pour Hobbes, c'est la crainte qui pousse les hommes à créer des dieux païens (*Léviathan*, I, XII, Éditions Sirey, 1983, p. 105), tandis que c'est le désir de connaissance qui les conduit à reconnaître un Dieu éternel et infini. À l'âge moderne, faute

de dieux, il ne reste que la crainte et la superstition. « La crainte d'une puissance invisible feinte par l'esprit ou imaginée à la suite de récits qui bénéficient d'une permission officielle est appelée religion ; là où cette permission fait défaut, on parle de superstition. Si la puissance imaginée est en vérité telle que nous l'imaginons, c'est la vraie religion » (*Léviathan*, I, VI, *ibid.*, p. 53).

2. Hans Jonas parle d'une « heuristique de la peur ». Il reprend là un thème présent dans l'anthropologie de Hobbes où la peur joue un rôle décisif dans la constitution de la raison humaine. C'est elle qui pousse l'homme à anticiper, à calculer les effets des actions et, partant, à s'associer pour sortir de l'état de nature misérable.
3. Dans un monde sans Dieu où la maîtrise humaine atteint la capacité de destruction de la planète, « Qu'est-ce qui peut nous servir de boussole ? », se demande Hans Jonas (*Le Principe responsabilité* [1979], Éditions du Cerf, 1990). Sa réponse est claire : « l'anticipation de la menace ». Et dans le plus pur style des gnostiques (qu'il a étudiés longuement), il ajoute : « C'est seulement dans les premières lueurs de son orage qui nous vient du futur, dans l'aurore de son ampleur planétaire et dans la profondeur de ses enjeux humains, que peuvent être découverts les principes éthiques, desquels se laissent déduire les nouvelles obligations correspondant au pouvoir nouveau. Cela, je l'appelle "heuristique de la peur" » (p. 13).
4. Voir général de Gaulle : « L'année 1945 voit refondre entièrement et étendre à des domaines multiples le régime des assurances sociales. Tout salarié en sera obligatoirement couvert. Ainsi disparaît l'angoisse, aussi ancienne que l'espèce humaine, que la maladie, l'accident, la vieillesse, le chômage faisaient peser sur les laborieux. "Il y aura toujours des pauvres parmi nous", mais non plus de misérables » (*Mémoires de guerre*, Plon, 1954, t. III, p. 97).
5. La portée de ce principe de précaution est pourtant définie de manière assez rigoureuse. Il a été introduit dans la Charte de l'environnement adossée à la Constitution française en 2005 (article 5) sous cette formulation : « Lorsque la réalisation d'un dommage, bien qu'incertaine en l'état des connaissances scientifiques, pourrait affecter de manière grave et irréversible l'environnement », le principe de précaution enjoint les autorités publiques à veiller « à la mise en œuvre de procédures d'évaluation des risques et à l'adoption de mesures provisoires et proportionnées afin de parer à la réalisation du dommage ». Son application exige donc deux conditions : 1) La gravité (l'irréversibilité) présumée du risque ou, comme disent les assureurs, son « sinistre maximum possible » ; 2) L'existence d'une incertitude scientifique (et pas seulement technique) sur le risque redouté. Autrement dit, le principe n'enjoint pas de recourir à l'interdiction dès qu'il y a doute sur de possibles effets dommageables, mais il demande une évaluation scientifique rigoureuse et les mesures adoptées doivent être « provisoires et proportionnées » (article 5). Toute la difficulté est que cette évaluation hautement scientifique est laissée à l'appréciation… du juge.

CHAPITRE 3
La santé : un droit, un devoir… le salut ?

1. Voir chapitre II, « Pourquoi tant de peurs ? ».
2. *Observation générale* du Comité des droits économiques, sociaux et culturels, qui surveille l'application de la Convention de l'OMS, 2000 – http://www.cetim.ch/legacy/fr/documents/codesc-2000-4-fra.pdf.
3. OMS, « Santé et droits de l'homme », aide-mémoire n° 323, décembre 2015, http://www.who.int/mediacentre/factsheets/fs323/fr/index.html.
4. Alain Letourmy, Michel Naïditch, « L'émergence de la démocratie sanitaire en France », *Santé, société et solidarité*, 2009, n° 2, p. 15-22.
5. Voir les analyses de Philippe Raynaud, dans un article fameux : « No smoking », *Le Débat*, 1990, 62, p. 170-171.
6. Voir William S. Bainbridge et Mihail C. Roco, *Converging Technologies for Improving Human Performance : Nanotechnology, Biotechnology, Information Technology and Cognitive Science* (NBIC), 2003. http://www.wtec.org/ConvergingTechnologies/Report/NBIC_report.pdf.
7. *Beyond Therapy : Biotechnology and the Pursuit of Happiness* : c'est le titre d'un rapport de 2003 du Comité d'éthique américain, https://biotech.law.lsu.edu/research/pbc/reports/beyondtherapy/beyond_therapy_final_report_pcbe.pdf. *Cf.* Gilbert Hottois, *Le transhumanisme est-il un humanisme ?*, Académie royale de Belgique, 2014 ; Luc Ferry, *La Révolution transhumaniste*, Plon, 2015.
8. Parmi les tentatives récentes les plus stimulantes, celle de Nicolas Bouzou, *Réformer la santé : trois propositions*, Fondation pour l'Innovation politique, 2012. Voir aussi sa tribune publiée avec Serge Guérin, « Six idées pour le système de santé », *Libération*, 20 janvier 2012.

CHAPITRE 4
Trop de justice ?

1. C'est l'expérience que propose le sociologue britannique Michael Young à propos de la méritocratie dans son ouvrage *The Rise of Meritocracy*, Thames & Hudson, 1958.
2. Hume, dans son *Enquête sur les principes de la morale* (1751), formule ce qu'il appelle les conditions de la justice, c'est-à-dire les conditions pour qu'un problème de justice se pose. Il faut, dit-il, une situation de relative rareté, où ni l'amour ni la charité ne suffisent à régler les rapports humains, et où l'homme évidemment n'est pas seul. Autrement dit, ce sont dans les situations où ne règnent ni l'abondance, ni l'amour, ni la compassion, ni la solitude que la justice devient un problème. Il faut en effet que les êtres vivants (humains ou autres) trouvent une (bonne) raison de se priver pour d'autres d'une part de butin (quel qu'il soit : gibier, fruits, objet désirable…) qu'ils ont sous la main. À ces conditions générales, le philosophe américain John Rawls ajoute (*Théorie de la justice*, § 22, Seuil, « Points », p. 159-161) deux

conditions propres aux sociétés démocratiques : la justice doit pouvoir faire l'objet d'un débat public et les choix doivent être réellement ouverts pour les individus.

3. L'État et le droit public sont compétents pour opérer le premier travail (distribution des patrimoines) ; il faut ensuite une science autonome – le droit privé – pour régler les commutations équitables.
4. Voir plus bas le chapitre « Qu'est-ce que l'humanisme ? ».
5. Amartya Sen, *L'Idée de justice*, Flammarion, 2009, p. 38.
6. Suivi barométrique de l'opinion des Français sur la santé, la protection sociale, la précarité, la famille et la solidarité, janvier 2012, BVA, Drees-ministère de la Santé (http://www.drees.sante.gouv.fr/IMG/pdf/synthese2011_barometre_drees_bva.pdf).
7. Voir le chapitre XIV, « Les idéologies après la fin des idéologies ».
8. Tocqueville, *De la démocratie en Amérique*, Flammarion, « GF », 1988, t. II, II, chapitre XIII. On trouve un pronostic similaire chez Nietzsche.
9. « Il ne suffit pas d'être heureux, encore faut-il que les autres ne le soient pas », écrivait Jules Renard.
10. Voir ici l'analyse subtile de Gilles Lipovetsky dans *Le Bonheur paradoxal. Essai sur la société d'hyperconsommation*, Gallimard, 2006, chapitre X.

CHAPITRE 5

La culture générale introuvable ?

1. Voir A. Prost, *L'Enseignement en France, 1800-1967*, Armand Colin, 1968 ; A. Chervel, *La Culture scolaire. Une approche historique*, Belin, 1998 ; M.-M. Compère, « Des humanités à la culture générale, les finalités de l'enseignement secondaire en perspective historique », *in* F. Jacquet-Francillon et D. Kambouchner, *La Crise de la culture scolaire*, PUF, 2005, p. 65-76.
2. F. Guizot, *Essais sur l'histoire et sur l'état actuel de l'instruction publique en France*, 1816, cité par A. Chervel, *La Culture scolaire*, *op. cit.*, p. 155.
3. Cité par M.-M. Compère, « Des humanités à la culture générale, les finalités de l'enseignement secondaire en perspective historique », art. cit., p. 71-72.
4. Les œuvres de B. Gracián et G. Vico permettraient d'illustrer cette thèse profonde.
5. Voir Mona Ozouf, « Régénération », *in* François Furet, Mona Ozouf (dir.), *Dictionnaire critique de la Révolution française*, t. IV : *Idées*, Flammarion, « Champs », 1992, p. 372 *sq.*
6. Voir P.-H. Tavoillot, « L'invention de la classe de philosophie », *in* L. Ferry et A. Renaut, *Philosopher à 18 ans*, Grasset, 1999.
7. La France n'est pas la seule concernée. Voir P.-H. Tavoillot, « Les contenus d'enseignement en Europe. Différences et convergences », *in* J.-M. Ferry et S. De Proost (éd.), *L'École au défi de l'Europe. Média, éducation et citoyenneté postnationale*, Éditions de l'Université de Bruxelles, 2003, p. 79-97.
8. Elle relève de l'expérience, l'un des trois traits de l'âge adulte, voir E. Deschavanne et P.-H Tavoillot, *Philosophie des âges de la vie. Pourquoi grandir ? Pourquoi vieillir ?*, Hachette, « Pluriel », 2008.

9. Joubert, *Pensées, essais et maximes* (Lettre à Fontanes du 8 juin 1809), cité par P. Gueniffey, *Bonaparte*, Gallimard, 2013, p. 62.
10. Sur la manière d'appliquer ces réflexions, notamment à travers l'histoire des idées, je me permets de renvoyer à mon article : « Qu'est-ce que la culture générale ? », *Le Débat*, mai-août 2007, n° 145, p. 15-23.
11. Pour une description précise de la *disputatio* au XIIIe siècle, voir l'introduction de R. Imbach à *Thomas d'Aquin. Le Maître*, Vrin, 2016.

CHAPITRE 6
Refonder la laïcité ?

1. http://www.institutmontaigne.org/fr/publications/un-islam-francais-est-possible, septembre 2016.
2. Marcel Gauchet, *Le Désenchantement du monde*, Paris, Gallimard, 1985 ; *La Religion dans la démocratie*, Paris, Gallimard, 1998.
3. Camille Froidevaux, « Dieu et les Américains : la fin d'une exception ? », *Le Débat*, 2000, n° 108.
4. Françoise Champion, « Entre laïcisation et sécularisation. Des rapports Église-État dans l'Europe communautaire », *Le Débat*, 1993, n° 77.
5. Jean Baubérot (dir.) *Religions et laïcité dans l'Europe des douze*, Syros, 1994 ; *Histoire de la laïcité en France*, PUF, « Que sais-je ? », 2005 ; *Laïcité 1905-2005, entre passion et raison*, Seuil, 2005.
6. Jean Baubérot, *Histoire de la laïcité*, *op. cit.*
7. Qui stipule : « La République assure la liberté de conscience. Elle garantit le libre exercice des cultes, sous les seules restrictions édictées ci-après dans l'intérêt de l'ordre public. »
8. Je laisse évidemment de côté ici des arguments moins désintéressés qui voient dans l'électorat islamiste un réservoir utile de voix pour les élections locales… Mais sans nier le moins du monde qu'une telle stratégie délétère non seulement existe, mais soit affichée et promue !
9. Notons tout de même que sont exclus de cette tolérance lockienne les athées et les catholiques. Pierre Bayle, réagissant à la révocation de l'édit de Nantes, élargira la tolérance à toutes les religions en faisant de l'État, même absolu, le garant de cette liberté de conscience.
10. Cette option trouve sa formulation la plus emblématique lors du débat qui, sous l'impulsion de l'abbé Grégoire, conduisit à l'émancipation des Juifs par l'Assemblée constituante en septembre 1791. Le résultat du débat fut résumé de la sorte par le duc de Clermont-Tonnerre : « Il faut tout refuser aux Juifs comme nation et tout accorder aux Juifs comme individus, il faut refuser la protection légale au maintien de prétendues lois de leur corporation judaïque ; il faut qu'ils ne fassent plus dans l'État ni corps politique ni ordre ; il faut qu'ils soient individuellement citoyens. »
11. Pour une illustration de cette dérive républicaine, voir les travaux d'Ivan Jablonka, notamment *Enfants en exil. Transfert de pupilles réunionnais en métropole (1963-1982)*, Seuil, 2007.

DEUXIÈME PARTIE
Les dilemmes d'une société d'individus

CHAPITRE 7
Une société plus violente ?

1. Carl Schmitt, *La Notion de politique*, Flammarion, « Champs », 2009.
2. Concernant les données « objectives », on peut se reporter aux rapports de l'Observatoire de la délinquance et des réponses pénales. https://www.data.gouv.fr/fr/organizations/observatoire-national-de-la-delinquance-et-des-reponses-penales-ondrp/. Voir également l'excellent dossier de l'excellente revue *Books*, « Un monde de moins en moins violent ? », décembre 2015.
3. R. Muchembled, *Une histoire de la violence, de la fin du Moyen Âge à nos jours*, Seuil, 2008 ; P. C. Spierenburg, *A History of Murder. Personal Violence in Europe from the Middle Ages to the Present*, Polity Press, 2008.
4. Selon les chiffres de l'ONG Forum brésilien de sécurité publique, le Brésil a dénombré près de 300 000 victimes d'homicide entre 2011 et 2015, soit 160 par jour. En parallèle, d'après les statistiques de l'Observatoire syrien des droits de l'homme (OSDH), la guerre qui fait rage dans ce pays a tué 256 124 personnes sur la même période. Au Brésil, le taux d'homicide atteint 28,6 pour 100 000, largement au-dessus des 10 pour 100 000 considérés par l'ONU comme le seuil de violence endémique. Pour mémoire, ce taux est de 5,6 pour 100 000 en Turquie et aux États-Unis.
5. Voir Sandra Laugier et Patricia Paperman, *Le Souci des autres. Éthique et politique du Care,* EHESS, « Raisons pratiques », 2005.
6. Max Weber parle également de la chasse comme d'un moyen de dériver les pulsions guerrières dans les sociétés aristocratiques ou traditionnelles. Elle constitue, dit-il, la métaphore de la guerre (voir M. Weber, *La Domination,* La Découverte, 2013, p. 281). La sensibilité à la violence animale a rendu ce dérivatif moins efficace (fermeture des chasses présidentielles). D'où un degré supplémentaire dans la métaphorisation : c'est la victoire de la violence-fiction : celle des séries et des jeux vidéo.
7. Voir Richard E. Tremblay, *Prévenir la violence dès la petite enfance,* Odile Jacob, 2008 ; ainsi que cet entretien : http://www.ncbi.nlm.nih.gov/pmc/articles/PMC3085676/.
8. Voir Philippe Raynaud, *La Politesse des Lumières*, Gallimard, 2013.
9. Voir l'excellent dossier réuni par A. Ogien et S. Laugier, *Pourquoi désobéir en démocratie ?*, La Découverte, 2010.
10. Voir Gilles Lipovetsky, *La Société de déception*, *op. cit.*
11. N. Machiavel, *Discours sur la première décade de Tite-Live*, livre II, avant-propos.
12. Voir sur cette critique la belle analyse de Jean-Pierre Dupuy, *Le Sacrifice et l'Envie*, Calmann-Lévy, 1992.
13. Voir ici l'analyse subtile de Gilles Lipovetsky, *Le Bonheur paradoxal. Essai sur la société d'hyperconsommation*, *op. cit.*, chapitre X.

CHAPITRE 8

Pourquoi travailler ?

1. Sénèque, *De la brièveté de la vie*, Flammarion, « GF », 2005.
2. Hannah Arendt, *La Condition de l'homme moderne* [1958], Calmann-Lévy, 1961.
3. P. Hadot, *Exercices spirituels et philosophie antique*, Albin Michel, 2002.
4. J.-J. Rousseau, *Émile*, livre IV, *in Œuvres complètes*, Gallimard, « Bibliothèque de la Pléiade », 1969, t. IV, p. 489. Cette thématique est universelle. Pour preuve, ce texte du poète indien Bhartrihari (VIIe siècle), dont l'œuvre avait été partiellement traduite en 1651 par un missionnaire hollandais ; il est d'ailleurs probable que Rousseau s'en soit inspiré : « La vie humaine est limitée à un siècle. Une moitié est faite de nuits. La moitié de la seconde moitié est occupée par l'enfance et la vieillesse. Le reste n'est qu'une suite de maladies, de séparations, de souffrances et de corvées. Où donc les êtres pourraient-ils trouver le bonheur au sein de cette vie plus agitée que les flots d'une rivière ? / Après avoir été un moment enfant, un moment jeune homme obsédé par l'amour, un moment impécunieux, un moment comblé de richesses, et plus tard couvert de rides, les membres perclus de vieillesse, on gagne enfin la demeure de Yama, comme un acteur qui se retire dans la coulisse » (traduit par Michel Hulin, *L'Inde des sages*, Éditions du Félin, 2000, p. 77).
5. Georges Dumézil, *Mythe et épopée* [1968], Gallimard, « Quarto », 1995.
6. Max Weber, *L'Éthique protestante et l'Esprit du capitalisme* [1920], Plon, 1964 ; rééd. « Agora », 1985.
7. Au sens strict, le travail n'est pas une valeur, parce qu'il *a* une valeur (sa rémunération). Mais, en un autre sens, il en est une, parce que ce qu'il vaut n'épuise pas ce qu'il est : on ne travaille pas que pour de l'argent. Au-delà du salaire, il est le principal vecteur de l'identité, du rapport aux autres, de l'orientation dans la vie, de la trajectoire existentielle.
8. John Locke, *Second traité du gouvernement civil* [1690], trad. fr. D. Mazel, Flammarion, « GF », 1992.
9. Martin Heidegger, « La question de la technique » [1953], *in Essais et conférences*, Gallimard, 1958.
10. Paul Lafargue, *Le Droit à la paresse* [1883], Maspero, 1965, p. 45-46 ; p. 82.

CHAPITRE 9

Vieillir : pour ou contre ?

1. Pierre Clastres, *Chronique des Indiens Guayaki*, Pocket, « Terre humaine Poche », 2001, p. 99.
2. Dino Buzzati, *Le K*, trad. fr. F. Livi, « Pocket », 1992.
3. *Poètes élégiaques et moralistes de la Grèce*, Garnier, 1935.
4. Cicéron, *Savoir vieillir* (*De senectute*), Arléa, 1995.
5. Cité par Simone de Beauvoir, *La Vieillesse*, Gallimard, 1970, p. 511.

6. J.-J. Rousseau, « Troisième promenade », *Les Rêveries du promeneur solitaire, in Œuvres complètes*, *op. cit.*, 1959, t. I., p. 1013.
7. J.-J. Rousseau, *Émile*, *op. cit.*, p. 488.
8. Je me réfère ici aux résultats de plusieurs enquêtes convergentes récentes (Ipsos, Axa, etc.).
9. J. Baudrillard, *Cool Memories*, Paris, Galilée, 1987.
10. Éric Deschavanne et Pierre-Henri Tavoillot, *Philosophie des âges de la vie*, *op. cit.*, p. 277 *sq*.
11. R. Legros, *L'Idée d'humanité*, Hachette, « Biblio essais », 2006.

CHAPITRE 10
Le féminin après le féminisme

1. Voir F. de Singly (dir.), *L'Injustice ménagère*, Hachette, « Pluriel », 2008. Sur la permanence du féminin, voir Gilles Lipovetsky, *La Troisième Femme. Permanence et révolution du féminin*, Gallimard, 1997, p. 250 *sq*.
2. Je n'évoque qu'en passant une discussion possible des thèses *queer* (éloge du flou, de l'étrange, du bizarre contre les stéréotypes genrés) de Judith Butler. L'idée directrice de ce courant est que les identités génériques ont été les instruments d'une oppression millénaire ; au fond, elles ne reposent sur rien d'objectivement naturel ; d'où le fait que ces identités sexuées exigent, dans le nouveau contexte social émancipé, d'être déconstruites. Ma principale objection est que le *queer* joue sur deux sens possibles du terme « déconstruction » : soit une déconstruction réflexive, qui invite les individus à prendre conscience que la « situation » d'une identité sexuée n'est jamais une « détermination » (selon la distinction sartrienne) ; soit une déconstruction effective, qui invite à tester la liberté humaine dans le refus de toute « réduction » identitaire. Si la première option me semble légitime (mais très peu *queer*), la seconde est, à mes yeux, beaucoup plus problématique en ce qu'elle représente une sorte de promotion de la pathologie mentale.
3. Le pédiatre Aldo Naouri est un bon représentant de cette seconde position.
4. Cette position « révolutionnaire conservatrice » trouve son prolongement – et ce n'est pas une moindre objection contre elle – dans les fondamentalismes religieux, dont le salafisme est un des représentants les plus visibles.
5. Voir Pierre-Henri Tavoillot, *Les femmes sont des adultes comme les autres*, Éditions de l'Aube, 2011.
6. Sur la diversité des « conditions de la femme » dans l'histoire et dans le monde, je renvoie aux travaux à tous égards impressionnants d'Emmanuel Todd, *L'Origine des systèmes familiaux*, Gallimard, 2011, ainsi qu'aux analyses de Maurice Godelier.
7. Alexis de Tocqueville, « L'État social en France », *in L'Ancien Régime et la Révolution*, GF-Flammarion, 1988, p. 80.
8. Il faut ici indiquer que Tocqueville fut loin d'être complètement lucide sur l'ampleur du processus dont il a l'intuition. On peut ainsi rappeler ce chapitre de *De la démocratie en Amérique* (II, 3, 13) consacré à décrire « Comment les Américains conçoivent l'égalité de l'homme et de la femme » : « Je pense que le mouvement

social qui rapproche du même niveau le fils et le père, le serviteur et le maître et, en général, l'inférieur et le supérieur, élève la femme et doit de plus en plus en faire l'égale de l'homme. Mais c'est ici, plus que jamais, que je sens le besoin d'être bien compris [...]. Il y a des gens en Europe qui, confondant les attributs divers des sexes, prétendent faire de l'homme et de la femme des êtres, non seulement égaux, mais semblables. Ils donnent à l'un comme à l'autre les mêmes fonctions, leur imposent les mêmes devoirs et leur accordent les mêmes droits ; ils les mêlent en toutes choses, travaux, plaisirs, affaires. On peut aisément concevoir qu'en s'efforçant d'égaler ainsi un sexe à l'autre, on les dégrade tous les deux : et que ce mélange grossier des œuvres de la nature il ne saurait jamais sortir que des hommes faibles et des femmes deshonnêtes » (*De la démocratie en Amérique*, *op. cit.*, p. 291-292). Au contraire, remarque Tocqueville, en Amérique, c'est le principe d'une division stricte du travail qui prévaut, maintenant la femme dans une soumission acceptée par souci d'efficacité : « Jamais [...] les Américains n'ont imaginé que la conséquence des principes démocratiques fût de renverser la puissance maritale et d'introduire la confusion des autorités de la famille » (*ibid.*, p. 293). « Vous ne voyez point d'Américaines diriger les affaires extérieures de la famille, conduire un négoce, ni pénétrer enfin dans la sphère politique » (*ibid.*, p. 292).

9. Voir notre ouvrage, Éric Deschavanne et Pierre-Henri Tavoillot, *Philosophie des âges de la vie*, *op. cit.*
10. Le concept de singulier (ou d'individuel) est pensé comme une synthèse du particulier et de l'universel. L'exemple est celui du chef-d'œuvre : on reconnaît d'emblée le style d'un Picasso ou d'une sonate de Bach (c'est très particulier) et pourtant cette particularité fait sens commun puisqu'elle touche par-delà les siècles et par-delà les frontières (c'est universel).
11. Camille Froidevaux-Metterie, *La Révolution du féminin*, Gallimard, 2015. Cet article ayant été rédigé avant cette parution, il renvoie pour l'essentiel à ces articles préparatoires : « Naissance de la femme contemporaine », *Le Débat*, 2009/5, 157, p. 158-173 ; « La dualité anthropologique de la femme contemporaine », *in L'Anthropologie de Marcel Gauchet*, Collège des Bernardins, 2012, p. 93-110 ; « L'expérience du féminin », *Études*, 2012/9, p. 187-197.
12. « La dualité anthropologique... », art. cit., p. 106. Ce point est davantage développé dans l'article cité du *Débat*, notamment p. 163 *sq*.
13. *Ibid.*, p. 105.
14. D'où, d'ailleurs, le fait que l'anorexie est une pathologie plus typiquement féminine. D'une manière générale, une telle phénoménologie des identités sexuées aurait beaucoup à apprendre des pathologies propres aux genres.
15. « L'expérience du féminin », art. cit., p. 192.
16. *Ibid.*, p. 196.
17. « La dualité anthropologique... », art. cit., p. 108.
18. *Ibid.* Souligné par nous.
19. *Ibid.*
20. Il serait particulièrement intéressant de développer cette phénoménologie du cosmétique à l'échelle du monde. Germaine Gazano, directrice de la recherche chez LVMH, en donne une image très riche lorsqu'elle distingue le maquillage performance

des Américaines, le maquillage politesse des Chinoises et le maquillage séduction des Françaises, soit trois manières différentes d'être sujet de sa féminité.

21. Je citerai, comme une invitation à prolonger cette réflexion loin d'être aboutie, le livre de Nancy Huston, *Reflets dans un œil d'homme*, Actes Sud, 2012.

TROISIÈME PARTIE
Panne de civilisation ?

Supériorité de l'Occident ?

1. Parmi les derniers épisodes en date, celui de février 2012. Le ministre de l'Intérieur d'alors, Claude Guéant, dans un discours devant les étudiants de l'UNI, avait tenu ces propos : « Il y a des comportements qui n'ont pas leur place dans notre pays, non pas parce qu'ils sont étrangers, mais parce que nous ne les jugeons pas conformes à notre vision du monde, à celle, en particulier de la dignité de la femme et de l'homme. Contrairement à ce que dit l'idéologie relativiste de gauche, pour nous, toutes les civilisations ne se valent pas. Celles qui défendent l'humanité nous paraissent plus avancées que celles qui la nient. Celles qui défendent la liberté, l'égalité, la fraternité nous paraissent supérieures à celles qui acceptent la tyrannie, la minorité des femmes, la haine sociale ou ethnique. En tout état de cause, nous devons protéger notre civilisation. » Une polémique rageuse s'était alors allumée pour savoir si oui ou non on pouvait parler de civilisation supérieure. Le journal *Le Monde* m'avait alors sollicité pour réagir.
2. Je renvoie ici aussi bien à Heinz Wismann (*Penser entre les langues*, Albin Michel, 2012) qu'à Rémi Brague (*Europe : la voie romaine*, Gallimard, « Folio », 1992).
3. Alexis de Tocqueville, « L'État social et politique de la France avant et après 1789 », *in L'Ancien Régime et la Révolution*, *op. cit.*

CHAPITRE 11
Qu'est-ce que l'humanisme ?

1. Au sein des sept arts libéraux, on distinguait : 1° le *trivium* (du latin *trivialis scientis*, « science commune »), qui avait pour but d'enseigner l'esprit à l'esprit. C'était le domaine des *humanités* comprenant la grammaire (l'art d'écrire), la rhétorique (l'art de parler) et la dialectique (l'art de raisonner) ; 2° ensuite venait le *quadrivium*, qui désignait l'enseignement relatif aux *réalités*. Il contenait la géométrie, l'arithmétique, l'astronomie et la musique, soit toutes les disciplines qui illustraient l'harmonie de l'univers ; 3° enfin venait le temps du choix entre une des trois *facultés* qui ouvraient sur la formation « professionnelle » : la théologie, le droit, la médecine.
2. Pic de La Mirandole, *De la dignité de l'homme*, Éditions de l'Éclat, 1993.

3. Jacob Burckhardt, *La Civilisation de la Renaissance en Italie*, Le Livre de Poche, « Biblio essais », 2002 ; Eugenio Garin, *L'Éducation de l'homme moderne (1400-1600)*, Fayard, 1968 ; Eugenio Garin, *L'Humanisme italien*, Albin Michel, 2005.
4. Voir le discours de Charles Perrault qui relance en janvier 1687 la querelle des Anciens et des Modernes : « La belle Antiquité fut toujours vénérable, / Mais je ne crus jamais qu'elle fût adorable. / Je vois les Anciens sans ployer les genoux, / Ils sont grands, il est vrai, mais hommes comme nous ; / Et l'on peut comparer sans crainte d'être injuste / Le siècle de Louis au beau siècle d'Auguste [...] Platon, qui fut divin du temps de nos aïeux, / Commence à devenir quelquefois ennuyeux... »
5. Pierre Manent, *La Cité de l'homme*, Fayard, 1991.
6. *Manuel diagnostique et statistique des troubles mentaux* (*DSM*) et *Classification internationale des maladies.*

CHAPITRE 12
Les idéologies après la fin des idéologies

1. Louis Althusser, *Positions*, Éditions sociales, 1982 ; Raymond Aron, *L'Opium des intellectuels* [1955], Pluriel, 2010 ; Raymond Boudon, *L'Idéologie ou l'Origine des idées reçues*, Fayard, 1986 ; Marcel Gauchet, *L'Avènement de la démocratie*, t. II : *À l'épreuve des totalitarismes*, Gallimard, « La métamorphose des idéologies », 2010.
2. Louis Dumont *Homo aequalis*, t. I : *Genèse et épanouissement de l'idéologie économique*, Gallimard, « Tel », 1976 ; *Homo aequalis*, t. II : *L'Idéologie allemande. France-Allemagne et retour*, Gallimard, « Tel », 1991.
3. Louis Althusser, *Positions*, *op. cit.*, p. 114.
4. François Furet, *Le Passé d'une illusion. Essai sur l'idée communiste au XXe siècle*, Robert Laffont/Calmann-Lévy, 1995.
5. Daniel Bell, *La Fin des idéologies* [1960], trad. E. Baillon, préface de R. Boudon, PUF, 1997.
6. Albert Camus, *Œuvres complètes*, Gallimard, « Bibliothèque de la Pléiade », 2006, t. II, p. 338.
7. Raymond Aron, *L'Opium des intellectuels*, *op. cit.*
8. Daniel Bell, *La Fin des idéologies*, *op. cit.*, p. 55-56.
9. Francis Fukuyama, *La Fin de l'histoire et le Dernier Homme*, Flammarion, 1992.
10. Voir, notamment, Olivier Roy, *La Sainte Ignorance. Le temps de la religion sans culture*, Seuil, 2008 ; Gilles Kepel, *La Revanche de Dieu*, Seuil, 2003.
11. Processus qui fut identifié, pour ce qui est de la France, par Marcel Gauchet, « Sous l'amour de la nature, la haine des hommes », *Le Débat*, août 1990, 60, et par Luc Ferry, *Le Nouvel Ordre écologique*, Grasset, 1992.
12. Stéphane Hessel, *Indignez-vous !*, Indigène Éditions, 2010.
13. Discours du 30 décembre 1791 aux Jacobins, cité par F. Furet, *Penser la Révolution française*, Gallimard, « Folio histoire », 1985, p. 110. La réponse de Robespierre est tout aussi grandiose dans la surenchère paranoïaque.
14. Sur les contradictions du fondamentalisme islamiste, je renvoie au chapitre suivant : « La philosophie politique de l'État islamique ».

CHAPITRE 13
La philosophie politique de l'État islamique

1. Marcel Gauchet, « Les ressorts du fondamentalisme islamique », *Le Débat*, 2015-3, n° 185, p. 63-81.
2. En 1941. Mouvement qui a la même structure que l'organisation des Frères musulmans mais beaucoup plus élitiste. Le mouvement des Frères musulmans est fondé en 1928 par Hassan al-Banna (1906-1949), un instituteur égyptien. Ce mouvement insiste sur l'action sociale avant même le strict respect de la loi islamique.
3. Saïd Qotb (1906-1966), instituteur égyptien, en est considéré comme le père fondateur. Militant des Frères musulmans, il théorise l'obligation du djihad armé contre les pouvoirs installés (chrétiens ou musulmans). Il s'inspire d'un théologien, Ibn Taymiya (1263-1328), qui, dans le contexte des croisades, avait appelé à la guerre sainte contre les Mongols, pourtant convertis à l'islam, parce qu'ils s'écartaient des principes stricts. Cette idéologie se retrouve aussi bien dans le Front Al-Nosra (la branche d'Al-Qaida à travers son canal 19HH) ou chez l'EI.
4. Voir Gilles Kepel, *Terreur et martyre*, Flammarion, « Champs », 2009.
5. David C. Rapoport, « The four waves of modern terrorism », *in* D. Rapoport (éd.), *Terrorism. Critical Concepts in Political Science*, t. IV : *The Fourth or Religious Wave*, Routledge, 2006, p. 4.
6. Traduction française : *Gestion de la barbarie. L'étape par laquelle l'islam devra passer pour restaurer le Califat*, préface de Jacques Heers, Éditions de Paris, 2007, notamment p. 74 : « De l'usage de la violence ».
7. « L'État islamique, un État à part entière ? (2/3) », Un œil sur la Syrie, blog sur le site du *Monde*, 4 mars 2015, http://syrie.blog.lemonde.fr/2015/03/04/letat-islamique-un-etat-a-part-entiere-23/.
8. Voir les analyses lumineuses et érudites de Pierre-André Taguieff, ainsi que Laurent Bazin et Pierre-Henri Tavoillot, *Tous paranos*, Éditions de l'Aube, 2011.
9. Voir David Le Breton, *Disparaître de soi*, Métailié, 2015.
10. Dounia Bouzar, *Comment sortir de l'emprise « djihadiste » ?*, Éditions de l'Atelier, 2015.
11. On peut, du même coup, avoir de grands doutes sur l'efficacité des « thérapies » de « déradicalisation » (voir David Thomson, *Les Revenants*, Seuil, 2016), ce qui ne doit pas empêcher d'essayer, pourvu que cela soit sans illusion ni idéologie.
12. Le communisme utilisait comme énergie motrice le ressentiment de classe ; le nazisme, la hantise du mélange de races.

CHAPITRE 14

Pour sauver l'Europe : une Europe de plus !

1. Source : https://fr.wikipedia.org/wiki/Fichier:Supranational_European_Bodies-en.svg.
2. Valéry Giscard d'Estaing, *Europa, la dernière chance de l'Europe*, XO, 2014.
3. Fareed Zakaria, *L'Avenir de la liberté. La démocratie illibérale aux États-Unis et dans le monde,* Odile Jacob, 2003.

Conclusion

1. J.-J. Rousseau, *Rêveries du promeneur solitaire, op. cit.*, p. 1012.

Sources

Les chroniques de cet ouvrage ont, pour certaines d'entre elles, fait l'objet d'une première parution sous forme d'articles. Toutes ont été revues, corrigées, augmentées et surtout articulées afin d'assurer une continuité à l'ensemble. Je remercie très chaleureusement les différentes revues et supports, dont le lecteur trouvera ici la liste, d'avoir autorisé les quelques rééditions que comprend cet ouvrage.

LE CRÉPUSCULE DE L'AUTORITÉ ? (*Inflexions*, 2014, n° 24)
POURQUOI TANT DE PEURS ? (inédit)
CONFIANCE CONTRE MÉFIANCE (*Philosophie Magazine*, mars 2012, n° 57)
LA SANTÉ : UN DROIT, UN DEVOIR… LE SALUT ? (*Cahiers français*, « La santé, quel bilan ? », juillet-août 2012, n° 369)
POUR UN DROIT AU RISQUE OPPOSABLE (*Causeur*, 16 juillet 2008)
TROP DE JUSTICE ? (*in* M. Wieviorka (dir.), *Rendre (la) justice*, Éditions Sciences humaines, 2013)
LES PIÈGES DE L'ÉVALUATION (*La Tribune*, 1er février 2011)
LA CULTURE GÉNÉRALE INTROUVABLE (*Cahiers français*, « Le système éducatif et ses enjeux, mai-juin 2008 », n° 344)
ÉLOGE DE LA DISPUTE (*Le Monde*, 23 avril 2013)
REFONDER LA LAÏCITÉ ? (inédit)
TOLÉRANCE CONTRE LAÏCITÉ (inédit)
QU'EST-CE QU'UNE SOCIÉTÉ D'INDIVIDUS ? (texte revu, paru initialement *in* S. Charles et P.-H. Tavoillot (dir.), *Qu'est-ce qu'une société d'individus ?*, Liber, 2010)

Multiculturalisme, intégration, assimilation (inédit)
Une société plus violente ? (*Cahiers français*, « État et sécurité », janvier-février 2011, n° 360)
Aux racines du pessimisme français (inédit)
Pourquoi travailler ? (inédit)
Vieillir : pour ou contre ? (inédit)
Le féminin après le féminisme (*Journal français de psychiatrie*, 1-2011, n° 40)
Supériorité de l'Occident ? (*Le Monde*, 23 février 2012)
Qu'est-ce que l'humanisme ? (paru *in* H. Juvin, P.-H. Tavoillot et D. Dron, *Réflexions à partager*, Eurogroup, 2008)
Les idéologies après la fin des idéologies (*Cahiers français*, « La pensée politique : quels renouvellements ? », septembre-octobre 2011, n° 364)
La philosophie politique de l'État islamique (*La Tribune*, 1er-2-3 décembre 2011)
Pour sauver l'Europe, une Europe de plus ! (inédit)

Table

DU MÊME AUTEUR
CHEZ ODILE JACOB

L'Abeille (et le) philosophe. Étonnant voyage dans la ruche des sages, 2015.

Ouvrage publié sous la responsabilité éditoriale
de Perrine Simon-Nahum

Cet ouvrage a été composé
en Adobe Garamond Pro
par Nord Compo
à Villeneuve-d'Ascq (Nord).

ACHEVÉ D'IMPRIMER SUR ROTO-PAGE
PAR L'IMPRIMERIE FLOCH À MAYENNE
EN AOÛT 2017

N° d'édition : 7381-3602-X – N° d'impression : 91371
Dépôt légal : septembre 2017

Imprimé en France